秦汉家庭问题研究

房占红 著

厦门大学出版社 国家一级出版社
XIAMEN UNIVERSITY PRESS
全国百佳图书出版单位

图书在版编目(CIP)数据

秦汉家庭问题研究/房占红著.—厦门:厦门大学出版社,2020.6
ISBN 978-7-5615-7813-1

Ⅰ.①秦… Ⅱ.①房… Ⅲ.①家庭问题—研究—中国—秦汉时代 Ⅳ.①D691.91

中国版本图书馆 CIP 数据核字(2020)第 088934 号

出版人	郑文礼
责任编辑	韩轲轲
封面设计	李嘉彬
技术编辑	朱 楷

出版发行 厦门大学出版社
社　　址 厦门市软件园二期望海路 39 号
邮政编码 361008
总　　机 0592-2181111　0592-2181406(传真)
营销中心 0592-2184458　0592-2181365
网　　址 http://www.xmupress.com
邮　　箱 xmup@xmupress.com
印　　刷 厦门市竞成印刷有限公司

开本　889 mm×1 194 mm　1/32
印张　8.75
插页　1
字数　200 千字
版次　2020 年 6 月第 1 版
印次　2020 年 6 月第 1 次印刷
定价　68.00 元

本书如有印装质量问题请直接寄承印厂调换

厦门大学出版社

微信二维码

厦门大学出版社
微博二维码

目 录

第一章　绪论 / 001 /
　第一节　有关家庭的几个概念的界定 / 001 /
　第二节　研究现状 / 021 /
　第三节　研究内容 / 028 /

第二章　秦汉时期相对平等的夫妻关系 / 072 /
　第一节　贞节观念影响下的夫妻关系 / 072 /
　第二节　秦汉时期的现实男女 / 095 /
　第三节　关于秦汉时期夫妻关系的结论 / 122 /

第三章　秦汉时期的亲子关系问题 / 144 /
　第一节　秦汉时期父家长的义务大于权力 / 145 /
　第二节　父家长对儿女的婚姻之权 / 150 /
　第三节　母亲在儿女婚姻事务中的权力 / 169 /
　第四节　父母对儿女的教育之权 / 175 /
　第五节　子女对于父母的义务 / 203 /

第四章　秦汉时期的收养、过继问题　　　　/ 215 /
　　第一节　收养:慈善救助下的拟亲子关系　　/ 217 /
　　第二节　过继:宗法意义的拟亲子关系　　　/ 234 /
　　第三节　继子女:婚姻关系下的拟亲子关系　/ 249 /

参考文献　　　　　　　　　　　　　　　　/ 255 /

后　记　　　　　　　　　　　　　　　　　/ 275 /

第一章　绪论

千百年来,有关家庭、婚姻等方面的话题一直是人们关注的热点。在社会发展水平高度发达的今天,无论是在现实生活中还是在学术研究领域,有关这个热点话题的讨论仍然在持续着。虽然过去学术界在秦汉时期的家庭关系、家庭形态等研究领域取得了较为丰硕的成果,但仍有一些话题需要进行更深入的讨论。有鉴于此,我们就选择了"秦汉家庭问题研究"作为本书选题。

第一节　有关家庭的几个概念的界定

一、家庭的含义

西周时期,尚不存在个体家庭,即现代人所谓的传统意义上的家庭。自周公旦制礼作乐伊始,整个社会奉行宗法制和分封制度，按照血缘亲疏来规定人们的行为规范和相应的权利义务。分封制即所谓"天子建国,诸侯立家,卿置侧室,大夫有贰宗,士有隶子弟,庶人工商,各有分亲,皆有等衰,是以民服事其上,而下无觊觎"。① 从天子到庶人,各个阶层都有享有一定的物质的权力,但彼此之间等级森严,不允许混淆与僭越,分封制更是被严格的等级制所制约。同时,从早期宗法制的要求及外在体现来看,当时社会的基本单位尚不是个体家庭而是宗族,是集体大家庭,其最高的领导不是父亲而是宗子(相当于后世的族长),宗族内部也奉行严格的等级制,按照血缘的亲疏远近决定彼此的权利和义务。因此,在宗法制和分封制的共同制约下,西周时期,无论是在宗族内部还是各个宗族之间,都是以血缘群体为单位、以亲疏为标准,从而可以严格区分等级的。在严格有序的礼乐制度下,集体大家庭之"家"实际上是一个政治单位,个体家庭尚缺乏存在的必要条件。

那么,何谓家? 个体家庭之"家"是什么时候出现的呢? 正如赵浴沛所说,中国的传统家庭并非中国历史上所固有的,并非本来如此的,我们要深入探究其产生前提的事实性和正当性。②因此,上述问题均需要澄清一下。

"家"字很早即在历史文献中出现,但其含义并非一开始就是现代意义上的个体家庭之"家",而是经历了一个漫长的发展变化过程,才逐渐具有了个体家庭的意义。

春秋前期,随着周王室力量的日益衰微,诸侯势力上升,礼

---

① 杨伯峻编著:《春秋左传注·桓公传二年》,北京:中华书局,1983年,第94页。

② 赵浴沛:《两汉家庭内部关系及相关问题研究》,厦门大学博士学位论文,2005年,第2页。

乐征伐不再从天子出,而是自诸侯出;而春秋中期以后,各国卿大夫势力上升,诸侯公室日渐卑弱,礼乐征伐开始自大夫出。此时"家"的构成,有土地、有军队、有人民,强调有"家"者的姓氏及其政治上的成败,成则家兴,败则家灭,这与后世"家庭"之"家"的含义截然不同。可以说,"家"在春秋时期仍然是一种政治单位,这种情况多见于《左传》一书。《左传》中"家"字很多,但不同于后世"家"的意义,此时的"家"往往与"国"并称,即家和国一样,都是由裂土分封之后而形成的政治单位,如"天子建国,诸侯立家";①"晋公室卑,政在侈家";②"政在家门,民无所依";③"今政令在家"④等等。这些所引文献中的"家"均为政治单位。此时的家与后世的家有本质的区别,因为春秋以前的家庭并没有独立,而是淹没于以姓氏为代表、由血缘为纽带、自然组织在一起的宗族中,宗族组织是从事政治经济活动的最基本单位。也就是说,春秋时期,社会的基本单位不是家庭而是宗族,是集体大家庭。

同时,春秋时期各国为争夺霸主地位频繁发动战争,各大强族为追求利益也频繁地灭他人之族。因此,西周时期建立起的那种严格的宗法等级制社会结构,开始遭到从上到下、从内到外的严重破坏。原来社会上层的各大族的子弟,如"栾、郤、胥、原、狐、续、庆、伯,降在皂隶"。⑤ 原先的贵族群体大部分被消灭或解体,他们的遗孤降为庶人,导致以姓氏为外在特征的宗族大家

---

① 杨伯峻编著:《春秋左传注·桓公传二年》,第94页。
② 杨伯峻编著:《春秋左传注·襄公传三十一年》,第1184页。
③ 杨伯峻编著:《春秋左传注·昭公传三年》,第1236页。
④ 杨伯峻编著:《春秋左传注·昭公传五年》,第1266页。
⑤ 杨伯峻编著:《春秋左传注·昭公传三年》,第1236页。

庭纷纷崩溃。

到战国时期,"家"字则开始出现传统意义上"家"的特点。首先表现为在"国"与"家"并用之时,"家"的政治意义已经弱化。这种情况在《战国策》中多有记载。如蔡圣侯"左抱幼妾,右拥嬖女,与之驰骋乎高蔡之中,而不以国家为事"。① 楚王曰:"楚国僻陋,托东海之上。寡人年幼,不习国家之长计。"②"齐太公闻之,举兵伐魏,壤地两分,国家大危。"③上述几个例子当中"国家"一词倾向于"国"的意义;"家"在这一词汇中已经不能与"国"并列,它只相当于一个词尾,也就是说,"家"在《战国策》中已经失掉其原有的政治意义。

其次,此时的人们已开始重视个体家庭之"家"的人员构成和家内人际关系。如"臣邻家有远为吏者,其妻私人"。④ 邻居的家内成员至少包括二人,即"为吏者"和他的妻。又如苏秦"归至家,妻不下纴,嫂不为炊,父母不与言"。⑤ 苏秦的家内成员有妻子、嫂子、父母等人。上引文献所载对家内成员如数家珍,这种现象在《左传》当中是不曾出现的。再如《礼记·礼运》所云:"父子笃,兄弟睦,夫妇和而家肥。"这里的"家"包括父子、兄弟、夫妇等家庭成员的各种角色,实际是对于家庭成员的概指,而且

---

① (西汉)刘向辑录:《战国策·楚四·庄辛谓楚襄王》,上海:上海古籍出版社,1995年,第559页。

② (西汉)刘向辑录:《战国策·楚一·张仪为秦破从连横》,第510页。

③ (西汉)刘向辑录:《战国策·秦四·或为六国说秦王汉》,第259页。

④ (西汉)刘向辑录:《战国策·燕一·人有恶苏秦于燕王者》,第1049页。

⑤ (西汉)刘向辑录:《战国策·秦一·苏秦始将连横》,第85页。

家庭成员之间暗含了婚姻关系和血缘关系。

再次,"家"成为社会构成的基本单位。此时带有"家"的词汇指向性很强,如"吾家""君家""邻家""男家""女家""太后之家""太史之家"等。此处的"家"既是指家内成员的不同构成,又是用以同宗族大家庭区别开来的社会单位,它们的外在精神特征不再是代表宗族整体成员的姓氏,而是换成了个体家庭成员。如上所述有官职、有性别、有居住地点,甚至还有指向性非常强的你、我、男、女等等,显得细致琐碎,个体化特征日益明显。另外如"万家之邑"①"邑万家""万家之县""万家之都""七十家"等词汇,无不是把"家"当作社会构成的基本单位,也就是说"家"乃是构成邑、县、都等国家行政单位的基本细胞,可见,家庭已经直接置于国家的控制之下。

最后,《战国策》中的"家"也显露了经济单位的特点。战国时期,各国推行政治经济改革,政治上,郡县制逐渐取代世官世禄制度;经济上,国家实行授田制取代了井田制,以及相应的"来民""附民"政策,使得人口流动十分频繁。随着生产力的发展,出现了土地私有,从而使西周以来的井田制经济基础瓦解,原来的庶人在井田制破坏后也不再集体耕作,而是逐步建立了自己的个体经济,以一家一户为单位的小农经济成为社会的基本经济单位。如"家贫亲老";"长铗归来乎!无以为家";②"家有不宜之财";③"夫江上之处女,有家贫而无烛者"④等等。人们"贫"也罢,"财"也罢,"家"在此均为共同生活和劳动的基本单位。

---

① (西汉)刘向辑录:《战国策·赵三·赵惠文王三十年》,第678页。
② (西汉)刘向辑录:《战国策·齐四·齐人有冯谖者》,第396页。
③ (西汉)刘向辑录:《战国策·秦一·张仪欲以汉中与楚》,第121页。
④ (西汉)刘向辑录:《战国策·秦二·甘茂亡秦且之齐》,第158页。

综上所述，广大的个体小家庭终于从宗族共同体中游离出来，成为独立的经济单位和社会单位。① 到战国时期，传统意义上代表社会上生产生活单位之意义的个体家庭开始大量产生，国家力量逐步摆脱了宗族权力的羁绊，由族天下变成家天下。也就是说，在战争的摧残和政治经济改革的促动之下，贵族和庶人的宗族组织大量解体，原来严格有序的社会结构彻底散乱，伴随而来的是个体家庭的大量出现。国家不再通过宗族控制家庭，而是将家庭直接置于国家的控制之下，因而使家庭成为真正意义上的社会生产的最基本细胞。它抛弃了《左传》所载的"家"的政治意义，开始倾向于我们熟知的传统意义。个体家庭既是生产单位又是社会细胞，成为自然单位的承担者和体现者。"家"呈现出独立意义上的个体家庭的含义。② 大量的个体家庭的出现也为儒家倡导的家庭制度提供了物质基础。

秦汉时期，人们对"家"的认识，较战国时期又前进了一步。如孟子虽然曾强调夫妻关系对于家内人际关系的重要性，"男女居室，人之大伦也"，③但他尚未明确婚姻关系为家庭的必要条件。这一点直到东汉才明确下来，如《周礼·地官·小司徒》中"上地家七人"，郑玄注曰："有夫有妇然后曰家。"这说明至少到东汉时期，人们已经普遍公认并接受个体家庭的存在，夫妻的婚姻关系是个体家庭构成的必要条件，所以，作为学者的郑玄才会在讲究客观公允的注解中有此一说。而且，到东汉中期，人们已

---

① 王玉波：《中国古代的家》，北京：商务印书馆，1995年，第17页。
② 汤洁娟：《先秦两汉家庭伦理及其现代价值》，陕西师范大学硕士学位论文，2005年，第3页。
③ 刘宝楠：《诸子集成》第一册《孟子·万章上》，上海：上海书店，1986年，第364页。

经认识到夫妻利益的一致性,"妇与夫一体也"①就是这种认识的体现。

同时,东汉时期,人们已经明确了"家"的居住特征。如《说文·宀部》云:"家,居也。"此处指房屋。所谓庭,《说文·广部》云:"庭,宫中也。"段玉裁注曰:"宫者,室也。室之中曰庭。"《礼记·檀弓上》云:"孔子哭子路于中庭。"郑玄注:"寝,中庭也。"庭指居住地点。如《云梦秦简·封诊式》"封守"条记载了一个住宅为一宇(堂)二内(室)、家人只有二代四口的小家庭。秦的"室"是按以父母为中心,子女、兄弟、夫妇及孙子等三代同居的三世同堂家族(庭)类型居住之结构设计的。②庭是家内人员共同活动与居住的实体空间。所以,通过古代的字书或文献所载,我们可以看出,家庭当是指一男一女结婚后与老人、孩子在一起生活的空间。

每个家庭都有其固定的住宅,因此,住宅也就成为家庭的外在物质标志。其内在显性标志就是正式家庭成员的共财、共居,而隐性标志则是调整家内人际关系的家庭和家族伦理规范。以至于当时把分家也称作别居,叫作"礼有分异之义,家有别居之道"。③当然,有些富裕家庭还有不少依附人口,如宾客、奴婢等,这个问题因为本人能力和时间有限,我们留待以后解决。

综上所述,"家庭是以一定的婚姻关系、血缘关系或收养关系

---

① (东汉)班固:《白虎通义·嫁娶》,上海:上海古籍出版社,1992年,第746页。
② [韩]尹在硕:《睡虎地秦简〈日书〉所见"室"的结构与战国末期秦的家族类型》,《中国史研究》1995年第3期。
③ 《后汉书》卷七十六《循吏列传·许荆》,北京:中华书局,2003年,第2471页。

组合起来的社会生活的基本单位"。① 这一定义不太全面,我们认为,"家庭"是以住宅为外在标志、以父母兄弟姐妹夫妻子女等人口的存在为内在标志的,以一定的婚姻关系、血缘关系或收养关系组合起来的社会生活的基本单位,而且,在不同的历史时期,其结构、内部关系应该受到当时家庭伦理规范和社会思潮的影响。

二、相关的几组关系

为了更好地理解家庭的含义,我们还需要正确地认识以下几组关系:

第一,婚姻与家庭是两个不同的范畴。家庭是一种社会实体,其中的血缘关系为不可置换的天然关系;而婚姻则是一种社会关系,即经社会认可的、男女双方协议的契约关系,具有可置换性。在家庭实体中,包含着复杂的人际关系,除婚姻关系外,还包括有血缘关系、收养关系;非基本成员中,还包括主奴关系、雇佣关系等,远不限于婚姻关系。而在家庭功能中,包含婚姻生活中满足生理与心理需要的功能和生育功能,但这只是其中的一部分,另外还有其他多种功能,如经济功能(生产、分配与消费等)、教育功能、护卫功能、情感交流功能、娱乐功能等等。由此可见,婚姻不等于家庭,婚姻包含在家庭当中,同时,婚姻也是产生新的家庭的必要条件。

第二,家庭与家族层次不同。家庭是以婚姻与血缘关系为纽带、存在相互供养权利与义务的多种社会关系综合的生活共同体,一般以个体家庭为主,属于初级层次或单一层次;而家族

---

① 张翼:《认定初级本质是家庭关系》,《辽宁大学学报》1995年第4期。

则是多层次的,是由同一祖先后裔构成的单一血缘关系群体。小家族一般包含若干个体家庭,是家族系统中的一个最低层次,大的家族系统一般建立在小家族系统之上,包含更多的个体家庭,有的居住在同一地区,有的则异地而居。家族成员之间,在生产与生活中有某些互助,但并不存在相互供养的权利与义务,因此,家庭内部的人际互动频率和亲密度,远远高于家庭外部的家族系统。

第三,家族与宗族性质不同。家族是血缘关系群体,而宗族是以血缘为纽带的政治关系群体。西周以来宗法制下的宗族作为一个组织存在时,同族人应该是共同生产、共同生活的,人们之间生活水平即使存在等级制也应该无太大的区别。因为,在当时的社会环境中,强调的是某一姓氏的兴衰存亡,而非强调某一家庭当中的父子亲戚的起落,所以,宗族作为政治性组织的意义更大,它需要极强的向心力,需要宗族内部成员的团结一心。当时,即使出现"家族"这一字眼,那也是与"宗族"具有相同的意义的。

春秋战国时期,随着礼制的破坏和经济的发展,财产的家庭私有化引起各家庭之间的贫富分化与宗族组织的瓦解,个体家庭大量出现,诸多父兄、父老逐渐取代了此前宗子的领导地位,而以其为首的家庭地位逐渐上升;宗法制宗族地位下降,宗族组织的职能逐渐被家庭取代,分别由个体家庭(负责诸如组织生产、安排生活、祖先祭祀等)与政府(负责调整人际关系的法律、兴修水利、大规模恢复生产)承担,①宗族仅仅蜕变为聚居群体,不再具备此前的各种职能。应该说,战国时期以降至西汉中期

---

① 刘仕慧:《浅议汉末三国两晋南北朝时期宗族与家庭的关系》,《电子科技大学学报(社会科学版)》2003年第1期。

以前,是家庭和家族上升并取代宗法制宗族地位的繁荣阶段。到了汉代,中国传统的父系父权的家长制家庭结构也已基本定型,形成了以家长为枢纽的家庭结构。① 它与宗族社会中宗子成为全体族人的最高权威不同,家长成为全家最高权威。② 诸如父老、父兄即为家长,他们是代表家庭与国家政权打交道的枢纽人物。

汉代的家庭规模渐趋扩大,民有二男以上须分居另立户籍的法令逐渐松动和遭到破坏,官僚贵族的同居家庭日益增多,这是与贯彻孝悌的道德伦理分不开的。自汉惠帝开始,统治阶级有了保护同居大家庭的做法,"今吏六百石以上父母妻子与同居,及故吏尝佩将军都尉印将兵及佩二千石官印者,家唯给军赋,他无有所与"。③ 官僚贵族阶层成为形成大家庭的潜在与实际的开创者。但同时,自汉高祖至于汉武帝,由于君主集权发展的需要,先后几次以皇权打击拥有社会势力的人群,如强制迁移六国贵族后裔、二千石子弟,查抄商人的财产,治罪于游侠等。正如何兹全所说,秦汉时代是君权渐强,贵族、平民权衰而力图挣扎的时代。④ 所以,在西汉前期,即使有些人有形成大家庭的潜力和可能,但也会因皇权的干预而在瞬间破灭,这一时期仍以小家庭为主。

西汉中期之前,政治相对清明,政权比较稳固,经济比较繁荣,政府相对可以保证个体家庭的利益。西汉中期以后,随着代

---

① 王玉波:《中国古代的家》,第 20 页。
② 王玉波:《中国家庭史研究刍议》,《历史研究》2000 年第 3 期。
③ 《汉书》卷二《惠帝纪》,北京:中华书局,2006 年,第 86 页。
④ 何兹全:《中国社会形态演变——从三权鼎立走向专制》,《中国文化研究》1999 年冬之卷(总第 26 期)。

田法的推广和牛耕的普遍使用,普通的小农家庭如果人手不够就很难完成相应的农业生产,因此,从经济生产的需要出发,小农家庭也开始出现父子兄弟同居的大家庭。同时,随着统治阶级土地兼并行为的加剧,有些小农家庭被吞没,那些尚未破产还保有少量土地的家庭,为了在风雨飘摇中生存下去,不仅不能分异,还必须父子相保、兄弟相依,借助聚合的力量以增强生存能力。① 因此,小农阶层的同居家庭开始形成。同时,汉宣帝以后王霸并用,逐渐任用儒生为相,这时的士大夫虽多数属于个人参政,但他们在朝堂日久,既可以引荐子弟亲人,又可以援引学生、朋友,这种日渐复杂的政治利益关系为后来士大夫们所代表的大家庭甚至家族的形成打下了基础。因此,社会上直系家庭比重的上升,同居家庭的初露头角,都说明家族势力逐渐兴起,个体家庭力量逐渐显得单薄,他们要么被灭亡,要么也开始寻求家族甚至宗族组织的团结力量。正如马新所言,"这种家庭膨胀趋势,自西汉后期至东汉末,一直在发展中"。②

东汉时代,直系家庭和同居家庭继续增多与发展。东汉政权建立之初,势力强大的豪族就已经开始崭露头角。至东汉末期有社会势力者存在两种人,其一是凝结中的士族(儒学传家的大家族),其二是地方豪强。③ 东汉末年,"那种世家大族式家族组织已经非常活跃"。④ 尤其是到东汉桓帝、安帝以后,统治集

---

① 贾丽英:《论汉代妇女的家庭地位》,《四川大学学报(哲学社会科学版)》2001年第6期。
② 马新:《两汉乡村社会史》,济南:齐鲁书社,1997年,第285页。
③ 许倬云:《西汉政权与社会势力的交互作用》,《"中央研究院"历史语言研究所集刊》第35本上册,北京:中华书局,1987年。
④ 徐扬杰:《宋明家族制度史论》,北京:中华书局,1995年,第8页。

团日趋腐朽,豪强势力日益扩张,宦官外戚轮流当政,造成政治混乱,社会经济状况日益恶劣,加之灾荒、战乱,人们更加主动地寻求团结力量的生存之道,开始有意识地重新建立宗族组织。但此宗族已经非彼宗族,它不再能淹没个体家庭的存在,"东汉到魏晋南北朝时期,是我国历史上大族势力发展较盛的时期,因而也是中央集权势力较弱的时期。但是,那种乡里的编户齐民统治依然是十分有效"。①

第四,儒家规范与家庭规范的关系。家庭规范是在家庭的形成发展过程中,家人之间彼此和谐共处的行为与思想准则。它是随着家庭的诞生而发生发展的。而儒家规范则是对天下君臣所有人都有所约束与指导的一种行为与思想准则。我们中国特色家庭的形成与发展离不开儒家规范的促进与指导。儒家规范与家庭规范形成的时间有先后,且其内涵外延均是包涵与被包涵的关系。

礼崩乐坏之后,春秋时期,政治上出现君臣相攻的混乱局面(参见后文"男女有别"理论的提出),而家庭中婚姻秩序混乱,父占子媳、子侵父妾的丑陋现象频频出现。② 战国时期则盛行亏父、亏兄而自利的冷漠和功利的家庭伦理关系。面对如此混乱的局面,先秦思想家们开始探讨新的家庭伦理关系,力图重新建立

---

① 赵沛:《汉代的社会结构与宗族聚居形态》,《山东社会科学》2005年第7期。

② 《春秋左氏传》里,《桓公传十六年》:"初,卫宣公烝于夷姜。生急子,属诸右公子。为之娶于齐而美,公自取之。"《文公传七年》:"穆伯如莒莅盟,且为仲逆。及鄢陵,登城见之,美,自为娶之。仲请攻之,公将许之。"《襄公传三十年》:"蔡景侯为大子般娶于楚,通焉。大子弑景侯。"《昭公传十九年》:"王为之(楚大子建)聘于秦。无极与逆,劝王取之。正月,楚夫人嬴氏至自秦。"(杨伯峻编著:《春秋左传注》,第153、562、1173、1401页。)

一个"君令臣共、父慈子孝、兄爱弟敬、夫和妻柔"①的和谐社会以及和睦有礼的家庭秩序,用以调整家内人际关系和社会关系。

如晏子曾云:"君令而不违,臣共而不贰。父慈而教,子孝而箴。兄爱而友,弟敬而顺。夫和而义,妻柔而正。姑慈而从,妇听而婉。礼之善物也。"②社会与家庭当中各组关系的双方都需要努力,各自做好本职,这也就是孔子"君君,臣臣,父父,子子"③的最好注脚。孟子也明确提出:"父子有亲、君臣有义、夫妇有别、长幼有序、朋友有信。"④孟子的进步是把前述的社会与家庭关系定义为五种道德规范,即五伦,除了君臣、父子、夫妇之外,又论及长幼、朋友,这进一步令社会上的人群开始仿照家庭的伦序来处理人际关系。

荀子继承并发展了这一设想,对每一伦序的要求更加明确和具体,他说:"请问为人父?曰:宽惠而有礼。请问为人子?曰:敬爱而致文。请问为人兄?曰:慈爱而见友。请问为人弟?曰:敬诎而不苟。请问为人夫?曰:致功而不流,致临而有辨。请问为人妻?曰:夫有礼则柔从听侍,夫无礼则恐惧而自竦也。此道也,偏立而乱,俱立而治,其足以稽矣。"⑤父亲对儿子要宽惠有礼,儿子对父亲要既敬爱又礼貌委婉。哥哥对弟弟既要慈爱又要平等友爱,弟弟对哥哥要既尊敬又要坚持原则。丈夫要努力建功不能懒散,对妻子既要有高姿态又要明辨是非。因此,对君臣、父子、兄弟、夫妻等每一伦序都不能片面强调,他们是偏

---

① 杨伯峻编著:《春秋左传注·昭公传二十六年》,第1480页。
② 杨伯峻编著:《春秋左传注·昭公传二十六年》,第1480页。
③ 刘宝楠:《诸子集成》第一册《论语·颜渊》,第158页。
④ 刘宝楠:《诸子集成》第一册《孟子·万章上》,第226页。
⑤ 刘宝楠:《诸子集成》第二册《荀子·君道篇》,第153页。

立而乱、俱立而治的,对任何一方的要求都不能绝对化。荀子又进一步说:"父子不得不亲,兄弟不得不顺,男女不得不欢。"①"得"即是"德",父子之间没有德就不会相互亲爱,兄弟之间没有德就不会相互和顺,男女之间没有德就得不到欢愉。② 每个人都要履行道德责任,这样才会使大家和睦相处、紧密结合在一起。"德"是维持社会人伦秩序稳定的根本保证。荀子在其家庭伦理的操作中,强调每个人履行道德责任,才会使大家紧密结合在一起。荀子还把家庭伦理同个人修养结合起来,使其家庭伦理得以施行。"遇君则修臣下之义,遇乡则修长幼之义,遇长则修子弟之义,遇友则修礼节辞让之义,遇贱而少者,则修告导宽容之义。"③上引文献中的观点几乎一致强调了每一伦序中对应人群所对等的权利和义务,也就是说,有付出才有权利得到,基本没有偏重。

郭店楚简对此也有相应的理论和阐述,"男女别生言,父子亲生言,君臣义生言。父圣子仁,夫智妇信,君义臣忠。圣生仁,智率信,义使忠。故夫夫、妇妇、父父、子子、君君、臣臣,此六者各行其职,而谗谄蔑由作也"。④ 正如朱伯崑指出的那样,儒家提出的"五伦",有三伦属于家庭关系,如何维系这三种人伦关系?"父慈子孝,兄友弟恭,夫妇和顺"这三种道德规范,具有两个特点:一是情谊合一,"情"指骨肉血缘亲情,"义"指家庭成员

---

① 刘宝楠:《诸子集成》第二册《荀子·富国》,第118页。
② 梅良勇、张方玉:《荀子的家庭伦理思想研究》,《道德与文明》2000年第4期。
③ 刘宝楠:《诸子集成》第二册《荀子·非十二子》,第63页。
④ 荆门市博物馆:《郭店楚墓竹简·六德》,北京:文物出版社,1998年,第6本第3分。

之间要有义务感和责任感。二者缺一不可,相互依存和制约。有情无义,或有义无情,都不能形成家庭伦理。二是家庭成员之间履行道德规范,是一种对等或互动关系,即"互以对方为重"。以上两点,就维系家庭关系的和睦而言,具有永恒的价值。① 先秦儒家提出的家庭内外的行为规范当属和谐社会与家庭秩序的最具体可行者。

秦始皇统一中国后,春秋战国时期以来的小家庭开始直接服务于中央集权。西汉初期的几位皇帝都实行无为而治,接续先秦的小家庭在汉承秦制的前提下继续繁衍,社会上基本以小家庭为主。由于经济上的独立,父母与成年子女之间的关系依然存在功利倾向,所谓的父慈子孝在西汉前期还没有被足够重视。

西汉时期,人们继续探究家庭成员之间遵守各自的伦理道德规范。西汉初期,贾谊曾云:"父慈子孝,兄爱弟敬,夫和妻柔,姑慈妇听,礼之至也。"② 这一时期的家庭成员包括父母、子女、兄弟、姐妹、夫妻等,事实上,家庭成员强调的首先是义务的主体,其次才可行使与其身份地位相符合的各种权利。家庭成员处于不同的权利和义务层次上,尽义务是行使权利的前提,这对家庭的正常运转和维系家庭成员之间彼此的良好关系至关重要。西汉中期,为了适应中央集权之加强,同时文化思想也要求统一的需要,董仲舒以"孝"为核心,提出以"君为臣纲""父为子纲""夫为妻纲"等为基本原则的家国一体的伦理纲常,汉武帝将其视为统治思想,开始由上至下地控制与调节家庭关系。自此

---

① 任文利:《"儒学与家庭伦理"研究会综述》,《孔子研究》2002年第2期。

② (西汉)贾谊撰,阎振益、钟夏校注:《新书校注》,北京:中华书局,2000年,第214页。

以降,父慈子孝的人伦关系得到空前的重视,并在社会上推广实践,孝子甚至可以选官,因此,整齐家庭秩序的自觉出现于西汉中期以降。人们常说的"汉代以孝治天下"真正开始了。

东汉时期,强宗豪族已经形成气候,他们在社会生活中占据了统治地位。他们多数的家庭人员都很复杂,血缘亲近的家族成员之间逐渐具备了类似家庭成员的利益一致性,为保持家族利益的延续和长久,他们更需要维持家庭秩序的稳定。因此,东汉时期,人们在董仲舒的"三纲"基础上又发展出"六纪"来调节人伦关系。班固《白虎通义·三纲六纪》:"三纲者何谓也?谓君臣、父子、夫妇也。六纪者,谓诸父、兄弟、族人、诸舅、师长、朋友也。"班固把家庭人伦由父兄而扩展至于宗族亲戚,并提出这六种人伦的行为准则:"敬诸父兄,六纪道行,诸舅有义,族人有序,昆弟有亲,师长有尊,朋友有旧。"实际上,这是对先秦儒家和汉初儒家关于人伦关系的继续阐发,应该是现实社会实践的发展需要所致,从而证明了"父慈子孝"等人伦准则早已经深入人心。可见,为了适应这种家庭与社会结构,传统意义上的家庭和家族伦理规范逐渐形成和定型化。

三、家庭模式

家庭模式,即家庭结构与家庭规模的组成方式,其中,家庭结构是指家庭成员的构成,而家庭规模是指家庭人口的数量。一般来说,家庭的结构与规模取决于家庭经济状况,经济实力越强,家庭的规模也就越大,结构也就越复杂。古代社会中累世同居、家族一体的超大型家庭,多发生于经济实力雄厚的仕宦、豪富阶层,即是明证。

秦代的家庭模式在出土文献中多有体现。关于睡虎地秦简《日书》中"室"之建筑结构的研究表明,秦代扩大家庭居多,核心家庭较为少见。① 这里的扩大家庭,应主要是指后文我们提及的主干家庭和复合家庭。尹在硕认为,秦的"室"是按以父母为中心,子(兄弟夫妇)女及孙子等三代同居的三世同堂家族(庭)类型居住之结构设计的。"三世同堂家族(庭)类型,就是民间最为普遍的家族(庭)形态,当时人们所认同和向往的家就是民间最为普遍的家族(庭)形态,也是当时人们所认同和向往的家族(庭)类型。"②尹在硕提出的秦代三世同堂的家庭类型印证了上文所谓秦代扩大家庭居多的结论。二者的观点是正确的,但不足以概括秦代家庭的全貌,因为秦自商鞅变法,"令兄弟分异"后,核心家庭在社会上大量出现。所以,我们认为,秦代家庭的全貌应该是扩大家庭与核心家庭同时存在,随着社会的不断发展,两种家庭可能互有消长。

关于汉代家庭的规模和结构,学者们已有较多研究。杜正胜指出,从家庭人口数量上来看,多数研究者认为:汉代常见的家庭规模是"五口之家"。③ 施伟青师在研究汉代58户居延戍卒家庭人口问题时,计算出平均每户为3.17人,但他认为简文多有残缺,记载恐有遗漏,戍卒家庭户规模实际上可能要大一些。④ 李卿也认为"秦汉魏晋南北朝时期,无论是官僚贵族,还

---

① 魏道明:《从简牍资料看秦的家庭结构》,《青海师范大学学报(哲学社会科学版)》2003年第1期。
② [韩]尹在硕:《睡虎地秦简〈日书〉所见"室"的结构与战国末期秦的家族类型》,《中国史研究》1995年第3期。
③ 杜正胜:《传统家族试论》,《大陆杂志》1982年第2~3期。
④ 施伟青:《汉代居延随军戍卒家庭人口的若干问题》,《中国社会经济史研究》1998年第3期。

是豪强大族,抑或平民百姓,他们的家庭结构基本上都还是以小家庭为主"。① 王玉波也认为,"汉承秦制,西汉至东汉,基本上仍实行小家族家庭制度,并且极力打击危害中央政权的大家族势力"。② 所以,综合来看,小家庭在秦汉时期是较为普遍的家庭模式,但不排除在社会上占少数的大富和权贵阶层的大家庭模式。

从家庭成员的构成上来看,存在以下几种不同的说法。黄金山认为,汉代家庭中主要有三种形式,"一是夫妻子型,并认为这种情况在边郡最为突出;二是父母妻子型和父母兄弟妻子型;三是残破型,主要指母子型、叔伯侄型、兄弟型等"。③ 贾丽英又提出一种无妻型家庭的说法,"无妻型家庭,或为父子同居,或为兄弟同居,或为母子同居,或父子兄弟同居,而从未出现以妾、傍妻、小妻等名称登记的女性"。④ 其中,关于残破型家庭的认识,二者相比较,可以互为补益,黄金山的定义,如"所谓残破型家庭是指丧偶、离偶、丧子、弃子、无子女等家庭,它是按家庭成员的完整情况来划分的,主要指母子型、叔伯侄型、兄弟型或一人独居等",⑤ 涵盖比较全面,而贾丽英的无妻型家庭的说法更加具体。

---

① 李卿:《秦汉魏晋南北朝时期家族、宗族关系研究》,厦门大学博士学位论文,2002年,第43页。
② 王玉波:《中国古代的家》,第20页。
③ 黄金山:《论汉代家庭的自然结构和等级构成》,《中国史研究》1987年第4期。
④ 贾丽英:《从居延汉简看汉代随军下层妇女生活》,《石家庄师范专科学校学报》2004年第1期。
⑤ 黄金山:《论汉代家庭的自然结构和等级构成》,《中国史研究》1987年第4期。

张仁玺在《秦汉家庭研究》中的提法与前述几位说法大同小异,但比较全面。他认为,秦汉时期的家庭结构主要有几种类型:(1)夫妻子女型,由夫妻和未婚子女构成的家庭。(2)父母妻子儿女型。(3)父母兄弟妻子型,就是婚后和父母兄弟不分居。(4)兄弟型,包括兄嫂弟妹型。在父母双亡后,兄长往往和未婚的弟妹一起生活,担负起照顾弟妹的责任。(5)伯叔侄型。(6)鳏寡孤独型。这是对两汉时期家庭结构比较全面的研究,而且不仅有对家庭结构的静态考察,也进行了动态的描述。① 张仁玺的提法值得肯定,因为,他几乎对每一类家庭模式都做了具体的阐述,给人一目了然的感觉,尤其是"鳏寡孤独"型家庭的提法比较新颖,丰富和补益了前述几人的说法。

徐歆毅认为,"汉代社会生活中,一对夫妇与其子女组成的家庭称为核心家庭;夫妇与子女及父母(或一方)组合在一起,构成三代直系血亲关系,被称为主干家庭;联合家庭是指,由两个以上的兄弟各自的核心家庭组合在一起的家庭模式;主干家庭与联合家庭结合的家庭又称为复合家庭"。② 他对于"主干家庭"与"复合家庭"的解释可谓准确。

汉承秦制为学界公认,西汉前期继承了商鞅所立的分异令,依然是兄弟分异,"汉代家庭中家长的爵位、户主的身份则由后子继承,其它儿子在成年后往往出分,自立门户"。③ 国家开始

---

① 张仁玺:《秦汉家庭研究》,北京:中国社会出版社,2002年,第46页。
② 徐歆毅:《汉代家庭继承制度研究》,中国社会科学院研究生院硕士学位论文,2005年,第23页。
③ 徐歆毅:《汉代家庭继承制度研究》,中国社会科学院研究生院硕士学位论文,2005年,第24页。

直接控制家庭,所以,在西汉前期,小家庭普遍存在,而联合家庭或复式家庭甚少。如此,则导致新的核心家庭不断出现。不过以"孝"治天下的汉代,西汉中晚期父子兄弟同居的家庭崭露头角。因此,从总体上看,西汉是核心家庭与直系家庭占绝对优势地位的时期。至东汉,同居家庭则渐渐发展起来,且开始在诸种家庭结构中占有一个比较重要的席位。① 同时,父母妻子儿女纵向连接的主干家庭,由于汉朝统治者大力提倡"孝"治天下,加上孝子选官制度的影响,到东汉时期也有了"增加的趋势"。②

综合上述学术界的各种看法,我们认为,秦汉时期的家庭模式包括如下几种类型:

1.核心家庭,即夫妻子女型,由夫妻和未婚子女构成的家庭。

2.主干家庭,即夫妇与子女及父母(或一方)组合在一起,构成三代直系血亲关系的家庭。

3.联合家庭,即由两个以上的兄弟各自的核心家庭组合在一起的家庭。

4.多代同堂的复合家庭,即父母兄弟妻子型,就是婚后和父母兄弟不分居的家庭。

5.残破型家庭,主要指母子型、父子型、叔伯侄型、兄弟型或父子兄弟型等,此类多指长者无妻(无夫)而幼者未婚或失婚的家庭模式。

6.鳏寡孤独型,此类多指人口数量只有一人的家庭模式。

---

① 赵浴沛:《两汉家庭内部关系及相关问题研究》,厦门大学博士学位论文,2005年,第13页。
② 张仁玺:《秦汉家庭研究》,第78页。

第二节 研究现状

本书的资料来源主要是传世文献。因为经部的《礼》、史部的前四史及相关史籍和子部的先秦两汉子部文献等,对研究两汉家庭观念的发展史有着重要意义,而关于两汉家庭生活的材料则多取自史书。出土文献参考有关秦汉时期的出土文献,如《睡虎地秦墓竹简》《张家山汉简》《居延汉简》《武威汉简》等。

本书的学术观点借鉴和参考了众多中外学者的学术文章和著作。时间跨度从 20 世纪初到 21 世纪初。

一、学术著作

我国学术界对家庭方面的研究开始于 20 世纪的二三十年代,1949 年以前,有关家庭史的研究多包含在其他专题之下。如吕思勉的《中国宗族制度小史》(中山书局,1929 年)对汉代以降各朝代的诸多家庭问题进行了论述,包括家人居住问题、立嗣观念的演化以及婚姻起源、婚姻形式、婚姻效力等,涵盖面很广,时间跨度也大,其在家庭史的研究领域具有开创之功。陈顾远的《中国婚姻史》(商务印书馆,1925 年)比较关注婚姻制度并对其进行了详细考证,他还排比了部分家庭关系的史料但缺乏秦汉时期的内容,他的另一本书《中国法制史》(商务印书馆,1934 年)将"家"与"户"对称,第一次从家庭而非家族的角度展开论述,陈顾远是最早关注家庭成员关系的学者。陶希圣的《婚姻与家族》(商务印书馆,1934年)在关注婚姻问题的同时,还提出了各阶层的宗族、家族等概念,并对家族所涵纳的范围、宗族的居住方式、宗法制度等问题进行了系统论述,不过其对于家庭成员的人际关系却关注不多。瞿同祖的《中国法律与中国社会》(商务印书馆,1947年)第一次明确指出家、族有别并给予定义,前者为一共同生活团体,为一经济单位;后者则是家的结合体,为一血缘单位。同时,作者对家庭和家族中的父权,刑法在家族关系中的效力等问题均有论述,并对社会各个阶级、阶层等纵向结构给予关注与考察,研究其在姻亲缔结和亲属关系上的大体走势。吕思勉的《秦汉史》(上海古籍出版社,1983年)之第十三章"秦汉时社会组织、昏制"描述了汉代婚姻的程序,对妇女在婚姻当中的权力有所论述,至于父子、兄弟关系几乎未予涉及。另如费孝通《生育制度》(商务印书馆,1947年)指出结婚的社会意义和家庭产生并存在的科学意义,对于研究家庭史和社会学领域的工作有振聋发聩的理论指导意义。潘光旦《中国之家庭问题》(商务印书馆,1928年)等,利用西方社会学的理论与方法,对当时的中国家庭进行研究并最早提出"优生优育"的观点,他也为后来学者提供了诸多借鉴。

日本学者,如诸桥辙次的《支那の家族制》(大修馆,1941年)、仁井田陞的《支那身份法史》(座右宝刊行会,1942年)和《中国法制史》(岩波书店,1952年)等,多从法制或礼制角度出发研究中国古代家族制度,其中对家庭和家族的分析也有重要的参考价值。

1949年以后的50至70年代,我们大陆社会史的研究基本上处于停滞状态,社会学、文化人类学被取消,有关汉代家庭问题的研究也就随之停顿,若说真正对家庭问题开始研究是在20

世纪80年代以后。斯时,社会史的研究重新焕发生机,社会史研究领域异军突起,出现了大量以婚姻和家庭为核心研究内容的论著。

先说社会学方面的成果,如潘允康的《家庭社会学》(重庆出版社,1986年),从伦理思想史角度对家庭问题进行研究,虽然重在思想,但立足点却在于关注家庭成员人际关系;焦国成的《中国伦理学通论》(山西人民出版社,1997年),是以时间为序,以天人论、修身论、人性论、义利论、人伦论、人我论、治世论等主题为纲写成的史论结合的伦理学史著作,其中人伦论、人我论、义利论等内容的立足点是建立在家庭成员人际关系的基础之上的。另如张怀承的《中国的家庭与伦理》(中国人民大学出版社,1993年)、朱贻庭主编的《中国传统伦理思想史》(华东师范大学出版社,1989年)等与焦著类似,在研究方法上都是以马克思主义家庭理论为基础,把历史研究与现实研究结合起来,对多学科进行综合研究,他们的学术成果为家庭伦理的研究提供了重要的参考。

再说家庭史方面的成果,如谢维扬的《周代家庭形态》(中国社会科学出版社,1990年)对先秦时期的家庭(其实应该是宗法制宗族,即本文所谓的集体大家庭)形态进行了考查与研究,但因为研究对象的时代特性,谢著并未关注个体家庭以及其内含的家庭人际关系。陈鹏的《中国婚姻史稿》(中华书局,1994年),专门研究婚姻问题,取材广泛,为后来者研究婚姻问题提供很多借鉴。史凤仪的《中国古代婚姻与家庭》(湖北人民出版社,1987年)从法制角度出发研究婚姻问题、家庭问题,可谓开辟了新中国学界家庭史研究的重要领域,很多学人受其影响,在其后出现的有关家庭史的专著或论文都或多或少离不开法制领域。

史凤仪的《中国古代的家族与身份》(社会科学文献出版社,1999年),从家庭的形态和变迁入手,认为中国古代社会是国法与家法交相作用的社会,以家庭作为民事主体,依亲属关系确立刑事责任。岳庆平的《中国的家与国》(吉林文史出版社,1990年)和《汉代家庭与家族》(大象出版社,1997年),将视线聚焦于中国传统的家庭与家族。徐扬杰的《中国家族制度史》(人民出版社,1992年)一书,虽然以中国古代的家族发展历史作为研究的出发点,家庭不是其主要研究对象,但作者对"家庭"一词的外在表征和深层内涵进行了细致的考究。

陶毅和明欣的《中国婚姻家庭制度史》(东方出版社,1994年)对中国婚姻家庭发生、发展的历史进行了论述,对宗法制下的父系家长制,宗法制下的妇女地位,中国古代的婚姻制度、亲属制度等问题均有所涉猎。尤其是对亲属制度的论考,分别从亲属的分类及其拟制、服制,以及亲属关系的效力等方面切入,将社会史和法律史进行融贯综合,对我们的研究极具启发意义。马新的《两汉乡村社会史》(齐鲁书社,1997年)从大量的文献资料中收集相关史料,考察论述了两汉基层社会的婚姻形态,以及两汉家庭结构、家庭关系的发展演变等问题。于琨奇的《秦汉小农与小农经济》(黄山书社,1991年),在第三章"秦汉小农的家庭结构"中在运用文献资料的基础上,结合居延汉简和凤凰山十号汉墓简及仪征骨浦101号西汉墓出土的简牍,对秦汉小农,主要是汉代小农、家庭人口、家庭结构进行了动态的分析考察。许倬云的《求古编》(联经出版事业公司,1982年)运用居延汉简来研究秦汉家庭,说明两汉的家庭人口的变化。但以上二书对家庭关系及其变迁均缺乏深入的考察和分析。王玉波在《中国家庭的起源与演变》(河北科学技术出版社,1992年)中谈到"家的扩大"时指出：东汉后期，家庭制度由父系小家族家长制演变为父系大家族家长制。东汉至唐宗族组织主要有地主庄园内的宗族组织和坞壁营堡中的宗族组织两种类型。熊铁基的《汉唐文化史》（湖南人民出版社，1992年）在第五章"家庭"部分对汉唐间家庭结构进行了分析，并认为汉唐时期的家庭结构是一对夫妇上有父母，下有子女，旁有未成年的兄弟姐妹。大家庭或"联合家庭"有，但不是大量的、普遍的。李卿的《秦汉魏晋南北朝时期家族、宗族关系研究》（上海人民出版社，2005年）时限跨度很长，但涉及秦汉时代家庭问题的内容不多。张仁玺的《秦汉家庭研究》（中国社会出版社，2002年）则是目前已经出版的唯一一部与本文主题接近的专著，其研究内容比较全面，对本课题可以提供很多借鉴。

国外学者关于秦汉家庭的研究以日本学者的成果最突出，主要论著有：尾形勇的《中国古代的"家"与国家》（吉林文史出版社，1993年）、越智重明的《汉六朝的家产分配和二重家产》（《东洋学报》第61卷，1979年第1～2期，第1～34页）等。但其研究主要是一种微观的和静态的研究，缺乏宏观和动态的研究。

再者，还有不少关于民俗与古代礼仪制度方面的研究著作也涉及秦汉时期婚姻家庭的问题。如张采亮的《中国风俗史》（上海文艺出版社，1988年），岳庆平的《中国秦汉习俗史》（人民出版社，1994年），陈成国的《中国礼制史·秦汉卷》（湖南教育出版社，2002年），李仲祥与王增永合著的《婚丧礼俗面面观》（齐鲁书社，2001年），彭卫与杨振红合著的《中国风俗通史·秦汉卷》（上海文艺出版社，2002年），储敖生的《华夏婚书婚俗》（百花文艺出版社，2002年）等等，这些专著的问世一方面为社会学的研究提供了关于中国传统社会生活的翔实史料，另一方面为婚姻伦理思想的研究提供了影响婚姻制度的时代背景与婚姻生活的基本事实等参考资料。

二、学术论文

自80年代以降,关于家庭史的研究呈现出成果丰富、专题越分越细的趋势,如邢铁、王玉波、马新、李根蟠、王彦辉、臧知非、黄今言、李均明、岳庆平、张仁玺、郭玉峰等很多学者均有一系列的相关文章发表。家庭研究的专题开始分为:家庭规模结构、亲属之间的权利义务关系、家庭经济和家庭教育等几种类别,上述几种类别的论文共计有数百篇。代表者有王玉波的《中国家庭史研究刍议》(《历史研究》2000年第3期)、邢铁的《二十世纪国内中国家庭史研究述评》(《中国史研究动态》2003年第4期)等。但对家庭史进行综述研究的文章不多。

在已有的成果中,涉及家庭规模结构问题的主要有:黄金山的《论汉代家庭的自然构成与等级构成》(《中国史研究》1987年第4期)、喻长咏的《西汉家庭结构和规模初探》(《社会学研究》1992年第1期)。

涉及亲属之间权利和义务关系的研究成果主要有:黄金山的《汉代家庭成员的地位和义务》(《历史研究》1988年第2期),该文从汉代家庭中父家长的权威,父母赡养与财产继承嫡庶之别与非婚子、妇女的地位等多方面考察了汉代家庭成员的地位和义务。马新的《秦汉时代家内人际关系的变迁》(《山东大学学报》1993年第3期)认为秦及西汉时代,家内人际关系的基本特色是人与人之间的相对平等、独立、自由。由于社会历史的变化,家内人际关系也发生了较大的变化,夫妻日益不平等,父权、兄权均大大加强。刘厚琴的《汉代封建父权制思想研究》(《史学月刊》1995年第4期)认为,汉代具备了封建父权思想形成的条件,其父权思想的表现是经济专制权、思想专制权、活动支配权和人身专制权。阎爱民的《〈汉书·韦贤传〉中"宗家"与"室家"之辩——兼论西汉时期贵族的立嗣与妻室的紧密关系》(《中国史研究》2007年第3期)认为,西汉妇人参与家族立嗣,由于母亲的偏好,可以让少子袭爵立嗣的情况并不少见。

其他还有一些学术文章对秦汉时期的家庭关系、家庭规模、家庭结构或家庭教育等有所涉及,如李均明的《张家山汉简所见规范继承关系的法律》(《中国历史文物》2002年第2期),认为张家山汉简《二年律令》提及继承人的范围、顺序,以及他们享有何种继承等内容,这些必然涉及父母兄弟等家庭成员的人际关系,其中包括许多规范继承关系的法律,可补史载所缺。薛瑞泽的《论汉代的夫妻关系》(《中华女子学院学报》2002年第5期)认为汉代夫妻之间的传统思维是夫妻尊卑有序,妻子要服从丈夫,可备一说。郭玉峰的《略论汉代士大夫阶层的母子关系》(《聊城师院学报》2001年第1期)认为在家庭内部,汉代母亲的地位明显地高于儿子,但在对家庭外部事物的处理上,遵循"男外女内"的原则,儿子的权力又明显地大于母亲。王彦辉的《论汉代的分户析产》(《中国史研究》2006年第4期)认为不断"别为户者"的田宅需求在民间一般采用"分户析产"的形式来予以满足。分户析产导致小农经济的经营规模不断萎缩,那些"贫无产业"的农民被迫寄食都市,或辗转流徙。邢铁的《我国古代的诸子平均析产问题》(《中国史研究》1995年第4期)认为汉代以降一直通行"兄弟均分遗产"的方式,并为法令所承认。王彦辉和邢铁的论述都涉及兄弟关系以及连带着的亲子关系,对我们的论文写作很有帮助。

近年来,与秦汉时期家庭、婚姻等问题研究有关的论著也时有发现,如赵浴沛的《两汉家庭内部关系及相关问题研究》(湖北人民出版社,2006年)可以为这方面的代表。该书在充分参考传世文献典籍的基础上,广泛参考地下出土文献资料,从思想史和法制史的角度出发,对秦汉时期的夫妻关系和父子、兄弟关系进行了比较细致的论述,为我们了解秦汉时期的家族形态等问题提供了参考。但是,赵先生的研究多侧重于家庭形态中的法律层面,对有些人性化的问题尚未涉及。

以上论著对我们了解汉代家庭的发展概况、组成特点,以及家庭教育等提供了比较有价值的参考资料,也为本文的写作提供了新的视角。

第三节 研究内容

家庭人际关系指家庭内部成员通过生活行为而形成的社会关系,它是通过人与人之间的交往行为而确立的关系,同时,这种行为不是纯粹的自然关系,而是涉及文化等诸多方面的社会关系。家内人际关系包括血缘关系、婚姻关系、收养关系、财产关系等。在内部关系中,家庭成员的权利和彼此之间的义务关系是研究重点,即家庭成员的权利义务,具体包括夫妻之间、兄弟姐妹之间以及亲子之间的权利义务等。其中财产关系因为本人学力有限,暂不涉及;还有奴婢、赘婿等依附关系,也不在本书讨论之列。而其中的血缘关系、婚姻关系因为受到社会生产、社会风俗、社会传统的影响,所以处于不同的历史时期和不同的地域空间的婚姻关系与家庭形态也不尽相同,其家庭关系也有所相同。正如宋仁桃所言,降至两汉时期,家庭规模、家庭结构、家庭关系都较秦时发生重大变化。①

因为,不同时期观念中的家庭或人际关系模式都会受其伦理规范的影响,其中以儒家文化的影响最为显著。当儒家伦理规范以意识形态的面貌出现的时候,究竟在多大的范围和怎样的深度上影响着家庭成员之间的日常行为,这是我们特别感兴趣的话题。两汉时期家庭中的原始婚姻关系逐渐被消灭,以儒家之礼为核心行为规范的家庭关系形态逐渐成为家庭关系的主流,奠定了中国家庭关系基本形态的基础。② 汉代逐渐形成和定型化的家庭家族伦理规范,③成为意识形态的儒家伦理规范,又与政治制度和法律制度紧密结合在一起,也与人的身份和社会地位的变化密切相关,这使得同时生活在同一家庭和社会的家庭成员之间的相互关系变得更加复杂。

本书在系统考察秦汉时期的家庭形态基础上,重点讨论家庭的内部关系及其同外界的联系。

一、秦汉时期的夫妻关系

从家庭形态上看,有三代同堂的小家庭,也有四世同堂甚至

---

① 宋仁桃:《秦汉家庭关系研究》,苏州大学硕士学位论文,2003年,第5页。
② 赵浴沛:《两汉家庭内部关系及相关问题研究》,厦门大学博士学位论文,2005年,第3页。
③ 王玉波:《中国古代的家》,第20页。

五代同堂的大家庭。一个三代同堂的小家庭里，在名分上有父母（公婆）、夫妻、未成年子女（兄弟姐妹）；而四世同堂的大家庭里，即使成年的男女结婚后别居，那么最大的那个家庭里也有祖父母、父母、夫妻（未成年兄弟姐妹）、子女（甚至有的家庭还有未成年的孙子女）。那么，有血缘关系的男女有祖孙、父女（母子）、兄妹（姐弟），甚至可能有姑侄；而非血缘关系的男女有祖孙、公媳、叔嫂（伯媳）。

如果再扩展一下，因为血缘关系成年分家另居的亲兄弟、堂兄弟、族兄弟的家庭和因为婚姻关系由各个子女牵连而走动亲密的三五个亲家等等，形成了上下左右牵连不断的血缘关系和婚姻关系。

每个家庭都不是独立存在的个体，它是依存于社会群体之中的，所以我们还必然要考虑家庭外部的人员构成。由于生产和交际的需要，家外人员的名分有刚才说过的亲戚，有主仆，有朋友、邻居，有生意上的合作伙伴，有临时随机的买卖双方，路人甲乙等等。

以上家内家外的男男女女，人员构成十分复杂，这些形形色色的男性和女性构成了社会主体的一个缩影。其中，既有非血缘关系的男女，也有血缘关系的男女。他们之间要如何相处才能有利于每一个家庭建设和谐？这是每一家庭当事人本身的美好期许。而针对社会乱象，要如何寻求家庭建设合理规划的蓝图？更是几代思想家们的先知先觉，也是当下统治者上层要考虑的大政方针。

针对上述众多纷繁的人际关系，我们以家庭内部的夫妻关系为基准点来观察家庭内外的男男女女的关系。人类社会自然是先有众多的男男女女的复杂关系，然后才有简单确定的夫妻关系的;进入有序的文明社会以后,人们开始有意识地维护夫妻关系的确定性和排他性,夫妻关系的稳定才是家庭关系稳定与和谐的关键。为了了解历史实际和方便表述,我们要先弄清楚跟夫妻关系密切相关的几个重要理念。

(一)秦汉时期"男女有别"理念

秦汉时期男女有别的理念与现实差距甚大,夫妻之外的男女交往比较自由,性道德观念淡薄。有人说"汉代人贞节观念淡薄,对妇女贞节要求宽泛",①尚未达到"被人们所认同,并作为行动的规范"的境地,②具体表现有以下几个方面。

1.男女无别的社会现实

春秋时期以来,那种"君不君,父不父,子不子"的现象也时有发生,上层贵族男女之间淫乱之事,家庭内部乱伦的丑闻,典籍多有所载,父夺子妻,子淫父妾等现象一直到两汉时期,经常出现。从《左传》的记载来看,这主要表现在男子的自由多娶以及女子出嫁或改嫁具有一定的随意性。③ 同时,婚姻的离合并没有什么限制。这种"男女无别"的情况导致当时的男女关系没有受约束地散漫发展。同时,民间风俗里男女自由交往,没什么尺度。如郑国风俗"男女亟聚会,故其俗淫"④,卫地风俗亦然,

---

① 刘厚琴:《论汉代妇女的地位》,《聊城师范学院学报(哲学社会科学版)》1994年第3期。

② 郭玉峰:《两汉时期贞节观念的世俗化趋向》,《天津师范大学学报(哲学社会科学版)》2005年第2期。

③ 陈筱芳:《春秋婚姻礼俗与社会伦理》,成都:巴蜀书社,2000年,第78页。

④ 《汉书》卷二八下《地理志》,第1652页。

"有桑间濮上之阻,男女亦亟聚会,声色生焉"。① 河北蓟地"宾客相过,以妇侍宿,嫁取之夕,男女无别,反以为荣"。② 齐国风俗亦如此,"州闾之会,男女杂坐,行酒稽留,六博投壶,相引为曹,握手无罚,目眙不禁,前有堕珥,后有遗簪,髡窃乐此,饮可八斗而醉二参。日暮酒阑,合尊促坐,男女同席,履舄交错,杯盘狼藉,堂上烛灭,主人留髡而送客,罗襦襟解,微闻芗泽"。③ 男女不但无别,而且杂坐同席,酒后狼藉,"罗襦襟解,微闻芗泽"。春秋战国时期的男女关系实际上是男女相对无别,因此,男女之间乃至夫妻之间的贞节观念也就无从谈起。当时的思想家就已经对上述情况看不惯,认为这是"从欲妄行,反于禽兽"。④

秦汉时期,社会对女性的要求相当宽容,她们的活动舞台并未被紧紧局限于家庭,她们还有很多表达个人意志的机会和舞台。所以,这一时期,男女交际,视后世为广。⑤ 秦汉时期,男女之间的隔防并不太严格,关于这一点,学术界已经达成共识。妇女不仅在家庭中可以从事经济生产、支撑门户,参与国家外交、政治、文化等活动的也大有人在。

西汉时期,妇女参与社交活动活跃,男女交际相对自由。特别是在民间、里社郊日,男女聚会,杂然相处,耳鬓厮磨,民风淳朴而具有天然情趣。女子可以在公开场合与男子饮酒欢聚。如

---

① 《汉书》卷二八下《地理志》,第1665页。
② 《汉书》卷二八下《地理志》,第1657页。
③ 《史记》卷一二六《滑稽列传》,北京:中华书局,1996年,第3199页。
④ 刘宝楠:《诸子集成》第五册《管子·立政九败解》,第338页。
⑤ 吕思勉:《秦汉史》,上海:上海古籍出版社,1983年,第426页。

刘邦还沛,当地男女"沛父老诸母故人日乐饮极欢"。① 刘旦忧懑之时,"置酒万载宫,会宾客群臣妃妾坐饮"。②

西汉武帝以降,儒家礼教开始重新构建,经过几代人的努力,到东汉时期儒家礼教理论化、系统化并逐渐转化成人们自觉遵守的道德规范。东汉人因此多数崇尚道德,社会上盛行谦让之风。不过,东汉三国时期,女子公开的社会交往依然是允许的,社会依然不存在后世所谓的男女大防,即被局限在家庭之中,大门不出二门不迈的女性并不多见。

以上所说的社会现实在秦汉时期非常普遍(这在后文里有详细论述)。男女无别,就是不限制男女之间的交往尺度,不隔绝和限制男女交际的空间,他们有很多工作、聚会或拜访等等公开交往和私下交往的机会,使得非夫妻男女之间可以有很多互生好感、发生暧昧甚至酒后乱性的机会。

同时,政府对于社会上的淫乱和通奸行为态度暧昧,并未形成坚决的打击政策和常规法律。统治者们对此明面暧昧实则放纵的态度,同时社会上也不歧视妇女二嫁的社会现实,说明秦汉时期即使有家庭建设的迫切主题,也不能证明当时维护夫妻关系、维稳家庭建设就已经落到了实处。每一个大政方针的提出与贯彻落实,都是需要时间的磨炼和提纯的。

长期处在男女无别的社会现实里,非夫妻男女暧昧的机会多、空间多,造成了性关系紊乱,影响社会安定。

2."男女有别"理论的提出

面对男女性关系混乱的现状,统治者和思想家们为了维护

---

① 《汉书》卷一下《高祖帝纪》,第74页。
② 《汉书》卷六三《武五子列传·燕刺王旦》,第2757页。

父权,保证子女的血统纯正,首要措施就是隔离男女,呼吁男女有别。到战国末期,确立封建的社会伦常秩序成为刻不容缓的事情。①

(1)"夫妇别"或者"别男女",确定夫妻之间性关系的排他性。

春秋时期,发自于西周时期的礼乐制度遭到了颠覆与破坏,整个社会处于无序和动荡的状态。战国时期的思想家们,纷纷开始寻求和重建新的社会秩序。其中,建设和谐有序的家庭,维护家庭内部的稳定,乃是他们重建社会秩序、规划美好蓝图的重要一环。那么,在细节上,如何进行家庭建设呢?

针对先秦两汉时期相对混乱的男女关系,同时要满足家庭建设的大政方针,思想家们要做的第一步,就是把夫妻关系从大众男女关系里面划分出来,使其性关系简单纯洁。面对混乱的社会现实,迫切需要建立起新的社会秩序来约束人们的行为,夫妇之道或性道德是被"男女有别"圈定了范围的,圈内人要守规矩,圈外人要尊重这个规矩,不能破坏它。社会上自由交往的非夫妻男女,因为有交集的机会众多,很容易发生暧昧和婚外情,所以为了维护家庭稳定,古人针对这个情况就提出了男女有别、男女大防的理念。

"男女有别"的理念最早是战国时期的人们提出来的。《管子》云"要淫佚,别男女,则通乱隔"②。荀子说"夫妇别,父子亲,君臣严,三者正,则庶物从之矣"③。郭店楚简载:"男女不别,父

---

① 梅良勇、张方玉:《荀子的家庭伦理思想研究》,《道德与文明》2000年第4期。
② 刘宝楠:《诸子集成》第五册《管子·君臣下》,第175页。
③ 刘宝楠:《诸子集成》第二册《荀子·天论》,第210页。

子不亲。父子不亲,君臣无义。"①他们充分认识到"男女之别"是建立一切正常人伦的前提和基础,不重视,则一切混乱。

秦汉时期的人们继承了这种理念。秦始皇明确提倡"男女礼顺,禁止淫佚,男女洁诚"。②史载秦人"于父子之义,夫妇之别,不如齐、鲁之孝具、敬父者"。③然而男女结为夫妇,生息繁衍以维系种族的延续,则是秦社会之正常现象。④人为的改观、教化,才是家庭建设的起点。司马迁认为"男女无别则乱登"⑤,"纵情性,安恣睢,慢于礼义"⑥肯定是社会紊乱的根源。

上述所有观点的共性在于,男女之别的目的是禁止"淫佚、通乱",从而可以使得"父子亲"、行"王教之端"。夫妻关系不等于男女关系,但却来源于男女关系。各位思想家已经认识到性纯洁对于家庭建设和社会安宁的重要性。为确保性纯洁,要禁止非夫妻男女的"淫佚、通乱"行为。先秦诸子的关注热点在于把夫妻从大众男女之中分离出来,使其成为维持家庭稳定的责任对象。"男女之别"的理论和措施不仅把婚姻看成保证生育血统纯正的子女的手段,更看成隔绝淫乱、美化风俗的手段。这种思想和做法有利于保证家庭中父子血统的纯正,有利于维护夫妻关系以及家庭的安定与团结。

---

① 李学勤:《郭店楚简〈六德〉的文献学意义》,《国际简帛研究通讯》2002年第2期。李学勤认为"郭店简里这些篇很可能是子思一派著作,即《子思子》","最迟不超过公元前300年"。
② 《史记》卷六《秦始皇本纪》,第262页。
③ 刘宝楠:《诸子集成》第二册《荀子·性恶篇》,第295页。
④ 杨小英:《睡虎地秦简与秦楚婚俗研究》,武汉大学硕士学位论文,2005年,第1页。
⑤ 《史记》卷二四《乐书》,第1186页。
⑥ 刘宝楠:《诸子集成》第二册《荀子·性恶篇》,第295页。

西汉末期,刘向在《列女传》对男女有别的内涵外延进行了详细阐述。其中,"楚平伯嬴"条说:"夫妇之道,固人伦之始,王教之端。"①楚平伯嬴在国破家亡的情况下不愿意跟吴王阖闾发生性关系,楚平伯嬴还说,如果吴王一旦越界,就破坏了人伦王教,后果将会"男女之丧,乱亡兴焉"。②这里的"夫妇之道"是指夫妻之间的性纯洁;它强调了男女有别的内涵之一,就是男女之性爱权利只有夫妻才能享有,这是"人伦之始,王教之端",不可越界,否则会破坏国家的长治久安。"邹孟轲母"条记载,孟子因为妻子在内室裸露相见而不悦,妻子则义正词严地主动要求离异。她说:"妾闻夫妇之道,私室不与焉。今者妾窃堕在室,而夫子见妾,勃然不悦,是客妾也。"③此处的"夫妇之道"是说,夫妻之间在私室的行为是自由的,夫妻之间可以衣冠不整,这是自由和权利,不受道德评价的制约。这一条说明,夫妻之间享有私密内室衣冠不整的权利,享有夫妻男女越界的自由,这几项受道德评价和法律条文的保护。

刘向彻底把社会中的大众男女从彼此毫无顾忌、毫无界限的交往局面中分离开,即结成夫妻的男女其权利自由受到保护,夫妻二人自成一个圈子;而非夫妻男女则统统属于另一个圈子:非夫妻男女则没有性爱的权利,不可以在他人面前衣冠不整,不可以私下交往、行为越界。一旦有上述行为,就是淫乱行为,就是暧昧勾引,就要受到道德的谴责,甚至受到法律的制裁。所以,确保夫妻性关系的排他性,是男女有别的大前提,是划分人

---

① (西汉)刘向:《列女传》卷四《楚平伯嬴》,北京:中国文史出版社,1999年,第2783页。
② (西汉)刘向:《列女传》卷四《楚平伯嬴》,第2783页。
③ (西汉)刘向:《列女传》卷一《邹孟轲母》,第2785页。

群的依据。

(2)婚姻之礼——确保夫妻性排他的有力手段。

先秦儒家从实用的角度,用父母之命、媒妁之言这种婚姻之礼,隔绝非夫妻男女的公开和私下交往,在性关系配对组合的过程里,人为地加了一道屏障,以期做到男女有别。

孟子认识到,即使以结婚为目的的男女,他们在婚前的私下交往也要禁绝,如果"钻穴隙相窥,逾墙相从,则父母国人皆贱之"。① 荀子认为"风俗之美,男女自不取于途"。②

因为婚前的男女仍然属于大众男女,不禁绝这些男女的私下交往就不能彻底区分大众男女与夫妻之间的界限。用父母之命、媒妁之言等礼制来隔绝男女的直接和私下交往,此乃针对当时的社会现实所采取的矫枉必须过正的手段。

秦汉时期,人们继承了先秦儒家的婚姻之礼。司马迁认为"婚姻冠笄,所以别男女也"。③ 东方朔弹劾董偃,说他秽乱公主的行为是"败男女之化,而乱婚姻之礼,伤王制"④。他们都强调婚姻之礼对于男女有别的重要性,认为只有以礼约束男女,才能保证夫妻间性关系的纯洁。

《汉书·礼乐志》云"故婚姻之礼废,则夫妇之道苦,而淫辟之罪多"⑤,强调制定婚姻礼制对夫妇之道的保障。《后汉书·任延列传》建武初年记载"骆越之民无嫁娶礼法,各因淫好,无适

---

① 刘宝楠:《诸子集成》第一册《孟子·滕文公下》,第251页。
② 刘宝楠:《诸子集成》第二册《荀子·正论》,第226页。
③ 《史记》卷二四《乐书》,第1186页。
④ 《汉书》卷六五《东方朔列传》,第2856页。
⑤ 《汉书》卷二二《礼乐志》,第1028页。

对匹,不识父子之性,夫妇之道"①。"各因淫好,无适对匹",就是说当地人的性关系随意任性,不考虑是否匹配婚嫁的问题。未经教化的化外之民,性关系混乱,不考虑家庭,也无所谓稳定,所以任延这个地方大员就说他们"不识父子之性,夫妇之道"。此处的"夫妇之道"是"各因淫好,无适对匹"的反面,强调了夫妻之间性关系的排他性。任延以此为契机教化当地民众,令其各个结婚成家、添丁进口,从而使得当地繁荣起来,他也因此而青史留名。

(3)强调从交往空间上隔绝约束男女。

《管子》有云"闾闬无阖,外内交通,则男女无别"②,居住空间要隔绝,避免"外内交通"。

商君曰:"始秦戎翟之教,父子无别,同室而居。今我更制其教,而为其男女之别,大筑冀阙,营如鲁卫矣。"③商君大筑冀阙,避免同室而居。

荀子说:"礼仪不修,内外无别,男女淫乱,父子相疑,上下乖离,寇难并至,夫是之谓人祅。"④荀子认为"礼仪不修,内外无别"是导致人心混乱的罪魁。

孔子令"男女行者别于途"⑤。交往空间连道路上都要有所划分,令男女自觉遵守。荀子认为"风俗之美,男女自不取于

---

① 《后汉书》卷七六《循吏列传·任延》,第2462页。
② 刘宝楠:《诸子集成》第五册《管子·八观》,第73页。
③ 《史记》卷六八《商君列传》,第2234页。
④ 《史记》卷六八《商君列传》,第2234页。
⑤ 《史记》卷四七《孔子世家》,第1917页。

途"。① 如果"钻穴隙相窥,逾墙相从,则父母国人皆贱之"。② 私下交往,不避讳交往空间的男女,应该受到谴责。

贾谊则认为"古者大臣有……坐污秽淫乱男女亡别者,不曰污秽,曰'帷薄不修'"③。这是对前人的继承。

刘向《列女传》"邹孟轲母"条:"妇人之义,盖不客宿。"④

如果说先秦和西汉前期的诸子们关于"男女有别"的认识和理论构建尚流于口头,那么西汉晚期的统治者们则将其付诸实践,甚至提出"男女异路之制,犯者象刑"⑤的法律条文,把"男女之别"列入法律。

如有的官员因为提倡"男女异路,道不拾遗"⑥而被奖励;有的官员因为"出见男女不异路者",自觉地"以象刑赭幡污染其衣",⑦以示自我惩罚;有的官员因为不重视男女之别而被同僚弹劾为"轻辱爵位,羞污印韨,恶不可忍闻"⑧,终被免官。

(4)从日常行为规范上强调男女有别。

孟子强调"男女授受不亲,礼也"⑨。

刘向在《列女传》"楚平伯嬴"条曰:"是以明王之制,使男女不亲授,坐不同席,食不共器,殊椸枷,异巾栉,所以施之也。"⑩

---

① 刘宝楠:《诸子集成》第二册《荀子·正论》,第226页。
② 刘宝楠:《诸子集成》第一册《孟子·滕文公下》,第251页。
③ 《汉书》卷四八《贾谊列传》,第2257页。
④ (西汉)刘向:《列女传》卷一《邹孟轲母》,第2785页。
⑤ 《汉书》卷九九上《王莽列传》,第4076页。
⑥ 《汉书》卷八九《循吏列传·黄霸》,第3632页。
⑦ 《汉书》卷九九下《王莽列传·唐尊》,第4164页。
⑧ 《汉书》卷九二《游侠列传·陈遵》,第3712页。
⑨ 刘宝楠:《诸子集成》第一册《孟子·离娄上》,第30页。
⑩ (西汉)刘向:《列女传》卷四《楚平伯嬴》,第2783页。

这些项目是"男女有别"的诸多细节要求。

《女诫》专心第五说"礼义居洁,耳无涂听,目无邪视,出无冶容,入无废饰,无聚会群辈,无看视门户,此则谓专心正色矣"。①综合来看,这些都是对于夫妇之道的细化和丰富。

《三国志·魏志·杨阜》:"男女之别,国之大节,何有于广坐之中裸女人形体!虽桀、纣之乱,不甚于此。"②

如《晋书》所载,如"初作屐者,妇人头圆,男子头方。圆者顺之义,所以别男女也"。③ 男女之别竟然细化到鞋子的款式方面。干宝更是将这种细致的重要性无限提升,认为:"男女之别,国之大节,故服物异等,贽币不同。"④不但男女使用的所有物品要区别,而且重视男女之别已经成为"国之大节"。

后世文学作品里有男女大防,比如男女七岁不同席、不同车、不同路,有外男来女性要回避,非夫妻男女不可以近距离接触、不可以有肢体接触等。古人的蹲礼、拱手礼、作揖等就很好地避免了近距离接触。

3. "男女有别"理念的发展

其实,"男女有别"的社会构想乃是自上而下地由思想家提出、由统治者推行的,理论构想从提出到推行乃至于社会认同,需要时间和过程,理论构想的提出并不等于社会即已认同,两者有时间差。

"男女有别"的理论虽有宣传或推行,但若希望其成为人们

---

① 《后汉书》卷八四《列女传·曹世叔妻》,第2788页。
② 《三国志》卷二五《魏书·杨阜传》,北京:中华书局,1999年,第704页。
③ 《晋书》卷二七《五行志上》,北京:中华书局,2003年,第824页。
④ 《晋书》卷二七《五行志上》,第824页。

思想意识上的自觉,则为时尚早。《后汉书》基本不提男女之别,其"男女"有时指儿女,但更多的情况是指社会劳动力或在战争中被掠夺和射杀的人口,应该不足为奇。即使如班昭《女诫》七篇论述女子的职责所在和家庭心态问题时,其所提倡的"《礼》贵男女之际""阴阳殊性,男女异行"①也不过是蜻蜓点水,并未展开。

东汉时期,史书提及身体力行"男女之别"的也只有蔡琰一人。如她在曹操欲派十个小吏替其抄书之时回答说"妾闻男女之别,礼不亲授"②,因此"乞给纸笔,真草唯命",宁愿亲自劳心费力,也不打破男女之别。以上史实说明,东汉时期的"男女之别"的理论自觉只在少数的知识群体中存在,它是否盛行还有待于社会的认同。

《三国志》中虽然提及"男女之别",但其"男女"依然多指儿女和社会劳动力或在战争中被掠夺和射杀的人口。

不过"男女之别"身体力行者群体的人数有所增加,还出现了男性。如杨阜参与酒会时,发现主人曹洪"令女倡著罗縠之衣,蹋鼓,一坐皆笑",当即厉声责曹洪:"男女之别,国之大节,何有于广坐之中裸女人形体!虽桀、纣之乱,不甚于此。"杨阜以"男女之别"为据严厉遣责曹洪,曹洪虚心接受,"立罢女乐,请阜还坐,肃然惮焉"③。此例说明"男女之别"在曹洪那儿尚未形成自觉意识,不过一旦有人批评却能立刻接受,这似乎说明至少他意识到"男女之别"的重要性,愿意在公众场合将其作为自己附

---

① 《后汉书》卷八四《列女传·曹世叔妻》,第2788页。
② 《后汉书》卷八四《列女传·董祀妻》,第2801页。
③ 《三国志》卷二五《魏书·杨阜传》,第704页。

庸风雅的标签。再如曹魏甄皇后:"年八岁,外有立骑马戏者,家人诸姊皆上阁观之,后独不行。诸姊怪问之,后答言:'此岂女人之所观邪?'"①甄皇后以"男女之别"严格自觉地要求自己,他认为公众聚会的娱乐场合,女人不应该出现。甄皇后已经非常自觉地约束自己,但姐姐们没有她的自觉。上述事例说明"男女之别"的自觉意识在曹魏时期虽然较诸两汉有所发展,但尚未大面积形成。

到三国末年,司马氏在谋废齐王芳帝位之时的借口,竟然就是其"毁人伦之叙,乱男女之节"②,这说明此时"男女之别"已经可以成为约束帝王德行的冠冕堂皇的行为准则,这应该得到大多数人的认可。这是否也反映了该理论在民间得到了广泛的认同呢?从历史逻辑上来看,答案是肯定的,因为继之而起的两晋时期关于"男女有别"的规范已经非常细致而且得到社会人士的广泛认同。

两晋时期的人们已经大面积接受并认同"男女之别"的社会意义,如羊琇"喜游宴,以夜续昼,中外五亲无男女之别,时人讥之"③,说明羊琇的行为遭到世人的普遍反对。夏统母亲病重之时,其父却与宗亲声色犬马。他因此指责诸人,"纵奢淫之行,乱男女之礼,破贞高之节,何也?"用"遂隐床上,被发而卧,不复言"来抗议,结果"众亲蹴踏,即退遣丹、珠,各各分散"。④ 以上例子从男女之别的细致规定到"时人讥之""众亲蹴踏"等诸多反应

---

① 《三国志》卷五《魏书五·后妃传·文昭甄皇后》,注引裴松之《魏书》,第159页。
② 《三国志》卷四《魏书四·三少帝纪·齐王芳》,第128页。
③ 《晋书》卷九三《外戚列传·羊琇》,第2411页。
④ 《晋书》卷九四《隐逸列传·夏统》,第2429页。

看,《晋书》时代已经将"男女之别"理论大面积传播并付诸实践,该理论也已深入人心,不再是附庸风雅的标签。

总体来说,秦汉魏晋时期"男女有别"的理念虽然形成,但其与现实差距甚大,其具体影响不能高估。从西汉晚期有人付诸实践开始,"男女有别"理论就是由少数先进的思想家和官员带动实行,一直到三国末年成为废帝借口,即使到了两晋时期依然是由少数人负责监督才能实行,因此,若说该理论在秦汉时期形成自觉意识是不可能的。从这个意义上来说,"男女有别"的理论对夫妻关系的巩固和健康发展有积极作用。妇道守护与否,其评价来自公婆的满意度。

4.结论

整个封建社会里,"男女有别"的理论是一以贯之的,而且时代越靠后,它的贯彻落实越严厉。

男女有别理论,以性纯洁为标准,对于混乱的、不利于家庭建设的性关系进行划分。夫妻之间的性交往合法,受保护;非夫妻男女之间的性交往不合法,要谴责和制裁。这对于秦汉时期性关系散漫自由的状态进行了拨乱反正,对于所有的男男女女都进行了约束。

一是对强势丈夫进行约束。将他划分在合法性交的圈子里,不可以任性和放肆,一旦破坏,要受到法律和道德的制裁。"男女有别"的目的,在于告诉男性,并不是人尽可妻。至少若看中哪个单身女子,就必须把那位女子拉入到跟这位男性不讲究交往界限的圈子里去,之后他才能享受性的自由。凡是面对非妻妾的女性,作为一个守法者,男性们要谦恭好礼,目不斜视,最好当对方不存在;即使要交往,也要保持在适当的距离之外,要学会避免发生暧昧的嫌疑。

二是对女性的约束。"男女有别"的目的,在于告诉女性,并不是人尽可夫。一旦嫁给某位男性之后,要对他抱持性的忠诚;而面对其他的任何非丈夫男性,女人们都要避嫌疑,最好不交往,即使要交往,也要在适当的距离之外。

"男女有别"划分初期,只来得及将夫妻从大众群里拔出来,尚未关注到夫妻内部如何。男女有别秩序下的夫妻,无所谓平等不平等。它既约束了女性,也约束了男性。从这个意义上来说,男女有别执行的夫妻关系,在广义上是平等的。

但随着时间的推移发展,它的划分标准趋于细致化,其结果是女性的活动空间越来越狭窄,它的极致化结果,就是封建社会后半段出现了对女子"大门不出、二门不迈"的要求,这被舆论认为是女子的美德之一。而男性们则可以任意遨游。男女的活动空间强弱对比越来越明显,导致的结果是全体社会的女弱男强、男尊女卑。

(二)秦汉时期的"贞节观念"和"性道德"

我们给予性道德的内涵是着眼于性纯洁为主、而以忠于家庭为辅的女性情操。女性的贞节观念并不局限于夫妻之间,它是为人妇者对所有家庭成员的奉献与忠诚,当然也涵盖妻子对于丈夫的性的忠诚。秦汉时期的贞节观念涵盖性道德。而男性的贞节观念一般不用"男女有别"来解释,男性的性道德,社会上不做要求,约等于没有。

1."男女有别"和"贞节观念""性道德"的关系

(1)贞节女性,指什么?

当今学术界对于贞节或者贞节女性,似乎有一个共识,即所谓贞节女性,就是固守贞操,一生只有一个丈夫的女性。比如

"两汉时期的贞节女性并不多见。有规模、有特定范围的妇女贞节变化出现在唐代后期"。① 比如郭玉峰认为,"有学者提出,到两汉时期,贞节观念出现世俗化趋势,世俗化需要三个条件:第一,一种观念或信仰的产生和不断地丰富、发展,并形成较为系统的体系;第二,有激励机制,促使人们遵循这种观念或信仰;第三,这种观念或信仰逐渐被人们所认同,作为行动的规范"。②

李志生先生和郭玉峰先生的关于"贞节"的表述,应该说代表了学界大部分人的共识。这种表述放到封建社会的后半段,是非常正确的;但如果放置于前半段,不但不符合社会现实,同时还辜负了提出贞节观念的那些思想家和政治家们的初衷。尤其是秦汉时期,这些人的初衷是要怎样重建有序社会、怎样增强国计民生,至于女性是不是一生只有一个丈夫的问题,尚未进入他们需要关心的视野。(关于贞节观念,在本书第二章第一节有详细论述。)

在这里,我们既然考察了历史实际,认为用"贞节女性"这个表述不太准确,就要说出相对准确且希望被学界认可的表述出来。其实,对于多数学者的"贞节女性"的表述,我们认为要认真考察两个观念,对比之后,我们才能理清"贞节女性"到底指什么。我们要理清的,那就是"贞节观念"和"性道德":它们是什么?有何区别?彼此之间又是什么关系?

(2)"男女有别"既是"性道德"的萌芽,也是其保镖。

"性道德",这个词在秦汉时期并没有,我们是为了帮助说明

---

① 李志生:《试析经济政策对中国古代妇女贞节的影响》,邓小南主编:《唐宋女性与社会》(下),上海:上海辞书出版社,2003 年,第 889 页。
② 郭玉峰:《两汉时期贞节观念的世俗化趋向》,《天津师范大学学报(社会科学版)》2005 年第 2 期。

问题从而借用了当代人的观念,性道德就是对性纯洁的坚守。我们给予性道德的内涵是着眼于性纯洁为主、而以忠于家庭为辅的女性情操。我们认为性道德的提倡和呼吁出现在西汉末期。而男女有别,宏观上划分性交往的圈子,哪些合法,哪些不合法;合法的受保护,不合法的受谴责与制裁。及时预防和制裁家内男女的淫乱、家外男女的通奸,目的在于保护夫妻关系的不被干扰与破坏,从而保护家庭关系的稳定,从而可以令人安心全心扑在家庭建设的大业上,为国家的建设打好基础。

要说"性道德"的萌芽,早在"男女有别"的理念提出的时候就诞生了,因为"男女有别"的基准点就是夫妻之间性关系纯洁简单。所以夫妻二人是一个性交往圈子,圈外的男女无权与他们发生性关系;当然,丈夫们如果有能力有资本多有几个女人也可以把她们拉入合法的妾的圈子。成为丈夫妻妾的女性们,在婚姻存续期间只能有一个性伙伴,要保证性纯洁;而男性只能跟合法的妻妾发生性关系,不然就要受到法律制裁。(本书第二章第一节"忠于家庭"处有详细论述。)

对于丈夫们而言,只要他们不去破坏别人的家庭,就是所谓的性纯洁了。所以,专家学者们出于性纯洁角度的考虑,称呼那些坚持一生只有一个丈夫的女性为"贞节女性"是合乎逻辑的。从性纯洁的角度上说,性道德从一开始诞生,就展开了对女性的要求偏严厉的一面。

虽然如此,但大家要清楚,秦汉时期"男女有别"的理念才刚刚提出,到它被贯彻执行或让人们形成自觉意识,性纯洁要求被广泛铺开、被自觉遵守,还需要漫长的时间。

(3)性道德是"男女有别"与"贞节观念"的结合。

与"男女有别"观念几乎同时,"贞节观念"也提出来了。我们说从内涵外延上来讲,秦汉时期的"贞节"还不是约束妇女的专用词,而是用来要求男女共同遵守的道德规范(即它既包括男性贞节,也包括女性贞节),"贞"和"节"都是高尚的道德情操,并未化为狭隘的性道德,以"贞"来专门强调妇女的操守,是后世所为。

贞节观念的提出,目的是倡导所有的成年男女对于他们所要服务的对象一定要怀抱忠诚,男性的贞节是对于君主或上司怀抱忠诚,而女性的贞节就是对于她们的婆家要怀抱忠诚(在本书第二章女性贞节处有详细论述),所以,女性贞节观念,就是女性忠于家庭,甘愿为家庭奉献己身的情操。为了家庭建设,统治者们希望将女性们越来越锁定在家庭义务之上。

"贞节观念"提出后的女性,并不是一生只有一个丈夫的,而是离婚改嫁、失婚再嫁的记录屡见不鲜,这是秦汉时期女性的婚姻常态。女性们愿意忠于家庭,不代表她一生只有一个丈夫,这种情况跟后世表述的"贞节女性"要求有所出入,但不能说她们不是贞节女性。

"男女有别"极大程度地扭转男女无别的混乱状态,统治者们愿意看到社会的安定有序。统治者用"男女有别"这种道义和法律把其他人挡在了她和丈夫的性交往圈子之外。这极大程度地保护了妻子们的根本利益,妻子们没了后顾之忧以后,也愿意忠于家庭。所以为人妻子者肯定对其坚决支持,并自觉地宣传和促进其贯彻落实。

而且,男性们也避免了结婚以后就做接盘侠,避免了到儿女长大成人后还要纠结不是亲生儿女的烦恼。同时男性们愿意看到子女都是亲生的,老父母有人侍奉供养。

所以,贞节观念在家庭里的接受度和推广力度,应该是很大的。上述种种,使我们能够想见,整个社会出于追求安定有序的美好期许,对于"男女有别"和"贞节观念"的推行态度是积极的,更是配合的。

如前所述,"男女有别"限制社会男女的交往空间,将女性们一点点往家庭里、往后院里推挤,一直到西汉末期刘向《列女传》第一次明确地关注性道德并表扬这类女性为止,我们认为,这个历史时期的女性是贞节的,但她们并未被要求一生只忠于一个丈夫,并未不许改嫁、不许再婚。而刘向第一次提出女性不要离婚了,不要再婚了,这也只是一个思想家发出的呼吁而已。东汉班固《白虎通义·三纲六纪》:"夫有恶行,妻不得去。""地无去天之礼,故《礼记·郊特牲》曰:……一与之齐,终身不改。"班固继承了刘向的观点。早期从一而终的观念只是个别思想家的理论构想,尚未得到全社会的广泛响应,即使像对女性影响甚大的班昭,其理论代表《女诫》在东汉时期也未得到普遍支持,其小姑曹丰生就曾著书反驳,并坚决反对。

从这个意义上说,贞节观念是性道德的前身,家庭建设和谐稳定的需要,是必须要以牺牲女性的活动空间为前提才能达到的,性道德的提出是历史的必然,只不过当女性忠于家庭成为事实不必多言之后,女子是否性纯洁才落入政治家思想家们的视野。所以,我们把忠于家庭而不着眼性纯洁的观念叫"贞节观念",把着眼于女性是否坚守性纯洁为主、忠于家庭为辅的观念叫"性道德"。

性道德是"男女有别"和"贞节观念"密切结合的产物。只不过这些理论都是从上到下提出来的,它的贯彻执行结果如何需要经过历史的验证。

总而言之,在秦汉时期,女性对丈夫忠诚是贞,男性对君主忠诚也是贞,神同而实不同,这可能对夫妻关系有一种偏颇的影响,即不要求丈夫保持与妻子一样的忠诚,从而有意偏袒男性对于妻子的不忠。从这个意义上说,夫妻之间实际是不平等的。这一点开了对男子性道德不做约束的先例,影响了宋元以降的贞节观念。

贞节观念的提倡与妇女守节事迹的宣扬,固然可以刺激产生一些贞节女性,但这并不代表贞节观念在社会舆论中已占主导地位,更不代表秦汉时期的人们在行为上会普遍严格遵守这一观念。

而且,上层统治者一方面鼓吹妇女贞节,另一方面又用行为肯定妇女的再嫁,他们对于贞节的摇摆态度也很好地证明当时贞节观念的不被重视。从另一角度分析,如前所述,提倡、颂扬妇女守节不嫁,可能恰好反映秦汉时期妇女改嫁的普遍性。事实上,正是当时绝大多数丧偶妇女不愿守节,朝廷才如此积极地旌表节烈。正如陈东原所说:"贞节被重视的时代,一定是社会不讲贞节的时代。"①

2.贞节观念和性道德世俗化路线图

贞洁强调性道德的唯一性,而贞节强调家庭的唯一性,"贞节"不等于"贞洁"。秦汉时期的女性贞节不等于性道德。因为,秦汉时期女性贞节泛指妻子对家庭和丈夫的忠诚,而秦汉时期性道德只强调妻子对丈夫的忠诚。秦汉时期的性纯洁暗含在贞节观念之中,但它终究不是纯粹的性贞洁,若说某人为贞妇,虽然一般是指寡妇,但她的核心功能都是指其能独立供养家庭,其高尚情操值得时人感佩和学习效仿的。所以终秦汉时代,性道德都附加在家庭为重的理念之上。

---

① 陈东原:《中国妇女生活史》,北京:商务印书馆,1998年,第45页。

以往学者们未曾对此加以区分,经常把二者混为一谈。如有人认为"中国古代的贞节观念经历了夫妻之贞——从一之贞——童贞的变化过程"。[①] 该结论对于中国古代女子性道德全程的发展变化的描述的确是确当的,但它是建立在狭义的女子性道德基础之上的,若以"贞节观念"名之,则很容易引起人们对不同时期不同认识上的混淆。因为,如前所述,贞节观念与性道德不能同日而语。

汉代是中国封建社会诸多制度形成和发展的重要阶段,"人们心目中的性道德观念从男女共同受其约束,到完全向妇女身上的转移也经历了漫长的时间"。[②] 这种说法不完全正确,因为秦汉时期的性道德从未约束过夫妻条件下的男性,要说对男女都有约束的乃是"贞节",女性贞节是对于家庭的忠诚,男性的贞节既要忠于君主,更要忠于家庭。

郭玉峰先生所说的汉代"女性贞节即性道德"[③]的观点不符合秦汉时期的历史实际。在漫长的封建社会历史长河里,"这种观念或信仰逐渐被人们所认同,并作为行动的规范"[④]可以成为现实,但若置于秦汉时期的社会环境中,则为时过早。

总之,秦汉时期的贞节与性道德的内涵与外延都不可同日而语。

[①] 郭玉峰:《两汉时期贞节观念的世俗化趋向》,《天津师范大学学报(社会科学版)》2005年第2期。

[②] 郭玉峰:《两汉时期贞节观念的世俗化趋向》,《天津师范大学学报(社会科学版)》2005年第2期。

[③] 郭玉峰:《两汉时期贞节观念的世俗化趋向》,《天津师范大学学报(社会科学版)》2005年第2期。

[④] 郭玉峰:《两汉时期贞节观念的世俗化趋向》,《天津师范大学学报(社会科学版)》2005年第2期。

表 1　中国妇女性道德发展概况

朝代	发展阶段	内涵外延
秦到西汉末期以前	性纯洁、贞节观念提出	"禁止淫逸,男女洁诚,夫为寄豭,杀之无罪"① 呼吁忠于家庭
西汉末期	刘向提出性道德要求	呼吁女性专一,内容包括:不离婚,夫死不嫁,承认丈夫多性伙伴的合法化
东汉时期	官员奖励/女性思想家宣传启蒙	推动女性在性道德方面的自觉意识
三国两晋南北朝	自觉贯彻落实	《魏书·列女传》第一次把胆识才华置于孝顺节烈之后
唐朝中期	性道德要求集中、稳定、走强	《新唐书·列女传》记录49位传主,几乎都是孝烈忠义为标准,甚至有些女性开始自残肉体,表示对于丈夫的忠诚。即使个别的有胆识才华的女性,她们所宣扬的更是忠义节烈。这些女性,几乎每一个人都被官方表彰,被舆论赞颂,她们的丈夫父兄也因为她们的表现被政府重用。其中,节烈的比例又远远高出忠义。孝义节烈成为女子及其家族的无上光荣
宋代	性道德极致化发展	饿死事小,失节事大。 "贞女不事二夫,忠臣不事两君"②
元	性道德极致化发展	"丈夫死国,妇女死夫"③
明清	性道德极致化发展	大量的自残女性出现,不是宣誓忠诚丈夫,而是纯粹地在意女子身体是否清白

---

①　《史记》卷六《秦始皇本纪》,第 262 页。
②　《宋史》卷四四六《忠义列传·刘翰》,北京:中华书局,2004 年,第 3164 页。
③　《元史》卷一九六《忠义列传·柏帖穆尔》,北京:中华书局,1995 年,第 4433 页。

从先秦到两汉三国的漫长历史时期,没有史料证明哪位思想家对婚前"童贞"提出过硬性要求,但对女子一生中的性交往对象,反倒有诸多思想家从人性的角度或繁衍后代的角度赞成夫死再嫁,不谴责离婚或改嫁,尤其在西汉中期以前,女子主动离婚再嫁者比比皆是。因此这一时期,贞节尚未成为"中国古代妇女地位变迁的重要坐标之一"①,这一提法十分正确。在秦汉时期,严格妇礼和从一而终的观念始终属于上层建筑领域内的思想意识,并未为全社会接受。②

"禁止淫逸,男女洁诚"。"男女洁诚"的提法,要求婚内男女性纯洁,对男女性道德进行约束,尤其是要处罚违反规定的男性,"夫为寄豭,杀之无罪"③。此处反映的秦代对于男女性道德的约束似乎很严厉,其实不然。丈夫像发情的公猪一样,跑到了别人家去生活,杀之无罪的条款是针对他犯了抛弃家庭的罪:一个"寄"字可杀之,就把男性们圈定在家庭里,不可逾越。这一条款背后承载的是沉甸甸的家庭义务。因为一个家庭里成年男子是顶梁柱,如果他跑到别人家,那么自己原生家庭的父母谁来供养?儿女谁来抚育?妻子委屈操劳的身心谁来安慰?每个男人都抛弃原生家庭,那么家庭建设如何开展?所以此风不可长,必须杀。

秦始皇的这个政策对中国封建社会两千多年的家庭建设意义深远,所有的男性一旦成年就必须结婚生子,为农业生产提供

---

① 李志生:《试析经济政策对中国古代妇女贞节的影响》,邓小南主编:《唐宋女性与社会》(下),第884页。

② 焦杰:《中国古代的外室现象与妇女地位》,《妇女研究论丛》2003年第3期。

③ 《史记》卷六《秦始皇本纪》,第262页。

生力军;而且他们的身心必须圈定在父母身上,否则就是不孝顺,罢官免职判罪都有可能。所以,男性们必须上敬老下养小,中间娶妻子,有能力有地位的还要养小妾。如果有种猪一样的男人,没关系,把他想要的女人或女人们都拉入同一个家庭里来,给他们妻妾的名分,让她们合法存在,但千万别"寄",一寄就犯罪,官职越高,罪责越重。

秦始皇三十七年(公元前210年)十月,秦帝出游到会稽山,令李斯刻石立碑,"颂秦德、罪云国,明法规,正风俗……""饰省宣义,有子而嫁,倍死不贞。防隔内外,禁止淫逸,男女洁诚。夫为寄豭,杀之无罪,男秉义程。妻为逃嫁,子不得母,咸为廉清"。① 无论秦刻石还是秦简,主要的思想倾向都是强调家庭中的男女双方互负的责任,而不是反映政府对妇女守贞的特殊要求。②

妻子"有子而嫁"或背夫私逃另嫁固然应该受到惩罚,但如果丈夫在外淫佚,妻子也可以"杀之无罪",应该说,这一时期对男人的处罚丝毫不轻于妇女。秦代对待婚外奸淫行为采取"男女兼惩"的原则,而非单方面地惩罚有婚外性行为的女子。所以,秦代对性道德的要求,"对配偶双方是一致的,主要表现在婚姻持续阶段夫妻双方的彼此忠诚上,并无男女之分"③。同时,秦始皇统一中国后宣扬"男女礼顺",开始努力建立新的家庭、家

---

① 《史记》卷六《秦始皇本纪》,第262页。
② 高臻、韩树峰:《汉晋时期妇女的守节与再嫁》,《中华女子学院学报》2002年第4期。
③ 申茂盛、许卫红:《浅论秦人贞节观的强化与秦文化内容的发展》,《西北史地》1999年第4期。

族伦理规范。① 因此我们认为,秦始皇会稽刻石的真正用意并不是要求妇女重视性道德方面的贞节,而是通过强调男女双方互相负有的责任和义务,以达到维护家庭安定、巩固社会秩序的最终目的。② 利于家庭与社会稳定的行为才属于"贞"的范畴。这时的贞节观念,虽然包括妇女对于性道德的忠诚,但更侧重强调妇女对于家庭的忠诚。

上述刻石内容对男女性道德提出要求,婚姻存续阶段要"男女洁诚",不谴责妇女再嫁,但"有子而嫁"是放弃对家庭的责任,违背对家庭的忠诚,属于不贞;逃嫁妇女受到处罚的最大原因也是"子不得母",造成家庭秩序的紊乱。此时的女性贞节,指已婚女性对家庭的责任,其目的是把女子固守在幼儿的身边,这首先考虑的是家庭建设问题,而非男女的性道德问题。因此,秦刻石虽然提出性道德的要求,但未做重点强调,只是作为忠于家庭的陪衬。

西汉后期,刘向第一次系统而明确地提出妇女"一醮不改"③的贞节观念。《列女传》中收录了十几个"一与之醮,终身不改"的贞节妇女,如卫宣夫人,未嫁而夫死,誓不改嫁,"卒守死君"。刘向是赞扬未嫁之女为丈夫守节的行为的第一人。如鲍女宗在丈夫鲍苏又娶外妻的情况下,拒绝改嫁,而尽心尽力地为家庭尽义务,"养姑愈敬,因往来者请问其夫,赂遗外妻甚厚",鲍女宗在知道丈夫有了外妻的情况下,依然孝敬婆婆,问候丈夫,甚至承认外妻的存在,拒绝他人劝其改嫁的建议。对于男性在

---

① 王玉波:《中国古代的家》,第20页。
② 高臻、韩树峰:《汉晋时期妇女的守节与再嫁》,《中华女子学院学报》2002年第4期。
③ (西汉)刘向:《列女传》卷二《宋鲍女宗》,第2888页。

性道德上的不专一,人们开始要求女性采取容忍的态度。刘向借女宗之口说:"妇人一醮不改,夫死不嫁……以专一为贞,以善从为顺……岂以专夫室之爱为善哉!""蔡人之妻"事关丈夫有严重疾病时女子是否该离异的问题,"黎庄夫人"事关女子在感情不和之时该否主动离婚的问题。这两条记载是对婚内女子离婚自由的否定,这里的"夫妻之道"强调女子对丈夫及其家庭的忠诚,而非狭义的女子忠于丈夫的性道德问题。刘向大力褒扬拒绝改嫁、再嫁的妇女,对于妇女的性道德已经提出"不专夫主之爱"的观念,承认丈夫多配偶的合理性。

在刘向看来,夫死不嫁是"贞"的最基本标准。在男子多妻的情况下,女子不能嫉妒,更不应该改嫁,即"以专一为贞",这是我国历史上第一次以女子对于性道德的忠诚来解释贞节观念。"专一为贞"应该是中国历史上针对女子第一次提出的性道德标准,它以牺牲女子的离婚权益为前提,当然,刘向并未忽视秦刻石奠基的重视家庭责任和义务的贞节精神,"养姑愈敬,因往来者请问其夫,赂遗外妻甚厚""专心养姑"都是他所赞扬的。应该说,他是将性道德和重视家庭义务的贞节精神并重的。

班固继承并发展刘向的观点,继续提出"一与之齐,终身不改"的性道德观念,而且强调"夫有恶行,妻不得去者,地无去天之义也。夫虽有恶,不得去也"[①]。这就是说,主张女子不得主动离婚,即使丈夫有恶行也要维持现有婚姻;只有在女子的父母被丈夫杀死的情况下才能主动离去。

班昭继承和发展了刘向的性道德观念,其《女诫》强调女性对于家庭的忠诚,即"专"。班昭认为,女性不应该把追求个人在

---

① (东汉)班固:《白虎通义·嫁娶》,第746页。

尘世中的幸福当成终极目标,而应该同时肩负起培育后代、照顾家族的责任,这是儒家的人文思想。对于班昭所倡导的"专",如果更多地从促进夫妻关系和睦的角度着眼,更有意义。① 在儒学受到普遍尊重的社会里,"父权的巩固使得那些具有文化素养的上层妇女思考生活的新策略,她用自己的经验谆谆教导女儿辈如何在既定的生活空间中适应生存,在不利的环境中以谦德忍道在丈夫的家族中站稳脚跟"②。

东汉以降,民间出现提倡妇女守节的理论性著作,反映妇女守节的观点已开始系统化。③ 具体体现为出现专门针对妇女的启蒙读物,如汉《女诫》、晋《女史箴》、唐《女论语》《女孝经》《女则》、明《闺范》《温氏母训》、清《女学》《教女遗规》《女学言行录》;王相更把《女范捷录》《女诫》《女论语》《内训》合辑为《女四书》。④ 这些针对妇女的理论著作,是推广普及贞节观念的助推工具。

从汉代以后,历代史书中大都有《列女传》,以褒奖那些符合封建宗法礼教所要求的"贞女烈妇",开始彰显女性对性道德的坚守。不过,被表彰的贞烈义举多见于上层知识女性之中。东汉时期,广汉廖伯之妻殷氏盛年守寡,"断指明情,养子终义,太

---

① 刘利利:《对班昭贞节观的再认识及对〈女诫·专心〉误读的疏正》,《兰州学刊》2006年第8期。
② 杜芳琴:《中国妇女史研究的本土化探索》,《陕西师范大学学报(哲学社会科学版)》1999年第2期。
③ 高臻、韩树峰:《汉晋时期妇女的守节与再嫁》,《中华女子学院学报》2002年第4期。
④ 廖红:《汉乐府民歌之弃妇诗看封建社会定型期的妇女问题》,《西南民族学院学报(哲学社会科学版)》2002年8月专辑。

守薛鸿图象府庭"。① 河南乐羊子之妻拒暴自刎,"太守赐予缣帛,以礼葬之,号曰'贞义'"。② 王吉表彰贞妇,朝廷"显其门闾,号曰'行义桓厘',县邑不时祭之"。③ 官府为了彰显儒义,多以为典范,动辄加号,立碑,图形,旌表门闾,以推行风化,遂使下层妇女也多有残身赴死、蹈义表贞者。④

秦汉时期的贞节女性多见于东汉时期,西汉和三国时期则很少,究其原因,一是西汉时期儒风不盛,贞节意识不强,二是三国时期战乱频仍,人口再生产的要求促使妇女再婚,无论政策上还是现实上都不支持妇女贞节。

秦始皇刻石的精髓在于:提出女子在三种情况下应该予以谴责和处罚,聚焦于女子再嫁、改嫁和婚姻存续阶段的不贞行为,这无疑为宋元以降的贞节观念提供模型与范本。宋元以降的贞节观念,就是我们今天认识的所谓传统的贞节观念,它包括婚前"童贞"、婚内守身、妇女不得主动改嫁、夫死不得再嫁四个层次。它强调女子对于性道德的遵守优先于女子对于家庭的忠诚。从形式上看,只有宋元的婚前童贞是秦刻石所没有的,二者总体上看一脉相承,但从内容上看,却大相径庭。秦刻石强调妇女对家庭的忠诚优先于性道德。

宋元贞节观念的内容又有所发展,首先,它强调婚前"童贞",这针对女子而言,它要求每个女子在结婚之前必须保持处

---

① (东晋)常璩撰,刘琳校注:《华阳国志校注》,成都:巴蜀书社,1984年,第768~769页。
② 《后汉书》卷八四《列女传》,第2793页。
③ 《后汉书》卷八四《列女传》,第2797页。
④ 陆静卿:《论东汉妇女对儒家精神文化的深切体现》,《求索》2004年第3期。

子之身,不得与任何男子发生性行为,否则即是淫乱。其次,婚内守身,强调除了丈夫之外,女性一生不能再有其他的性交往对象,否则即为淫乱。再次,妇女不得主动离婚或改嫁,"离婚"只是丈夫独享的特权,否则便遭非议。最后,强调妻子在丈夫去世后不得再嫁,否则为人所不齿。这几个层次的共性,就是强调女子遵守性道德,并未强调女子对于家庭的责任义务。这四点的共性"看重在一点上——性欲问题——生殖器问题的上面"①,已经变成单纯的性道德要求,而且性道德只要求女子遵守,对于占据全社会半数人口的男子却未提出任何要求。这是与秦刻石精神极大不同的地方,这几条性道德的硬性要求,把女性牢牢禁锢在初嫁的家庭之中,其客观效果已经远远超出秦刻石强调的对于家庭的忠诚,也就没有必要再以条文的形式强调女性对家庭的忠诚。

宋元以降的贞节观念,与"男女有别"的理论密切结合,严格限制男女的交往范围和交往界限,把男女之间的私密交往和男女之性爱的权利一样对待,严格限定为只能是夫妇之间才享有的权利义务,出现在非夫妇关系的男女之间,就是淫乱行为;剥夺女子的改嫁、再嫁之权,将其牢牢束缚在丈夫的家庭之中,这些措施有利于绝对化地保证父子关系的纯洁和维持父权社会的稳定,但以压抑女子的社会地位为代价。

3.结论

"男女之别"的理论起于战国,盛行于两汉,但这并非早期儒家的直接言论。"男女之别",一般要求所有的非夫妇男女来遵循,即使是将要成为夫妻的男女也必须遵从这一要求。但其对

---

① 陈东原:《中国妇女生活史》,第146页。

于夫妻关系的男女如何相处还没有如宋元以后那样细致的规定。"男女有别"提到了性纯洁,性纯洁属于当事人的行为选择,而性道德却是涵盖当事人在内的所有人对于某人或某些人是否能坚持性纯洁选择的一种道德评价。男女有别为性道德保驾护航。

早期的妇女贞节包括她们对家庭和性道德的忠诚,但这两种忠诚在历史发展中各有偏重。秦和西汉时期,对妇女强调要求的是以家庭义务为主而以性道德为陪衬;东汉中期以后,性道德比重有所增加,但家庭义务依然作为主体存在。东汉以后,文献中所见的妇女"贞节",有时候是在强调性道德,而其对性道德的遵守对应的则是"守节""守贞"等以忠于家庭为前提的舆论评价。

无论是从与后世的对比来看,还是从自身实际来看,两汉时期的贞节观念首先强调的是对于男性的约束和要求,对于妇女贞节的要求还远远没有达到后世的苛刻程度。其原因可以从客观和主观两方面来探寻。

客观方面,由于汉代处于封建统治秩序尚未完全建立的时代。意识形态领域相对自由,社会环境比较宽松,儒家伦理思想到西汉中期才被统治阶级尊为正统思想,并未全面渗透到整个社会,人们思想意识中贞节观念比较淡薄,传统婚姻中自主的成分得到或多或少的保留等诸种因素,都不同程度地保证了汉代妇女仍具有比较高的地位。[①]

主观方面,所谓的从一而终是男子对女子发出的要求,然而

---

① 李辉:《从汉代婚姻关系看当时的妇女地位》,《长春师范学院学报》2002年第2期。

在男子拥有三妻四妾可以不受谴责的情况下,却要求女子从一而终,这不但不公正,也是对女权粗暴践踏的行为。不仅如此,它在维护道德原则旗号下,实际上把许多本来艰于娶妻的贫苦男子的婚姻权利也给剥夺了,大大增加了他们择偶的难度。①说到底,从一而终的道德标准,只对有权有钱的男子有利,反映了少数特权者的私利。这样,必然会发生道德规范与现实生活的脱节,相应背离的现象。

总而言之,在秦汉时期,女性对丈夫忠诚是贞,男性对君主忠诚也是贞,神同而实不同,这可能对男女关系有一种偏颇的影响,即不要求丈夫保持与妻子一样的忠诚,而有意偏袒男性对于妻子的不忠。从这个意义上说,夫妻之间实际是不平等的。这一点开了对于男子性道德不做约束的先例,影响了宋元以降的贞节观念。

三、秦汉时期的亲子关系

亲子关系就是父母与儿女之间的关系,男权社会中的亲子关系一般多指父子关系,只有极少数情况下会提到母子关系或父女关系。

在西周的礼制要求下,宗族大家庭的成员之间是按照血缘远近亲疏和辈分高低的等级来处理家庭关系的,父子宗亲应该是十分祥和有序的。但春秋时期,周礼遭到破坏之后,出现了父不父、子不子的混乱局面。一是政变与战乱,导致亲人离散,甚

---

① 郭松义:《清代妇女的守节和再嫁》,《浙江社会科学》2001年第1期。

至兵戈相向。据《史记·太史公自序》载,"春秋之中,弑君三十六,亡国五十二,诸侯奔走不得保其社稷者不可胜数"。其中臣弑君、子弑父,同室操戈,父子兄弟情谊尽失。在亲人离散,各谋其利的情况下,宗族大家庭逐渐被破坏殆尽,父子不能相顾的现象应该是非常多的。婚姻秩序混乱,父占子媳、子侵父妾的丑陋现象频频出现于《左传》等典籍当中,①因夺妻之恨而产生的父子失和甚至动乱的情况也时有发生。这一点直至秦汉时期的王室当中仍有遗存。② 这种状态应该是一种过渡,处于宗族大家庭破坏之后,以父子为轴的封建制家庭尚未形成之前。

战国时期,因为战乱频繁,人员的流动性增强,父子家人各个逃命,相顾不暇;而各国广泛开展各种功利性强大的政治经济改革,招揽天下人才,因此,对于天下士子来说,谁给自己的尊重多而又能言听计从就投奔谁。在这样的社会氛围之下,父子家人的情感发展到皆以功利为衡量尺度。如《墨子·兼爱》说:"子自爱,不爱父,故亏父而自利。弟自爱,不爱兄,故亏兄而自利。臣自爱,不爱君,故亏君而自利,此所谓乱也。"这些材料说明了当时社会产生混乱的原因,也证明了父子兄弟关系已变得唯利

---

① 如《春秋左氏传》里,《桓公传十六年》:"初,卫宣公烝于夷姜。生急子,属诸右公子。为之娶于齐而美,公取之。"《文公传七年》:"穆伯如莒莅盟,且为仲逆。及鄢陵,登城见之,美,自为娶之。仲请攻之,公将许之。"《襄公传三十年》:"蔡景侯为大子般娶于楚,通焉。大子弑景侯。"《昭公传十九年》:"王为之(楚大子建)聘于秦。无极与逆,劝王取之。正月,楚夫人嬴氏至自秦。"(杨伯峻编著:《春秋左传注》,第153、562、1173、1401页。)

② 《汉书》卷五十三《景十三王列传·江都易王刘非》记载:"都易王非长子刘建为太子时,邯郸人梁蚡持女欲献之易王,建闻其美,私呼之,因留不出。蚡宣言曰:'子乃与其公争妻!'召易王所爱美人淖姬等凡十人与奸。"(第2414页)

是图,甚至是形同陌路。另据《战国策》载,苏秦早年出游大困而归之时,遭到家人的冷漠待遇,"妻不下纴,嫂不为炊,父母不与言"。当其游说六国成功后,家人的态度却热情而夸张,"父母闻之,清宫除道,张乐设饮,郊迎三十里。妻侧目而视,倾耳而听;嫂蛇行匍伏,四拜自跪而谢"。① 家内所有成员前倨后恭的表现,无非是因苏秦先时大困而后时"位尊而多金"的功利变化,战国时期的家庭之中因功利的趋势而导致家庭成员之间关系的冷漠,也由此可见一斑。

面对社会动荡的混乱局面,先秦和秦汉时期的思想家们提出了新的家庭秩序和社会秩序的构想与主张,力图重新建立一个"君令臣共、父慈子孝、兄爱弟敬、夫和妻柔"②的和谐社会以及和睦有礼的家庭秩序。父慈子孝等人伦准则的设想出现于先秦,却实践于秦汉时期,并在东汉时期深入人心。

有人认为秦汉时期,父系父权的家长制家庭结构已基本定型,形成了以家长为枢纽的家庭结构。③ 它与宗族社会中宗子成为全体族人的最高权威不同,家长成为全家的最高权威。即"中国传统家庭结构的典型特征,是以婚姻与血缘关系为纽带,以父系近亲小家族为主体,父子为轴心"。④ 父慈子孝是最能体现父子轴心的人伦关系,汉代孝治天下的大政方针增强了对父慈子孝人伦关系的要求。

关于父慈子孝的亲子关系,赵浴沛认为,父母和子女的地位

---

① (西汉)刘向辑录:《战国策》卷三《秦策一·苏秦始将连横》,第85页。
② 杨伯峻编著:《春秋左传注·昭公传二十六年》,第1480页。
③ 王玉波:《中国古代的家》,第20页。
④ 王玉波:《中国家庭史研究刍议》,《历史研究》2000年第3期。

是不平等的,父是家长,但在维护家庭的生存和子女的成长方面所承担的责任也很大。在很大程度上,所谓父权体现的是一种对家庭、子女和对国家的责任。① 这个观点十分中肯。有些学者以过分强调父权的强大来说明父母与子女之间的关系紧张,并不符合当时的实际情况。因为父权并非永远或绝对的强大,而父母与子女之间也并非只有紧张的关系,与之相反,舒缓的父慈子孝、儿女谏诤应该是日常生活中最主流的父子关系。也就是说,秦汉时期依然重视父子之间的亲情,重视父亲的精神领袖地位和以身作则的榜样力量,父权是相对的,尚未绝对化。所以,我们赞成中国古人的教育是"爱的教育"的观点,失爱不仁,过爱不义,"爱"是家庭秩序和谐的根本保障,是家庭成员之间人际关系的基本需求。诚如《汉书·刑法志》所云:"爱待敬而不败,德须威而久立,故制礼以崇敬,作刑以明威也。"秦汉时期的家庭关系和理念已经为后世打下了精神基础。

因此,秦汉时期的亲子关系体现在父母对于儿女应尽的责任义务,更是儿女面对父母之时的权利民主。秦汉时期的父家长权威虽然得到世世代代的公认,但还没有像元明以降的父家长那样绝对化,因为"父慈子孝"的双边义务乃是真实的存在,因此,子女享有相对民主的权利,他们的人身和精神都是相对自由的。亲子关系当中,母亲的地位是本书中探讨的难点。一般而言,秦汉时期大家庭当中的母亲,即便是亲生母亲的地位,也是由她们同父亲的关系来决定的,这在丧服问题上反映明显,儿女与她们的关系有七八种,甚至还要多些;而小家庭中母亲地位的

---

① 赵浴沛:《两汉家庭内部关系及相关问题研究》,厦门大学博士学位论文,2005年,第16页。

高低,则要由她们自己在这一家庭中的贡献及其个性所决定,例如寡母,因为其母兼父职、辛劳非常,所以往往格外受到儿女的尊重。

父母对于儿女的婚姻决定权相对民主。秦汉时期,父母(尤其是父亲)对于儿女婚事的掌控,与其说是权力,毋宁说是完成为人父母者应该尽的义务,上对祖宗负责,下对儿女负责,既完成延续种族和家庭人口再生产的任务,又适应了为儿女的身心找个终生归宿的需要。秦汉时期,对于儿女的婚姻,父母包办者有之,儿女自主决定者也有之,所以关于婚姻的缔结或取消,其决定权不一定全在父母,而是父母、儿女的意愿二者同时存在。

父亲在"包办"婚姻中有较强的主婚权。在政治性比较强的"包办"婚姻中,父母(尤其是父亲)的意志往往是婚姻缔结或撤销的主要因素。在政治联姻中,当事的女子几乎毫无话语权,不过在与女方包办婚姻的缔结之际,是否接受婚约请求的男方多是当事人自己,而非其父母兄长。一方(女)包办,一方(男)不包办,这种婚姻可以定义为非完全包办婚姻。这与男女双方都被包办的婚姻,即完全包办婚姻,是有所区别的。完全包办婚姻与后世没什么区别,但非完全包办婚姻需要注意,这种婚姻并不仅仅要考虑男女当事人的结合需要,更多的是要考虑这桩婚姻所带来的家际联系是否有助于自己家庭的稳定和繁荣。因此,一般而言,婚姻的主导权不掌握在年轻的、不谙世事的男女当事人手中,而是由其父家长来决定婚姻的缔结或解除,这就是两种包办婚姻的共性。

在非包办的"民主"婚姻中,父亲的影响力相对小一些。相对大量存在的政治性包办婚姻而言,秦汉时期非包办的民主婚姻也不在少数,而且,当事人的权利得到较大的尊重,即使到东汉三国时期,父母在缔结儿女的婚事之时,也会充分考虑儿女的感受。西汉中期以前,民主婚姻中的女性当事人比较自主,而强势男子在整个秦汉时期在婚姻缔结或解除中的自主意志都比较明显。在婚姻解除时,父亲有较大影响力,但往往会尊重儿女的意志。俗话说,"可怜天下父母心",个性平和、疼爱儿女的父亲一般都会考虑儿女的想法和意愿,即使在解除婚姻等类似的大事上,也要尊重儿女的意见,即或刚愎强势的父亲,在面对儿女的强烈抵触之时,也多会尊重儿女的意愿。因为,大多数父母缔结或解除婚姻的动机,乃是要为儿女谋求幸福,因此不能不考虑儿女的意愿,这才是父母能够做出妥协的根本原因。当然,我们也不能一概认为,包办儿女婚姻的父母皆不考虑或不重视儿女婚后的幸福,因为不少父母正是为了儿女的幸福,而在儿女婚姻问题上和儿女发生冲突的,即使在当今现实社会中这种事例也不少见。

秦汉时期,母亲在儿女婚姻事务中的权力,表现形式不太稳定。一般来讲,如果父亲去世,强势的母亲作为父家长的替身,可以包办儿女的婚姻,即为儿女主婚或解除婚姻。当然,如果父亲在世,儿女的主婚权还是把持在父亲手中的,即婚姻决定权一般父亲优于母亲,尤其是存在争议的时候,一般由父亲决定一切。还有一种情况,即在父亲去世后,如果兄弟相对强势,姊妹的婚姻一般由其兄弟来决定,而非由母亲来决定,这时母亲的作用相对较小,当事的女性一般也没什么话语权。兄弟对于姊妹婚姻的包办,类似于父亲对于儿女婚姻的包办,其特征非常接近。

综上所述,包办婚姻的决定权,父亲高于母亲,母亲高于儿女,兄弟有时高于母亲,更高于姊妹。这样长幼有序、层次分明的权力是父权的充分体现。

父母对儿女的养育与家庭教育,责任大于权力,充分展示父母之爱。主要表现如下:

注重对儿女的道德品行教育。汉代人重视子孙品德修养,父母要求子孙"近有德"、尚节俭,注意心灵美的陶冶。父母希望儿女行为谨慎,戒骄戒躁。行为准则一般也是坚持道德准则。母亲教育儿子保持忠义之心。与父母重视儿女品行教育相映生辉的是,儿女也可以用自己良好的品德来感化或影响父母。同时,晚辈对长辈的规谏和交流等等也应该属于家庭教育的范畴。最后要补充说明的是:如果儿女的品行不端,家风不正,一般是父母管教不严所致,往往会给家庭带来严重的后果。

以利禄诱导,教育儿女走上仕途。自古以来,能够让儿女广大门庭或光宗耀祖是每一个家长的最大心愿,两汉时期的家长也不例外。自武帝伊始,设"立五经博士,开弟子员,设科射策,劝以官禄"[①]的举动无疑为实现或满足众多家长的心愿开辟了一条新路。虽然众多的汉代文献记载并没有显示,在儿子们博学经典而走上仕途的过程中,父母究竟发挥了多大作用,但联系其他的史实我们可以断定,在促使儿子们学而优则仕的过程中,两汉时期的父母肯定产生过重要影响。

两汉重经学,习经儒士往往得到察举、征辟,一跃而成为公卿,从而提高家庭声誉和门庭地位;同时,当经学作为家学在权势之家世代相传时,高尚门第亦得以长期延续。也就是说,在汉代,家学相传关系到门第的提升。所以,鼓励和教育子弟继承父业就成为每个家长必须考虑和面对的问题。

千百年来,中国的传统往往是子承父业,在上层社会中,这

---

① 《汉书》卷八八《儒林列传·赞》,第3620页。

种现象显得尤为突出。在汉代的"教育界"也存在不少鼓励儿女继承父亲学业的情况。当然,就两汉长达四百年的发展历史而言,仅仅十几处关于子承父业的记载显得微不足道。但从另一个侧面证明,儿女在择业方面拥有较大的自主权,并不完全听命于父辈的意志。

总之,秦汉时期的思想家们在讲孝的同时依然讲慈,即父慈子孝。汉代只是"三纲"理论提出的初期,封建专制制度的日益强化以及"三纲"的日益绝对化是一个漫长的历史过程,只有到了宋代以降才出现"天下无不是的父母"的观念。这一观念所要维护的是绝对的父权,所要提倡的是子女对父母的绝对顺从,即"父虽不慈,子不可以不孝"。① 客观地说,汉代儒学教育的推广对儿女道德情操的发展是具有积极意义的。

本书也讨论了秦汉时期的兄弟关系问题。

学者们在描述兄弟关系时,更关注分家析产问题。诸子继承制下家产的一次继承与二次继承,使家庭的代际层次较少,尤以夫妻核心家庭的比重为大,这就使中国古代社会的小型家庭结构居于主导地位。②

但是,对于兄弟关系的讨论,由于笔者自身的学识水平有限,提不出堪成系统的观点,我们只好把零星的某些相关议论放在第三章《秦汉时期的亲子关系问题》中进行论述,比如该章第三节第二目"有些兄弟可以包办姊妹婚姻"和该章第五节中"兄长承担抚养或监护未成年弟妹的责任"即是。

---

① 邓云生编校标点:《曾国藩全集·家书一·谕纪泽》,长沙:岳麓书社,1985年,第214页。
② 马新:《两汉乡村社会史》,第331页。

在进行相关论述之时我们认为,秦汉时期的推恩、任子政策对于兄弟关系的调节功能强大,因为这些政策为兄弟们的各自发展提供了尽可能大的舞台,那些无权继嗣父亲爵位的兄弟,可以凭借自己的才能在官府或社会上得到适合自己的发展空间,既创造了社会价值,又发展了家庭财富,还减少了兄弟之间发生利益纷争的概率,从而有利于兄弟之间的友爱互助,也有利于家族内部的团结。

四、秦汉时期的收养、过继问题

秦汉时期的拟制亲子关系,即秦汉时期收养、过继问题。如前文所言,养子未必被立为后,而嗣子也不一定真正被收养,二者存在微妙的差别。而父母的再婚,产生新组合的家庭,导致"同产"和"非同产"的兄弟姐妹同时存在,关系复杂。他们在西汉中期以前,曾经享有同样的权利义务,但在中期以降,非同产的或不同父亲的兄弟姐妹逐渐被排斥在权利义务之外。也就是说,西汉中期之后,相对继父而言,继子的地位逐渐下降,继子一般很少有机会被作为嗣子人选,因为嗣子与父家长不存在任何的血缘关系;而相对继母而言,因为继子的地位由其父亲来决定,所以,继子的地位是没有什么变化的,这一点不属于探讨的内容。

收养、过继是秦汉时期的一种拟亲子制度,主要渊源于古代的宗祧继承和慈善救助。所谓养子,就是"将非亲生子拟制其有亲生子关系之制",或者说,"将无自然亲子关系之人,作为自己之子"①。养子可以为养父、养母养老送终,也可能分得一部分财产,但不一定有权继嗣其香火,祭祀祖先。能分得养父母的大宗或全部的财产,并有权继嗣其香火祭祀祖先者,称为嗣子。收养嗣子的行为叫过继。因此,养子不一定是嗣子,它强调收养者"养"的义务和责任,收养者多是因可怜、同情幼弱孤儿而出于善心地去完成养育过程。所以,在秦汉时期,养子既包括同姓之子,也有异姓之子,养子既可能是为了继承宗祀,也可能只是抚养及财产关系。但是,嗣子强调的是继嗣者"嗣"的义务和责任,嗣子不一定有被收养者养育的过程。嗣子多是同姓之人(少数为异姓之人),必然存在继承宗祀和财产的关系。秦汉时期的嗣子不一定是儿子一辈,也可能是其他辈分的人。因此,为了行文的便利,将两种责任义务不同的情况分开称呼。

一般情况下,收养人与被收养人之间存在血缘或姻亲关系,这种收养在整个秦汉时期都是收养行为的主流;但收养毫无血缘或姻亲关系的异姓养子的现象也时有发生。收养、过继和抚助等现象的大量存在,使帮扶圈子由从父、族父到朋友、乡里,逐渐增大,年代越后,帮扶圈子越大,收养者人群也就越多。拟亲子制度的形成,应该是秦汉时期家族以及地域观念逐渐形成与扩大发展的必然结果。

根据收养行为发生的时间先后或形式的不同,可以将其划分为三种类型。

一是基于慈善救助的收养行为。这种情况一般发生在收养人生前,而且多数并非属于无子情况下的收养,此类被收养人没

---

① 冯尔康:《拟制血亲与宗族》,《"中央研究院"历史语言研究所集刊》1997年第68本第4分,第944页。

有人数上的限制,收养人与被收养人之间有事实上的抚育和赡养关系,被收养人即所谓真正的养子。

二是基于继嗣宗祧义务的收养行为。分两种情况,一种是以养子为嗣子,有养、嗣合一的倾向,一般发生在收养人生前,此种情况下,被收养人有人数的限制,一般限定为一人;另一种是纯粹的嗣子,与收养人之间并没有事实上的抚育和赡养关系,这种收养行为一般是发生在收养人殁后而由官府参与完成。

三是由于母亲的再婚而促成的抚育和赡养关系,可以视同为收养行为。母亲的再婚,一般发生在青壮年时期,此时儿女相对幼小,为其生存计,其母重组家庭时必然会带上幼小的孩子,重组的家庭之中就产生继父与继子的关系,同时也产生兄弟姐妹之间"同产"、不"同产"的亲属关系,从而形成围绕着抚养问题的权利义务关系。不过,虽然继子与养子在名义上是有区别的,但二者在父系父权制家庭中存在着共性——都不是其所在家庭中父家长的亲生儿女。尤其是继子,他们与父家长之间所产生的权利义务关系必然会区别于亲生儿女的。因此,自西汉中后期以降,自社会上层至下层,异父兄弟姐妹(非"同产")逐渐不能享有同产兄弟姐妹的权利,西汉中期之后,继子的地位已经逐渐下降。

五、结论

家内人际关系不单纯由每个人简单静止的角色地位决定。其实,在家庭角色身份上还有"经权"之变。杜芳琴对"经权"之变是这样定义的:"作为'经',两性之间存在着支配与服从、主宰与依附、主动与被动等关系,经典性的表述是'三从''四德''七出'……但在'权'的一面,它又给妇女相对的生活空间,如'尊母''孝母''重妻''爱女'的机制在父权—夫权制家庭中周流自如,在很大程度上缓解了妇女家庭生活的压力,甚至成为妇女发挥能动性的工具。"①杜芳琴"经权"之变的认识相当客观公允,值得借鉴。因此,我们不能简单平面地和静止地看待秦汉时期的男女地位问题,夫妻关系不是一成不变的,而呈现复杂的状态。

---

① 杜芳琴:《妇女研究的历史语境:父权制、现代性与性别关系》,《浙江学刊》2001年第1期。

第二章 秦汉时期相对平等的夫妻关系

家庭是社会的细胞,家庭的和睦直接关系社会的安定与发展,维持婚姻,处理好婚后生活,夫妇相处之道就显得特别重要。但夫妻关系不是单独存在的,它在秦汉时期的社会大背景下,既受历史现实其他人际关系的制约,也受几代思想家们的构思、当下的社会舆论,以及国策等上层建筑的影响。同时,一定时段内相对稳定的社会现实,跟上层建筑的预期总是有很大差距的。夫妻关系与家庭的稳定并非一开始就是同步发展的。夫妻关系来源于男女关系,但他又区别于其他纷繁的男女关系。

第一节 贞节观念影响下的夫妻关系

夫妻男女和非夫妻男女们,他们彼此之间如何相处,才能有利于每一个家庭建设和谐?这既有每一家庭当事人本身的美好期许;而针对社会乱象,如何寻求家庭建设合理规划的蓝图,更是几代思想家们的先知先觉,也是当下统治者上层要考虑的大政方针。不过,夫妻关系建立在以丈夫为家庭核心的历史条件下。人类进入父系社会后,女儿被绝对排除在权力传承关系之外。王权只在男子(或父子或兄弟)间传承,女性被彻底排除在王位传承的权利之外。在历代王朝的传袭过程中,从来没出现以女子为顺位继承人的情况,"皇室的传承关系如此,贵族家庭的继承原则与王室基本相似。平民大体上也是父子相传承"①,这是谈论夫妻相对平等的大前提。

一、"贞节"的含义和来源

从语言文字学的角度来看,"贞"属于假借字的范畴,郭沫若在《卜辞通纂·考释》中云:"古乃假鼎为贞。"甲骨文里其含义为占卜、贞问的意思,后来才发展到一个人的意志或操守专一的意思。《释名·释言语》云:"贞,定也。贞定不动惑也。"所以,"贞"字早期的含义除了占卜、贞问,在更多情况下是用来形容一个人的专一或忠诚。

从战国晚期到秦汉时期,"贞"字泛指人们道德、情操的高尚。文献记载显示,由"贞"字组成的词汇在当时既有贞士、贞臣,也有贞女、贞妇。既有专门指向女性的词汇,如贞淑、贞顺;又有专门指向男性的词汇,如贞明、贞亮、贞良、贞正、贞高、贞贤、贞白、贞固;同时还有男女都适用的词汇,如贞信、贞义、坚贞、贞节、贞静。通过对这些词汇的分析,我们发现秦汉时期的"贞"适用于男女两性,而且对男性之贞的强调往往多于女性之贞。

---

① 刘巨才:《中国古代的社会性别制度及传统妇德》,《山西师大学报(社会科学版)》1998年第4期。

节,本义是竹节的意思。《说文·竹部》云"节,竹约也",引申发展后指人或动植物的身体关节,如"高节""折节""下节"分别指人体上、中、下三处大的关节。人身体最高的关节为颈部,"高节"即挺直颈部,引申指高傲自尊,坚持个性尊严,不轻易屈服于人的那种行为。如鲁仲连"不肯仕宦任职,好持高节,游于赵"①,"田横之高节,宾客慕义而从横死"②,萧望之"素高节,不诎辱"③,由"高节"的含义引申出"气节""节操"等词汇,如汲黯"然好学,游侠,任气节,内行修洁,好直谏,数犯主之颜色"④,"郑、卫俗与赵相类,然近梁、鲁,微重而矜节"⑤。以上事例之"节"均与我们所分析的含义相同。"折节"指弯腰,对人行礼,向对方表达自己足够的尊重。如"齐王大怒,折节而下秦"⑥。"下节"则指弯膝下跪,是身份或状态最卑微时的礼节。

以上三种情况,反映了三种人格和精神风貌。其实,一般人们在内心或理想状态之下,都对高傲自尊的行为表示激赏,正如《左传·成公十五年》所云:"圣达节,次守节,下失节。"因此,"高节""气节""节操"往往指一个人在面临或生死、或荣辱的选择之时,坚持个性尊严,不轻易屈服于人的那种行为,即使再艰难也能够忠诚于自己的一贯做人的原则和个人理想,宁死而不放弃尊严的高尚品格。

同时,"节"又是符节,即代表皇帝权力的节杖,此时的"持

---

① 《史记》卷八三《鲁仲连列传》,第2459页。
② 《史记》卷九四《田儋列传》,第2649页。
③ 《汉书》卷七八《萧望之列传》,第3287页。
④ 《史记》卷一二〇《汲郑列传》,第3105页。
⑤ 《史记》卷一二九《货殖列传》,第3264页。
⑥ 《史记》卷七〇《张仪列传》,第2288页。

节""守节"就是尽一个臣子忠于君主的义务。"死节"的表面意义就是持符节而死,深层次的意思是对忠贞不贰的臣子的赞美。如汉景帝时代,周亚夫反对为投降者封侯拜爵时,说:"彼背其主降陛下,陛下侯之,则何以责人臣不守节者乎?"反对的原因就在于当时君主集权需要忠贞不贰的守节臣子,投降者前后侍奉二主,如果奖励这些人就不能苛责其他臣子是否守节、是否忠心事主了。这对集权统治是不利的,该例应该是将"守节"一词解释为忠贞不贰的最好注脚。因此,秦汉时期,臣子对君主的忠贞不贰,一般以"死节"表述,到南北朝之时,才有了文字上的明确表达,即"忠臣不事二主"(《北史·邓彦海列传》)。

从"贞""节"的早期含义来看,二者本无密切联系,在它们分别有了忠诚、专一和气节、节操等含义之后,人们才把它们连在一起使用。此二字组成的"贞节"一词在早期的文献典籍中很少见,如《史记》为零记录,《汉书》为零记录,《后汉书》也只有两次记录,"慕古人之贞节"[1]、"累行论谥,佥曰宜为贞节先生"[2]。《后汉书·独行列传·范冉》注解引《谥法》云:"清白守节曰贞,好廉自克曰节也。"《三国志》零记录。还有,在周秦诸子作品中,只有《孔子家语》有两次记录,其他为零记录。前后《汉纪》零记录,《淮南子》零记录,《潜夫论》零记录。《全后汉文》五次记录,《全三国文》零记录。由此可见,秦汉时期的"贞节"还是"贞""节"的并列组合,并未赋予新的内涵,要硬说所谓的贞节观念,顶多可以说它只是在秦汉时期刚刚萌芽而已。

所以,贞节观念并非人类文明伊始就存在了,其形成与发展

---

[1] 《后汉书》卷五九《张衡列传》,第1914页。
[2] 《后汉书》卷八一《独行列传·范冉》,第2690页。

需要一定的主客观条件,客观条件是家庭的稳定与发展需要它,主观条件就是人们需要它,愿意受他的约束。这一概念的成熟和贯彻注定需要漫长的历史发展过程。

因此,我们说从内涵外延上来讲,秦汉时期的"贞节"还不是约束妇女的专用词,而是用来要求男女共同遵守的道德规范(即它既包括男性贞节,也包括女性贞节)。"贞"和"节"都是高尚的道德情操,并未化为狭隘的性道德,以"贞"来专门强调妇女的操守,是后世所为。"所以,贞节是对两性行为的限制和约束,而并非如人们通常所理解的那样,仅仅是对女性而言的。"①从语汇是时人生活与思想的客观反映来说,秦汉时期的贞节观念对男女两性的要求是不同的,同时也是淡漠的。贞节二字的临时组合只能说明有一部分先知思想家们意识到了提倡这种理念的重要意义,开始去摸索和琢磨了而已。秦汉时期忠君爱国、为国献身就是个人理想,男人在面临生死荣辱之时,他最高尚、最值得尊敬的行为就是坚持个性尊严,能够忠诚于自己一贯做人的原则和个人理想,宁死也不苟且偷生,不放弃个人尊严。女性贞节则是强调她们对于家庭、对于丈夫的忠诚。

二、男性贞节:忠诚于君主

由于君主集权发展的需要,对于大多数男性的驯服,即男子贞节,成为统治者们首先考虑的政治课题。秦汉时期的男性贞节,不是强调其对妻子性道德的忠诚,而是强调对其所服务的帝

---

① 郭玉峰、王贞:《中国古代的贞节:并非仅对女性的规范》,《天津师范大学学报(社会科学版)》2002年第5期。

王君主的忠诚,强调对封建君主保持的贞节,也就是传世文献中频繁出现的"忠义"、忠君爱国、为国献身等从一而终的优秀品德。

(一)封建君主专制政权需要众多男性的忠诚

汉代是中国古代封建社会君主集权专制制度和意识形态确立的时代,汉代专制的皇权确立不久,忠君观念刚刚形成,新的政治空气之下,迫切需要士阶层人员扮演忠臣义士,唯皇权马首是瞻。自汉高祖至汉武帝,由于发展君主集权的需要,先后几次以皇权打击拥有社会势力的人群,打击一切有可能分化和瓦解皇权的潜在势力,急需忠于君主集权的骨干力量。因此,怎样驯服大多数男性成为统治者首先考虑的政治课题,所以这一时期的男性贞节被提到迫切需要发展的政治议程上来。东汉初期,刘秀大肆表彰忠臣义士,表扬的不只是忠于汉政权的忠臣,而是凡忠于其主的人都要给予褒奖。其表彰忠臣义士的目的,就是要树立忠心耿耿地为主人效忠的风气,即保持忠节,贵在坚持。这些宣扬对东汉皇朝的命运都产生重大影响。①

如前所述,从战国晚期到秦汉时期,"贞,最初的概念不是专指男女之间的忠贞而言,而是指一种高尚的品德"。② 我们认为"贞"字泛指人们道德、情操的高尚,同时适用于男女两性,而且对男性之贞的强调往往多于女性之贞。即使到两汉三国时期,关于男性"守节""忠贞"的历史记录也远远多于女性,且随着时

---

① 吕洪彪、吕红梅:《两汉忠君观念之比较》,《渤海大学学报(哲学社会科学版)》2005年第3期。
② 张仁玺:《秦汉家庭研究》,第139页。

代的发展有不断强化之势。这也说明秦汉时期对于男性守节忠君的要求远远大于对女性守节忠夫的要求。关于两汉时期对男女贞节的记录,参考表2。

表2 两汉三国传世文献所见与男女贞节相关词汇频率简表

词汇	贞		忠贞		忠孝		忠义		守节	
性别	男	女	男	女	男	女	男	女	男	女
西汉时期	96	40	3	0	39	0	1	0	36	1
东汉时期	211	45	60	0	99	0	35	0	34	4
三国时期	106	8	19	0	26	0	65	0	16	2

资料来源:拙文:《也谈两汉时期贞节观念的世俗化趋向》,《中国社会经济史研究》2010年第2期。

表2的数字对比可以发现,两汉时期的贞节观念在形式、内容等方面均与后世不同,如"贞""忠贞""守节"。其中"忠贞"条,从西汉到东汉快速发展,但几乎都是男子的专利,而与女性无缘;两汉三国几百年间对女性"贞"的要求也始终弱于男性。

如"守节"一词,后世一般专门指向女性夫死不嫁,但两汉时期却与此区别甚大:其中,西汉时期有36次记录指向男性,指向女性的仅仅1次;东汉时期有34次指向男性,指向女性的仅有4次;三国时期有16次指向男性,指向女性的仅仅2次。

它们对于男女两性的要求形式虽相同,但内容却相异,而其适用范围和迫切程度更是不可同日而语。

这些现象应该是君主集权制度上升时期对于男性的忠君爱国之迫切需求,远远大于丈夫跟家庭对于妇女性道德上忠诚度的需求。这些数字对比也说明秦汉时期对女子性道德方面几乎没什么要求,即使有了要求也是何其宽容!

类似的词汇还有"忠节"。关于"忠节"的记载,《汉书》有3

次,如"延年本大将军霍光吏,首发大奸,有忠节,由是擢为太仆右曹给事中"①,《后汉书》有9次,如"初,常少、张隆劝述降,不从,并以忧死。帝下诏追赠少为太常,隆为光禄勋,以礼改葬之。其忠节志义之士,并蒙旌显"②。如赵苞悲号着对母亲说:"为子无状,欲以微禄奉养朝夕,不图为母作祸。昔为母子,今为王臣,义不得顾私恩,毁忠节,唯当万死,无以塞罪。"③以上"忠节"均是指忠于皇权而与破坏皇权的人或事做斗争。

忠臣义士们效忠的对象并不单指皇帝,还包括西汉初的诸侯王、东汉的上级官吏如某些大臣和名儒。这在两汉时期是比较普遍的现象,姑且称之为"忠君观念的泛化"。两汉时期的男性贞节指向他们效力的皇帝或者上级官吏,而非指向妻子。

因此,"忠节"的理念自从两汉时期开始就已经潜行在人们的思想意识当中,成为要求士大夫恪守的大节。"忠节"即大节,即气节,指一个人在面临或生、或死、或荣、或辱的选择之时,坚持个性尊严,不轻易屈服于人的那种行为,能够忠诚于自己的一贯做人的原则和高尚品格。如《后汉书·独行列传·温序》记载,温序被隗嚣别将苟宇活捉,在对方劝降时说:"受国重任,分当效死,义不贪生苟背恩德。"他的行为言论得到敌方将领的高度评价:"此士死节,可赐以剑。"宁可杀身成仁,舍生取义,而非为了苟活而投降对方,这是汉代臣子忠贞的代表。诸如此类,秦汉时期的史书把扬忠抑逆的历史观念渗透到人们的头脑当中,"对忠君观念的强化有着巨大的作用"④。

---

① 《汉书》卷六〇《杜周子延年列传》,第2662页。
② 《后汉书》卷一三《公孙述列传》,第544页。
③ 《后汉书》卷八一《独行列传·赵苞》,第2692页。
④ 郝虹:《东汉儒家忠君观念的强化》,《孔子研究》2000年第3期。

东汉中期开始,忠君观念在人们心中已经成为独立的精神力量,他们去支持人们站在符合这一观念的人那里,而反对践踏这一观念的人,哪怕这个人是皇帝。① 历经和、安、顺、桓、灵几世,出现一大批自觉实践着忠臣之节的臣子,如和帝时的何敞、恽寿、乐恢、袁安、任隗;安帝时的杨震、来历等;顺帝时的虞诩、李固、张纲、杜乔、皇甫规、种嵩、陈龟等;桓帝时的李云、杜众、杨朱、周景、朱穆、李膺、范滂等;灵帝时的张奂、谢弼、曹鸾、卢植、吕强、杨赐、蔡邕等,正是这些仁人君子的心力所为,支撑着东汉政权,使之长期"倾而未颠,决而未溃"②。汉末建安时代则是忠君观念的低谷时期,东汉末年,忠君观念的衰弱的最直接影响是魏晋以降君权的衰落。③

从史料中所能见到的忠臣义士几乎全部是男性,从西汉时期的忠于皇帝、诸侯王到东汉时期发展为连带地忠于长官,这样的臣子是历代统治者愿意褒奖的对象。从南北朝开始,"忠臣不事二主"的说法正式出现于文献之中④;北宋以后则把法家的"忠臣"概念纳入儒家的"气节"范畴这一问题,君臣关系也被完全秩序化,权臣篡位再也不敢理所当然。可以说,忠义、贞节作为封建意识形态,作为男人的道德规范,被封建统治者群相唱和,成为男性立身行事的指导原则。

从西汉时期的忠于皇帝发展到东汉时期连带地忠于长官,这样的臣子是历代统治者所愿意褒奖的对象。可以说,忠义、贞

---

① 郝虹:《东汉儒家忠君观念的强化》,《孔子研究》2000 年第 3 期。
② 《后汉书》卷六一《黄琬列传》,第 2043 页。
③ 郝虹:《汉魏之际忠君观念的演变及其影响》,《山东大学学报(哲学社会科学版)》1999 年第 3 期。
④ 《魏书》卷二四《邓渊列传》,北京:中华书局,2000 年,第 634 页。

节作为封建意识形态,作为男人的道德规范,被历代统治者群相唱和,成为男性立身行事的指导原则。

正是由于封建君主集权制对士大夫之忠贞的迫切需要,统治者和思想家们才常拿"节妇""烈女"来作喻体。因为,臣子对君主之忠贞与妻子对于丈夫之忠贞,精神要求是共通的,在忠贞的要求之下,无论臣子还是妻子,他们侍奉和效忠的对象都必须是唯一的。封建君主集权制上升发展的需要,必然导致对男子的约束越来越严厉,作为主体和喻体共生的存在,逻辑上对于臣子的约束必然导致对妻子约束的逐步严厉,因此,由皇帝颁布诏令或由官员出面来表彰"节妇""烈女"才变得顺理成章。

"忠贞""忠节""忠义""守节"等几乎都是反映男性道德的专用语词,其实是变相要求他们忠君爱国,在这个意义上,它们的内涵外延几乎是一致的。正由于对忠贞守节的士大夫的迫切需要,统治者和思想家们拿"节妇""烈女"来作喻体,如宋代强调"贞女不事二夫,忠臣不事两君"[1],元代强调"丈夫死国,妇女死夫"[2],忠臣与烈女的精神要求是共通的,即他们侍奉和效忠的对象都必须是唯一的。这样的需要必然导致对于男子约束得越来越严厉,即"忠臣不事二主",这种理念的客观作用便是对于女子约束的逐步严厉,因此才会有皇帝以诏令或官员出面来大量表彰"节妇""烈女"的现象。

两汉时期的男性贞节,不强调对妻子性道德的忠诚,而强调对其所服务的帝王君主的忠诚,强调对于封建君主保持的贞节,也就是传世文献中频繁出现的"忠义"、忠君爱国、为国献身等词

---

[1] 《宋史》卷四四六《忠义列传·刘韐》,第3164页。
[2] 《元史》卷一九六《忠义列传·柏帖穆尔》,第4433页。

汇或事例。

(二)"孝治天下"对男性的绑定

1. 上层男性以孝义选官

学界公认汉代是封建社会中各种秩序和理念形成的重要时代。两汉社会强调臣子"忠贞",统治者强调"孝治天下",以"孝"选拔官吏,"故汉制,使天下诵《孝经》,选吏举孝廉"①,"天地之性人为贵。人之行,莫大于孝"②,他们认为,忠臣出于孝子。东汉时的傅燮说"忠臣之事君,犹孝子之事父。子之事父,焉得不尽其情"③,表明孝子与忠臣之间的对应联系。东汉时期,随着《孝经》经学地位的确立④,人们竟然把"孝"视为最高的道德和行为准则,如汉章帝公开宣称"夫孝,百行之冠,众善之始也"⑤,明帝时的韦彪也说:"夫国以简贤为务,贤以孝行为首。孔子曰:'事亲孝,故忠可移于君。'是以求忠臣必于孝子之门。"⑥忠于家庭是贞节的基准点。

2. 以《孝经》教学,大力推广

在以孝治国的前提之下,统治者大力推广《孝经》等儒家经典。司马迁《史记》正文里只有3次提及《孝经》;班固《汉书》里关注《孝经》的内容骤然增多,正文之中出现达23次之多,而且

---

① 《后汉书》卷六二《荀淑子爽列传》,第2051页。
② 胡平生:《孝经译注·圣治章》,北京:中华书局,1996年,第19页。
③ 《后汉书》卷五八《傅燮列传》,第1874页。
④ 晋文:《论〈春秋〉〈诗〉〈孝经〉〈礼〉在汉代政治地位的转移》,《山东师范大学学报》1992年第3期。
⑤ 《后汉书》卷三九《江革传》,载章帝制诏,第1302页。
⑥ 《后汉书》卷二六《韦彪传》,第917页。

大量引用《孝经》言论。

《史记》《汉书》对于《孝经》的关注程度不同,应该是作者的生存时代不同所致。二书有大量重合内容,除掉重合部分,《汉书》较之《史记》多出的部分,应该是司马迁去世以后的史实,推源其发生时间应该在汉武帝以降,即发生在西汉中期以降。这说明中期以后,西汉统治者逐渐重视《孝经》的作用。

《后汉书》关注《孝经》的文献多达35篇,正文之中出现25次之多,且多属于研究,已非单纯的引用言论,这些记载多是马融、何休、郑玄等人的研究结论。《三国志》关注《孝经》文献有11篇,正文7次,也多属于研究,这说明此时已经有专人研究《孝经》的作用。

西汉中期以降,《孝经》成为教育皇室宗亲的必备教材。汉昭帝、汉宣帝及汉元帝所受的教育都以《孝经》《论语》为主,皇室宗亲如缪王齐太子刘去,也是"师受《易》《论语》《孝经》,皆通"。①《汉官仪》曰:"博士……通《易》《尚书》《孝经》《论语》,兼综载籍,穷微阐奥。"②统治者认为传授儒家经典的博士人选,精通《孝经》是必备条件。对于《孝经》的大面积推广普及滥觞于汉平帝时期,即王莽提议在郡、国、县、道、邑、侯国普遍立学校,甚至深入乡聚等最小的自然村落:"乡曰庠,聚曰序。序、庠置《孝经》师一人。"③就这样,《孝经》在统治阶级的重视之下得到推广普及。

3.以《孝经》治国

---

① 《汉书》卷五三《景十三王列传》,第2427页。
② (东汉)应劭撰,孙星衍校集,周天游点校:《汉官六种·汉官仪卷上》,北京:中华书局,1990年,第128页。
③ 《汉书》卷一二《平帝纪》,第355页。

进入东汉,自光武中兴至桓、灵之际,汉代历史进入新的"以《孝经》治国的阶段"。① 孝明皇帝亲自讲学,研究儒家经典,在皇帝的带领之下,"诸儒并听……期门、羽林介胄之士,悉通《孝经》。博士议郎,一人开门,徒众百数。自圣躬,流及蛮荒,匈奴遣伊秩訾王大车且渠来入就学"②。期门、羽林介胄之士都要悉通《孝经》,可见熟读《孝经》成为选拔人才的最基本要求。这一点被后来者继承与发展,如邓太后临朝,再次要求相关人员学习《孝经》:"自期门、羽林之士,悉令通《孝经》章句,匈奴亦遣子入学,济济乎,洋洋乎,盛于永平矣!"三国时期,盛行的私学也重视《孝经》,例如,"原十一而丧父……一冬之间,诵《孝经》《论语》"③,钟会"年四岁授《孝经》"④等。

4.《孝经》的作用

随着《孝经》的影响扩大,其思想精髓逐渐深入人心,"复制《孝经》,广陈德行"⑤。面对兵戈暴乱之时,竟然有人认为《孝经》可以应急,可以自然而然地消灭暴乱。如东汉张角作乱时,向栩就认为中央政府不必发兵镇压,"但遣将于河上北向读《孝经》,贼自当消灭"⑥。汉灵帝中平元年陇右发生寇乱,主事的宋枭对盖勋说:"凉州寡于学术,故屡致反暴。今欲多写《孝经》,令家家习之,庶或使人知义。"⑦虽然上述建议在急乱之时显得荒

---

① 晋文:《论〈春秋〉〈诗〉〈孝经〉〈礼〉在汉代政治地位的转移》,《山东师范大学学报(社会科学版)》1992年第3期。
② 《后汉书》卷三二《樊宏族曾孙准列传》,第1126页。
③ 《三国志》卷一一《魏书·邴原传》,注引《原别传》,第351页。
④ 《三国志》卷二八《魏书·钟会传》,第784页。
⑤ 《三国志》卷三八《蜀书·秦宓传》,第974页。
⑥ 《后汉书》卷八一《独行列传·向栩》,第2694页。
⑦ 《后汉书》卷五八《盖勋列传》,第1880页。

唐,但这足见东汉末年的《孝经》对于大众的教化与安抚作用已经深入人心。

《孝经》的传播也直接影响人们的思想。武帝始,《春秋》微言大义强调君臣之义;王莽始,《诗经》温柔敦厚弱化对于君臣之义的批评;汉平帝始,《孝经》身体力行,强调父子之道和对于家庭秩序的调节。"《孝经》始于爱亲,终于哀戚。上自天子,下至庶人,尊卑贵贱,其义一也。"①"孝"是对父母的爱与忠诚,这是大范围上的贞节观念,但它与男女的性道德无关,统治者之重孝无疑在客观上转移了人们对妇女性道德的注意力。

男性之孝顺体现于上述思想观念,女性之孝则重视行动。东汉时期的现实生活中许多人把"孝"看得比"忠"还重。即使汉末之"党锢之祸"使得士气颓丧而儒风寂寥,但这仅使其经世致用的政治学说受冲击,"孝"这一伦理道德信条反更坚不可摧。②这种现象非常明显,如《后汉书·列女传》收录的有关"孝"的故事的数量也大大超过"贞"。有时,一些妇女还会采取极端的表现形式来行孝,即"殉死"③。妇女尽孝"殉死"的现象不利于家庭与社会的长治久安,因其频发,乃至统治者把它视为应予以扭转的不良风气。④所以,当时社会生活中婚姻伦理的主流观念强调的是"孝",而非"贞"。⑤

---

① 《后汉书》卷四六《陈忠列传》,第1560页。
② 毛颖:《孝道与六朝丧葬文化》,《东南文化》2000年第7期。
③ 陆静卿:《论东汉妇女对儒家精神文化的深切体现》,《求索》2004年第3期。
④ 晋文:《论"以经治国"对我国汉代社会生活的整合功能》,《社会学研究》1992年第6期。
⑤ 彭卫、杨振红:《中国风俗通史·秦汉卷》,上海:上海文艺出版社,2002年,第349页。

三、女性贞节：忠诚于家庭

春秋时期，社会已经出现对夫妻双方相互的性忠诚的要求，"女有家，男有室，无相渎也"。① "无相渎也"指性道德的纯洁，无论男女，都不能因此而破坏"家""室"的安宁与和谐。但是，这种做法在春秋时还只是流星乍现，并未在全社会引起广泛的影响与关注，不过，其对于"家""室"的关注却值得重视。

（一）妇道重孝顺公婆

秦汉时期的"妇道"强调的是媳妇对公婆的孝敬与供养，甚至包括与其他家庭成员的和睦相处，并非强调妇女的贞节问题。

春秋时期并没有"妇道"这个词汇，但对于妇女的职责有所定义："妇养姑者也。"② 而秦汉时期的人们并未明言何谓"妇道"；尤其西汉中期以前言及妇道者少之又少，仅有"尧二女不敢以贵骄事舜亲戚，甚有妇道"③一例，这里的亲戚就是指舜的父母。其他则均起于西汉中期以后，如汉宣帝许皇后"五日一朝皇太后于长乐宫，亲奉案上食，以妇道共养"。④ 许皇后能按时拜见婆母、伺候其饮食就达到了妇道的要求。而汉成帝皇后赵飞燕被贬的理由是："失妇道，无共养之礼，而有狼虎之毒"。⑤ 她和妹妹不但不能对婆母行供养之礼，而且对汉成帝的其他妻子和

---

① 杨伯峻编著：《春秋左传注·桓公传十八年》，第152页。
② 杨伯峻编著：《春秋左传注·襄公传二年》，第921页。
③ 《史记》卷一《五帝本纪》，第33页。
④ 《汉书》卷九七上《外戚列传上·孝宣霍皇后》，第3968页。
⑤ 《汉书》卷九七下《外戚列传下·孝成赵皇后》，第3999页。

孩子如狼似虎,"隔远众妾,妨绝继嗣者,此二人也"。① 赵飞燕和妹妹不但对婆婆懈怠,而且危害和破坏了皇室的家庭秩序,因此就失了妇道。

西汉中期及此前的几个实例,说明妇道的内容有三:

妇道首重孝义,首先且最重要的是供养孝顺公婆。其次慈和,妻子要以慈和的态度供养抚育丈夫所有的孩子,不能残害他们,"妨绝继嗣"。再次才说到对丈夫的照料。上层社会的妻子不能"隔远众妾",不能嫉妒小妾,更不能妨碍了丈夫的性自由。赵家姐妹出于嫉妒,维护了自己性关系上的排他性,但这也是她们遭到惩罚的最重要理由之一。可见上层女性不能谈性爱的排他性,她们不能要求丈夫只有自己一个性伴侣,否则就是嫉妒,就是犯错。赵家姐妹,作为已婚女子的翘楚,她们犯了上述三种错就是失了"妇道",婆家完全有权利名正言顺地休掉或惩罚她们。

刘向在《列女传》"蔡人之妻"条记载,蔡人之妻因其夫有恶疾而母劝其改嫁,此女拒绝说:"且夫采采芣苢之草,虽其臭恶,犹始于捋采之,终于怀撷之,浸以益亲,况于夫妇之道乎!"② 蔡人之妻以人们对芣苢之草的不离不弃为比喻,认为夫妇之道也应该是不离不弃。此语表面事关丈夫有严重疾病时女子是否离异的问题,其实刘向在这里强调的是女子对于丈夫的义体现在对有病家人的照料上,这是对于家庭的忠诚问题。

刘向的"黎庄夫人"条记载,黎庄夫人虽不被丈夫所喜,"未尝得见",但她拒绝离婚,说:"妇人之道,壹而已矣。彼虽不吾

---

① 《汉书》卷二十七下之下《五行志》,第1504页。
② (西汉)刘向:《列女传》卷四《蔡人之妻》,第2784页。

以,吾何可以离于妇道乎!"①此处刘向借古人之口将妇道与夫妇之道②等同起来,夫妇之道如果只是女方的单独付出,实际上就是妇道而已。"不违妇道,以俟君命",女子宁可委屈也要时刻等待着丈夫的回心转意。这不能说是刘向身为男性思想家一厢情愿,而应该说它反映了当时家庭建设中迫切的客观需要,即社会秩序的安定需要家庭的长久延续与存在,而这种需要又必须以牺牲女子的离婚自由为代价,这是男权社会中女子的悲哀。这还只是思想家的呼吁而已,尚未形成普遍现实。总之,刘向的"夫妇之道"开启了后世家庭建设之中男女关系的先河,已经有了明确地抑制女子权利的倾向。

东汉时期,则有鲍宣妻子"拜姑礼毕,提瓮出汲。修行妇道,乡邦称之"。③ 这里的妇道,强调了新妇要拜见公婆,得到公婆的首肯也就确定了她在夫家的名分;这里最重要的是补充和丰富了"妇道"的内容,就是干"提瓮出汲"等家务活。《后汉书·五行志》又补充说:"无非无仪,酒食是议"④,整理好容貌仪容后,制作酒食来供养家人是妇女的主要职责。

班昭的《女诫》对上述所说的妇道内容做了很好的总结,并有自己的深入阐发。《妇行第四》妇功要求女子"专心纺绩,不好戏笑,洁齐酒食,以奉宾客"。这是一个女子一生的主要任务。

---

① (西汉)刘向:《列女传》卷四《黎庄夫人》,第2787页。
② (西汉)刘向:《列女传》卷四《黎庄夫人》,第2787页。其傅母谓夫人曰:"夫妇之道,有义则合,无义则去。今不得意,胡不去乎?"
③ 《后汉书》卷八四《列女传·鲍宣妻》,第2782页。
④ 《后汉书》卷一〇八《五行志》,第3363页。

唐人颜师古对此解释说："言妇人之道，但居中主馈食而已。"①

她的"妇道"不仅言及妇女在家庭当中的工作职责，更重要的是强调女性在夫家的奉献精神。《曲从舅姑第六》以不讲原则和一味顺从做到对舅姑的尊敬，其方法需要批判，其目的需要提倡。《和叔妹第七》要求对于小叔子小姑子等人"固莫尚于谦顺矣"，要以谦让和顺从为指导原则。《卑弱第一》要求女性谦让恭敬、卑弱下人，且要早起晚睡地执勤家务，正色端操地洁齐酒食。这与《妇行第四》有重复的地方，其实是要求女性在其婆家应该具有较低的角色地位和心态，事事先人后己，时时谦让恭敬，处处勤奋端正，如果这三点都做到，就会享有好的名声。这里的思想，要求为人妇者甘于奉献，没有自我。

《专心第五》说："夫有再娶之义，妇无二适之文"，"天固不可逃，夫固不可离也"，强调女子不可离婚。

可以说，班昭的《女诫》证明了秦汉时期的妇道到此已经形成完整的体系，它对封建社会上升时期的家庭构成与建设有非常重要的意义。因为，在每个包括舅姑、夫妇、叔妹等人口的大家庭中，家庭成员复杂，每个媳妇若都能以自己的勤于奉献、和睦处人来维持一个个家庭这种小社会的和睦稳定，那么对社会大家庭的和平稳定会产生积极影响。正是从这个意义出发，晋代人竟然把要求女子的"妇道"与要求男子的保家卫国等同起来，"男能卫社稷，女能奉妇道，以可成之年而有已成之事"。②

综合来看，秦汉时期的"妇道"多是强调媳妇对于公婆的孝

---

① 《汉书》卷二一上《律历志上》，注引颜师古注解，第964页。如《易·家人卦》六二爻辞曰："'无攸遂，在中馈'，言妇人之道，取象于阴，无所必遂，但居中主馈食而已，故云然。"

② 《晋书》卷二〇《礼志中》，第625页。

敬与供养,当然也包括对于其他家庭成员的和睦相处的技巧问题,并非强调妇女的贞节问题。

(二) 保护家庭法律对男女的约束

秦始皇时,第一次以政令的形式对贞节提出要求,但此时的贞节观是双向的,既针对妇女,也针对男子。始皇三十七年(前210年)会稽刻石的相关记载可以分三个层次加以理解:

秦始皇为了天下稳定,先求稳固家庭。限制婚外性行为,对其采取法律制裁手段。惩罚男性的法律是"夫为寄豭,杀之无罪"①。寄豭,是发情的公猪跑到别人家去生活的意思;离婚再娶,抛弃原配及其儿女再另组家庭,这在秦始皇时期应该也属于"寄豭"行为。

绑定男性的法律"夫为寄豭,杀之无罪",表面上是在限制男性的婚外性关系,实际上当政者恼怒的是那个"寄"字。为什么呢?因为自己原来有家却要跑到别人的家去生活,结果导致原来的那个家支离破碎:身为成年的男性这一跑掉,父母不管了、原配也不管了、儿女更不管了,实属不孝、不义、不慈,这种行为是破坏家庭和谐的罪魁祸首。所以原配妻子尽可以杀了这种男人,而且是杀之无罪。

这条法律保证成年男子的生活资料、生活空间都必须跟所有的家里人分享,而且他的时间、精力、心思也要或多或少地为家人奉献出来。尤其是对于孩子,儿女无论孬好,都是"子不教,父之过",父亲都必须负有不可逃脱的教育责任。

我们发现"夫为寄豭,杀之无罪"的重点不在丈夫的性纯洁

---

① 《史记》卷六《秦始皇本纪》,第262页。

层面,而在于他们必须尽家庭义务。中国封建社会大家庭模式里,男性可以一夫一妻多妾,社会风俗和法律保障了"猴"行为的自由和权利。同样是需要拥有多个性伙伴的行为,"寄猴"有罪,而"家猴"不但无罪,还会受到法律、道义、风俗、舆论等等各方面的保护。两相印证,我们才有了上述结论。

绑定女性忠于家庭的法律是"有子而嫁,倍死不贞"①。这里女性的根本错误是她"有子而嫁",在幼小的孩子需要妈妈的哺育和教养的时候,她抛弃了幼子另嫁他人,让孩子们失去母亲。这种行为背弃了死去之人的托付,属于不贞行为。这也是破坏家庭稳定的重大祸首,需要严惩。

汉律"夫死无男,有更嫁之道",是说寡妇可以改嫁。这似乎没有秦刻石那么严酷。但它与上述秦刻石并不矛盾,甚至可以说彼此有互补关系。秦刻石并不反对"夫死无男"者的改嫁;它处罚的是"有子而嫁""妻为逃嫁,子不得母"②。逃嫁者也即主动离婚的妇女,处罚的原因是孩子们失掉了母亲,并没有提到所谓性道德的问题。而无子逃嫁的情况可能就不予以处罚,比如张耳之妻就曾是逃嫁之妇,她就不曾受到惩处。

以上举措,重点在于强迫一对对男女必须先建立家庭或者回归家庭,至于他们的性行为是不是合理合法的,没提及。这种似乎是顾左右而言他的情况,本身就是一种忽视,这说明了当时人对于性行为是不是纯洁还没有关注。

第一,"有子而嫁,倍死不贞"。"有子而嫁"应该指寡妇再嫁,不过还有幼儿尚未长大,再嫁妇女放弃作为母亲养育幼儿的

---

① 《史记》卷六《秦始皇本纪》,第262页。
② 《史记》卷六《秦始皇本纪》,第262页。

责任,这样,既对不起活着的幼儿,也对不起死去的丈夫。"倍死"即背弃死去之人的托付,秦刻石强烈谴责这种属于"不贞"的行为。这种不贞乃是强调妇女对家庭责任的放弃,而非强调对性道德的放弃,如果不制止这种行为,将危及家庭与社会的稳定,所以,需要官员们约束与教化,使社会"咸为廉清"。

第二,"妻为逃嫁,子不得母"。逃嫁妇女与夫死再嫁者不同,她应该是在未解除与前夫的婚姻关系下再嫁他人,扰乱社会秩序,影响社会稳定,这与现在的重婚罪要受处罚的精神实质是相同的。男子的逃婚行为也要受到处罚,如睡虎地秦简《为吏之道》所附抄的《魏户律》规定"民或弃邑居野",即跑到乡下去居住的人,如果"徼人妇女",要受到惩罚。这同样强调对家庭的责任,而非强调性道德。

此刻石的视角是宏观的,把家庭稳定当作社会稳定的源头,用法律把已婚男女留在同一个家庭里,子不得母,有子而嫁的女性是不可以被原谅的,要判刑,因为这样的离婚或逃离家庭,导致人口生产的破坏,幼子还没有长大,就失去了母亲的保护。"夫为寄豭,杀之无罪","子不教,父之过"落不到父亲头上,就必然推到社会的头上,这是危害社会的行为,其惩罚虽然严酷些,但其背后隐藏的维护家庭稳定的决心足见其坚决。

(三)被表彰女性的胆识才华比贞顺节义更重要

秦汉时期,妇女地位相比后世为高,当时的女性们个性多元,其贡献也多元,她们的活动舞台不仅仅局限于家庭的小天地,所以,社会上对女性的要求与评价也是多元的,并非只有"贞节"一条,"贞节"只是评价女性的多元标准之一。以史家主张为代表的正统思想对女子的评价标准是多元化的。正像有学者所说,西汉中期以降,正统思想,即儒家思想主导下的男性社会的主流观念"对女性采取了比较温和的态度和多重的道德标准"。① 刘向《列女传》分《母仪》《贤明》《仁智》《贞顺》《节义》《辩通》《孽嬖》七卷,其中《贞顺》《节义》两卷讲述烈女贞妇的故事,《孽嬖》宣扬"红颜祸水"的思想,其余或表达女性的贤明,或表彰女性之智慧,且不乏对男性不讲德行的鞭挞。

他并不特别强调贞节,而将母仪、贤淑、仁智放在首位,贞顺节义和胆识才华相并而存,且后者更为人所重。东汉时期,要求妇女贞顺节义的呼声上扬,形成与胆识才华平分秋色的局面。如撰写《后汉书·列女传》的南朝宋范晔,其生存时代距离东汉灭亡已长达二百年之久,从逻辑上来说,他那个时代的贞节观念应该是越来越趋于成熟才对,但范晔宣称自己并不一味提倡贞节:"余但探次才行尤高秀者,不必专在一操而已。"②

魏晋南北朝的长期乱世一改东汉风气,使贞顺节义的观念淡漠,胆识才华倍受尊重。如《晋书·列女传》继承重视女性才能的标准,包括聪朗有才鉴、贞淑有识量、聪慧弘雅、博览记籍、有奇节等,贞烈、孝友只是其中之一。所记列女凡 38 人,守志不改嫁者仅占 6 人,这就是一个有力的说明。晋代的才女更为出色,小者能文能诗、知人善辩,大者胸有韬略、洞察入微。"两晋时期——才学胆识倍受重视,贞顺节义则相对淡漠。"③南朝宋人刘义庆在《世说新语》中专门辟《贤媛》篇记载 27 位女性的事迹,"才能"是刘义庆编选"贤媛"的标准。

---

① 李小江:《夏娃的探索》,郑州:河南人民出版社,1988 年,第 278 页。
② 《后汉书》卷八四《列女列传·序》,第 2781 页。
③ 焦杰:《〈列女传〉与周秦汉唐妇德标准》,《陕西师范大学学报(哲学社会科学版)》2003 年第 6 期。

妇女的贞顺节义和胆识才华在很长的历史时期里并存,后者更为人所重。比如成书于北齐的《魏书》,还依然强调才能,但已经开始对贞顺节义有所偏重。《魏书·列女传》传主17人,其中已经有11人以"贞顺节义"留名,被誉为"胆识才智"者仅有6人。她们当中因为贞顺节义而受政府表彰者4人,受到舆论赞扬者2人。考诸事实,时人对贞节行为的评论和讴歌已出现,人们对于贞节方面的要求已有强于才能的势头。

唐房玄龄等《晋书·列女传》:"故上从泰始,下迄恭安,一操可称,一艺可纪,咸皆撰录,为之传云。"该书都继承了刘向的温和标准,它们的共性是:(1)歌颂女性的智慧;(2)表彰女性的才学;(3)赞扬女性的志行。

《新唐书·列女传》记录49位传主,几乎都是以孝烈忠义为标准,甚至有些女性开始自残肉体,表示对于丈夫的忠诚。即使个别的有胆识才华的女性,她们所宣扬的也是忠义节烈。这些女性,几乎每一个人都被官方表彰,被舆论赞颂,她们的丈夫父兄也因为她们的表现被政府重用。其中,节烈的比例又远远高出忠义。孝义节烈成为女子及其家族的无上光荣。

唐朝以降,贞妇被大量表彰:见诸记载的贞妇,大多数受到政府表彰,且同一历史时代的人数记载也呈现增长态势;当然受众也随之增多,丈夫或未婚夫们以贞妇、贞女为荣,荣誉之、礼赞之,至于丈夫的家人,以翁姑为主,他们热烈期待守寡的儿媳能守住贞节,养小敬老,一以贯之,所以,他们才会千方百计地试验之,比如宋人"拯夫妇意崔不能守也,使左右尝其心"①。包拯夫妇试验守寡的儿媳妇,使得儿媳妇没办法,诅咒发誓,"生为包

---

① 《宋史》卷四六〇《列女传》,第3479页。

妇,死为包鬼,誓无它也"①。旁观者中,官吏表彰之,文人讴歌之,乡里称许之,无一不配合社会舆论,男性的认识对于女性贞节起积极推动作用。

自从宋推崇程朱理学以来,妇女的人格内涵逐渐在萎缩,妇女的贞顺节义和胆识才华最终高度浓缩在"为夫守节"这一点上。思想家们说"饿死事极小,失节事极大",②"贞女不事二夫,忠臣不事两君"。③烈女满纸,其事迹之可悲可叹者有如下几个方面:(1)以死相殉;(2)自残守节;(3)守望门寡。"丈夫死国,妇女死夫",④贞节观念遂看重在一点上——性纯洁问题的上面,从此以后,对女性的摧残,遂到不可知的高深程度。⑤

综合看来,从两汉到元明时代,对女子的性道德要求是从宽泛趋向于狭隘、逐渐发展变化的过程。

第二节　秦汉时期的现实男女

秦汉时期男女有别的理念与现实差距甚大,夫妻之外的男女交往比较自由,性道德观念淡薄。有人说"汉代人贞节观念淡

---

① 《宋史》卷四六〇《列女传》,第3479页。
② (宋)程颢、程颐撰,潘富恩导读:《二程遗书》,上海:上海古籍出版社,2000年,第342页。
③ 《宋史》卷四四六《忠义列传·刘韐》,第3164页。
④ 《元史》卷一九六《忠义列传·柏帖穆尔》,第4433页。
⑤ 陈东原:《中国妇女生活史》,第146页。

薄,对妇女贞节要求宽泛"①,尚未达到"被人们所认同,并作为行动的规范"的境地。② 儒学对人伦的强调,必然促使当时的社会对夫妇关系、妇女贞节进行重新认识,皇室和其他中上阶层开始强调家门礼法。③ 赵志坚指出,由于礼法观念正处在由粗浅到深入,由松散到缜密,由上流社会的提倡到深入民间的发展过程之中,尽管政府和汉儒们不遗余力地在社会上重视、褒扬、倡导妇女守节,但这些都不过是礼法的原则,现实社会中人们的贞节观念十分淡薄,突出表现为两汉妇女的广泛再婚。④ 因此,汉代妇女的生活还未被贞节观念完全笼罩和禁锢,她们的社交活动和婚姻关系还相对自由。

一、女性活动空间广阔

秦汉时期,社会对女性的要求相当宽容,她们的活动舞台并未被紧紧局限于家庭,她们还有很多表达个人意志的机会和舞台。所以,这一时期,男女交际,视后世为广。⑤ 秦汉时期,男女之间的隔防并不太严格,关于这一点,学术界已经达成共识。妇女不仅在家庭中可以从事经济生产、支撑门户,参与国家外交、政治、文化等活动的也大有人在。

---

① 刘厚琴:《论汉代妇女的地位》,《聊城师范学院学报(哲学社会科学版)》1994年第3期。
② 郭玉峰:《两汉时期贞节观念的世俗化趋向》,《天津师范大学学报(社会科学版)》2005年第2期。
③ 李志生:《试析经济政策对中国古代妇女贞节的影响》,邓小南主编:《唐宋女性与社会》(下),第898页。
④ 赵志坚:《两汉妇女的贞节问题》,《历史教学》1998年第4期。
⑤ 吕思勉:《秦汉史》,第426页。

第二章　秦汉时期相对平等的夫妻关系

（一）在民间活动的场合，男女可以公开交往

秦汉时期，男女公开交往的表现有以下几个方面。

（1）女性的职业广泛，可以创造价值。秦简《日书》有涉及"女贾""女臣""女巫""女盗""女子为正"等名称的简文，这些名称说明秦代的妇女地位比较高，所受的精神束缚较小，她们较多地参与社会生产生活，从事着广泛的职业。

两汉时期的女性，除了广泛从事农耕和纺织之外，还可以跟男子一样为政府纳税、服徭役。上层社会里有女学者，有女护卫，有女医生，下层社会的女子们有人从事丝织品、酒或珠宝等其他消费品的制作、贩卖，有相马者，有事巫术者，甚至有从军者。她们可以独立门户，可以主张交易，有行走世间的姓名权，足见秦汉时期的女子职业非常广泛，女子是家庭经济活动的主力。

以上这些在学界已经形成了共识，在此就不赘述了。但这些女性创造价值很高，有的可以大放异彩，她们在家庭里的地位相对后世女子高出很多。这是秦汉女性社会地位较高的外在表现。

（2）主家的妇女可以同客人见面。如戴崇拜见老师张禹，不但要求置酒设乐，老师张禹也会把他带入"后堂饮食"，而"妇女相对，优人管弦铿锵极乐，昏夜乃罢"①。山东临沂金雀山九号汉墓的第四组帛画中，刻绘一男一女，男子是医生，在向女主人施礼问候。另一块画像石上刻一座二层楼房，房中女子正襟危坐，其左有二男子拜谒。男子身后跟随一女仆，手持珠树。这显

---

① 《汉书》卷八一《张禹列传》，第 3349 页。

然是男子进入女子闺阁之中,拜访女主人的场面。① 这些图像当是西汉现实生活中男女交往并无大防的写照。如《东观汉记·第五伦传》载,鲜于褒"将伦上堂,令妻子出相对,以属托焉"。如《三国志·魏书·吕布传》载,吕布"请备于帐中坐妇床上,令妇向拜,酌酒饮食,名备为弟"。交好的男性之间,可以见对方的家眷。

《汉乐府·相逢行》形象地描述女子单独会见男宾的情景。即乐府《陇西行》后面 24 句叙事扼要、传神,刻画了男子心中一好妻子的样板,"好妇出迎客,颜色正敷愉。伸腰再拜跪,问客平安不"。从出迎客人的神态到问话,非常自然地勾勒出鲜明爽朗的妇人形象。"请客北堂上,坐客毡氍毹。清白各异樽,酒上正华疏。酌酒持与客,客言主人持。却略再拜跪,然后持一杯",完全是"主中馈"的形象。"谈笑未及竟,左顾敕中厨。促令办粗饭,慎莫使稽留。废礼送客出,盈盈府中趋。送客亦不远,足不过门枢",谈笑自若,处事有方,迎送有礼有节,深得人情世故之道。"取妇得如此,齐姜亦不如。健妇持门户,亦胜一丈夫。"时人对此类人是持赞美态度的。

(3)陌生男女可以攀谈或者互相帮助。汉诗《相逢行》中有"相逢狭路间,道隘不容车。不知何少年,夹毂问君家。君家诚易知,易知复难忘",问询之中,已经互通情愫。这种交往的自由,正是追求可心人的必要条件。如东汉末年的著名诗人繁钦的《定情诗》就描绘了男女青年在郊游途中邂逅,一见钟情的画面。"我出东门游,邂逅承清尘。思君即幽房,侍寝执衣巾。时

---

① 周永军:《千年风采 艺术佳品——记〈金雀山汉墓帛画〉》,《山东档案》1999 年第 6 期。

第二章 秦汉时期相对平等的夫妻关系

无桑中契,迫此路侧人。我既媚君姿,君亦悦我颜",男女共同参加的春日郊游,给痴情姑娘带来多么美好的机会。

女子为过路的流宕之人缝补衣服。如汉诗《艳歌行》:"翩翩堂前燕,冬藏夏来见。兄弟两三人,流宕在他县。故衣谁当补,新衣谁当绽。赖得贤主人,览取为我绽。"陌生女子可以要求搭乘陌生男子的便车。如《三国志·蜀书·麋竺传》注引《搜神记》曰:"竺尝从洛归,未达家数十里,路傍见一妇人,从竺求寄载。行可数里,妇谢去。"男女结伴同车而行,或相逢驻车致意,在当时也是正常的现象。

从以上所述可以看出,两汉三国时期的妇女在一些民间活动的场合中可以同男子正常交往。

(二)妇女可以参与重大的政治活动或正式的聚会场合

西汉时期,在正式隆重的场合,女性与男性一样可以参与。如汉文帝刚被拥立之时,就有女性参与。一群男人,包括丞相陈平、太尉周勃、大将军陈武、御史大夫张苍、宗正刘郢、朱虚侯刘章、东牟侯刘兴居、典客刘揭,上疏皇上说:"子弘等皆非孝惠帝子,不宜奉宗庙。臣谨请与阴安侯、列侯顷王后与琅邪王、宗室、大臣、列侯、吏二千石议曰:大王高帝长子,宜为高帝嗣。愿大王即天子位。"①文中所提阴安侯乃是女子,苏林认为是"高帝兄伯妻羹颉侯终母,丘嫂也"。列侯顷王后,徐广认为是"代顷王刘仲之妻"。这两位是当时皇室宗亲,是当时仅存于世的长辈,虽然是女性,但是对于皇帝的拥立大事,她们也有权参与。

东汉三国时期,女子仍然可以参加重要或重大的活动与社

---

① 《史记》卷一〇《孝文本纪》,第416页。

交场合。如东汉中期的史学家班昭不仅亲自参加撰修国史的活动,与父兄一起,而且授经马融,其道德文章均为天下瞩目,受到当朝太后的赏识。东汉末年的女诗人蔡文姬,不仅可以与汉丞相曹操书信往来,和诗酬唱,而且授书王粲,为汉文化的发展做出重要贡献。如《后汉书·礼仪志下》记载有阴太后的崩御仪礼,丁孚的《汉仪》说:在盛大的太后葬礼上,不但群臣百官陪位,而且"大将军妻参乘,太仆妻御,女骑夹毂悉道"。"参乘",是尊者乘车时陪着一起坐车的人员,起保镖作用;"御",就是给尊者驾车的人;"夹毂",就是组成车队,为尊者保驾护航的卫队;"悉道",是指护卫队人员护卫在车驾左右,占满道路。这些男性能做的工作,在此时此地的女性一样能做,女性与男性一样有正式的身份出现在公开场合。太后的葬礼,妇女也有权参加。《后汉书·光武本纪》云:时宗室诸母因酣悦,相与语曰:"文叔少时谨信,与人不款曲,唯直柔耳。今乃能如此。"此例中,宗室诸母可以在皇帝大会宗亲之时参与其中。《后汉书·孝安帝纪》载:"七年春正月庚戌,皇太后率大臣命妇谒宗庙……自鲁相、令、丞、尉及孔氏亲属、妇女、诸生悉会,赐褒成侯以下帛各有差。"此例则说明妇女有权参与拜谒太庙、祭祀孔庙的正式活动。《三国志·魏书·董卓传》载:卓迁相国,"时适二月社,民各在其社下,悉就断其男子头,驾其车牛,载其妇女、财物"。此条记载说明,在东汉末年的二月社日庆祝活动中,百姓聚会,有男有女,场面巨大的社交场合中,女子依然可以参与。

以上妇女可以参加各种活动场合的史实可以看出,两汉时期的妇女的活动自由基本没有受到什么限制。

同时,还存在夫人政治。如《汉书·薛宣列传》记载,池阳廉吏狱掾王立被人揭发检举,原因是"乃其妻独受系者钱万六千,受之再宿"。王立的妻子依恃丈夫的权力私自接受贿赂,牵累了丈夫的仕途,这是失败的夫人政治。如《后汉书·宦者列传·侯览》载,览母生时,"交通宾客,干乱郡国"。《后汉书·牟融列传》记载牟豹子著,因为"后妻憍恣乱政"而名誉尽失。如《后汉书·宦者列传·孙程》记载,皇帝乳母王圣、圣女伯荣勾结宦官,"扇动内外,竞为侈虐"。如《后汉书·泗水王歙列传》记载,延光年间,刘护因为娶伯荣为妻,而"得绍护封为朝阳侯",通过上述若干事例可以看出,两汉时期的妇女涉足政治活动,甚至能量巨大。

另外,还有美女外交。如《汉书·淮南王列传》记载,淮南王的女儿刘陵,"为中诇长安,约结上左右"。孟康曰:"诇,音侦。西方人以反间为诇。王使其女为侦于中也。"刘陵以女子之身到朝廷之上为淮南国的利益而进行政治反间活动。《后汉书·陈宠子忠列传》亦载,皇帝乳母王圣的女儿伯荣经常到地方郡国活动,"负宠骄蹇,所经郡国莫不迎为礼谒"。美女外交多与政治相关,因为父母兄弟的地位而使得自己身份高贵,得以有机会参与政局。当然,也有靠自己能力建功立业的,如《汉书·西域列传下》载,楚公主解忧的侍者冯嫽,"尝持汉节为公主使,行赏赐于城郭诸国",侍者冯嫽代表公主到西域各国进行军事外交活动,成为中国历史上第一位著名的女外交家。

两汉时期的女性在公开允许的社交活动中施展政治能力,精神上的自信可见一斑,她们还没有三国时期女性的自觉压抑,比如"吾妇人不达大义"[①]之类自觉贬低女性身份的言论还未见于两汉史书,从另一个侧面也证明这一时期的妇女地位仍然相对较高。自魏文帝曹丕发布限制向母后汇报政治事件开始,抑

---

① 《三国志》卷四《魏书·三少帝纪·高贵乡公髦》,第147页。

制女性的政治才华似乎成为一时盛行的风气,因为三国时期的女性,尤其是社会上层的女性,开始自我谦抑政治才能,很少有主动参与政治决策者。

即使到魏晋南北朝时期,在家族宗族快速发展、家庭成员越来越复杂的情况下,妇女依然拥有相对较大的自由活动空间。如晋人葛洪《抱朴子·外篇·疾谬篇》:"今俗妇女……舍中馈之事,修周旋之好。更相从谐,之适亲戚。承星举火,不已于行。多将侍从,纬哗盈路。蟀使吏卒,错杂如市。寻道裹谑,可憎可恶。或宿于他门,或冒夜而返。游戏佛寺,观视败渔。登高临水,去境庆吊。开车寨篼,周章城邑。杯筋路酌,弦歌行奏。转相高尚,习非成俗。生致因缘,无所不肯。诲淫之源,不急之甚。"妇女的活动不仅仅局限庭前屋后,她们在许多时候依然可以参与社会性的活动,尤其是上层社会的女性,甚至可以像男人那样,或欢宴高歌于闾里道旁,或欣赏风景于高山大川,"足见宋、明理学未兴之前,中国妇女之社会活动,固与男子初无二致也"①。

二、高层对淫佚通乱明暧昧实放纵

淫佚通乱,是指夫妻关系之外的男女有了不正当的性关系,家内人员之间的非正当性关系叫作淫乱,家外的男女之间有不正当的性关系,叫作通奸。这都是破坏夫妻和谐的直接杀手。但淫佚通乱的概念并不是人类一旦进入文明社会就有了的。

---

① 王利器:《颜氏家训集解》卷一《治家》,北京:中华书局,2010年,第40页。

第二章　秦汉时期相对平等的夫妻关系

首先,先秦时期的官府或民间应该还没有所谓的淫佚通乱概念,因为人们的两性观念带有原始的色彩。《列子·汤问》:"男女杂游,不媒不聘。"人们对性的态度应该是自由散漫或无所谓的。

文明社会进入春秋战国时期,青年男女自由恋爱、自主结合的风气仍相当浓厚,人们的性贞洁观念依然很淡漠。因为人们对与夫妻之外的人有性行为,即我们后世认为的男女淫乱行为,尚无法律制裁。上层男性之中,存在大量的父占子妇、子侵父妾的社会现象。虽未见有任何法律对此予以限制,但由此导致争斗或政变的情况,在史书上却屡见不鲜。上层女性之中,以秦国宣太后为代表,她先与义渠戎王私通,后又爱上魏丑夫并公然与丑夫同居,还发布命令说其死后让魏丑夫殉葬。[①] 秦始皇的母亲可以公然与假太监嫪毐同居生子。在秦统一天下后,男女之间仍然在很大程度上保留着开放性的成分,有些地方甚至还有"宾客相过,以妇侍宿"[②]的民风,丈夫对妻子的性纯洁不甚在意。

其次,两汉时期出现了专门制止淫乱的法律条文,但历史现实对于淫乱通奸仍是暧昧和放纵的。

汉律规定的通奸分为两类,一是有血缘关系的"同产"间的通奸,这种情况一般需要严惩。二是无血缘关系的家外男女之间的通奸,这种情况男女兼惩。张家山汉简《二年律令·杂律》规定:"诸与人妻和奸,及其所与,皆完为城旦舂。其吏也,以强奸论之。"不论男女,同样量刑,"皆完为城旦舂";如果男方身为

---

① 《战国策》卷四《秦二·秦宣太后爱魏丑夫》,第167页。
② 《汉书》卷二八下《地理志》,第1657页。

官吏，还要罪加一等，以强奸的罪名论处，处罚不可谓不重。"男女兼惩"的做法体现男女相对平等的法律地位。"其吏也，以强奸论之"，吏罪重于民的规定，打压掌权者破坏他人家庭的机会与可能。西汉晚期以降，人们还开始讨论"至乎…男女淫佚…髡钳之罚又不足以惩也"。① 西汉晚期的人们已经开始痛恨男女淫佚，开始思考用什么程度的肉刑才能制止这种行为。

但立法与执法并不同步进行。从张家山汉简《奏谳书》中的案例以及《史记》《汉书》的记载看，汉代在对通奸当事人实际量刑时，并不完全遵照这条律令，而根据具体案情做不同的处置。②

比如，西汉前期，有参与私通的当事人受到封赏的现象。如"汉公主不讳私夫"③。私夫不但名正言顺，而且会得皇帝厚待，"盖主私近子客河间丁外人。上与大将军闻之，不绝主欢，有诏外人侍长主"④，皇帝竟然下诏令丁外人侍候公主，这无疑承认与公主私通的合法性。丁外人因之被大臣巴结，皇后父上官安居然力挺为丁外人加官晋爵。

更有甚者，还有人被任命为朝廷使节。如霸陵人安国少季，他因一度与南越太后有过通奸关系而被任命为出使南越的使节："元鼎四年，汉使安国少季往谕王、王太后以入朝，比内诸侯。"⑤其他如薄太后、卫青姐弟、霍去病等都是私生子，他们的

---

① 《汉书》卷二三《刑法志》，第1112页。
② 张淑一：《张家山汉简所见汉代婚姻禁令》，《史学集刊》2008年第3期。
③ （清）赵翼著，王树民校证：《廿二史札记校证》，北京：中华书局，1984年，第61页。
④ 《汉书》卷九七上《外戚列传》，第3958页。
⑤ 《史记》卷一一三《南越列传》，第2972页。

父母也都未受到法律惩处。

西汉中期以后,社会大众对于家内无血缘关系的淫乱也是宽容的。比如重臣上官桀的儿子上官安,"醉则裸行内,与后母及父诸良人、侍御皆乱"①,他酒醉在家里裸奔,趁机强奸所有没有血缘关系的长辈女人,甚至连后母都不放过。这种乱伦行为在后世舆论里是不可想象的,可当时竟然没有招致任何法律的制裁,甚至也没有受到任何道德层面的斥责。这说明什么呢?说明西汉中期大家庭内外非血缘男女之间的通奸乱伦尚未引起重视,社会各界对此尚未提出任何有力约束。

但在政坛上,已经有人开始把这种淫乱当作攻讦政敌的有力借口。如重臣公孙敬声因与阳石公主私通,"遂父子死狱中"。②虽说公孙敬声的罪责不止一种,但其政敌朱安世将"私通"列为众罪之首。还有重臣淳于长与后姊孅私通,又"戏侮许后,嫚易无不言"③,这成为政敌王莽将其攻击致死的利剑。

上述情况足见西汉中期以前的人们对于私通行为并不少见多怪,也不歧视,基本以平常心待之。但中期以后,通奸行为变成被人攻讦的政治利剑,这说明社会风气已经对此开始严厉,为上层人士敲响了警钟。

另外,根据《史记》《汉书》中的材料,笔者就汉代刘氏王侯和其他功臣后代的淫乱行为做过初步统计,在西汉时期有13个王侯先后因为淫乱行为而受到惩处。如汉武帝元狩元年,安平侯但"坐与淮南王女陵奸,受财物,免"④,岸头侯张次公"坐与淮南

---

① 《汉书》卷九七上《外戚列传》,第3959页。
② 《汉书》卷六六《公孙贺子敬声列传》,第2878页。
③ 《汉书》卷九三《佞幸列传·淳于长》,第3732页。
④ 《史记》卷一八《高祖功臣侯者年表》,第2465页。

王女陵通,遗淮南书称臣尽力,弃市,国除"①。元狩三年,"嗣侯董朝坐为济南太守与城阳王女通,耐为鬼薪"②。他们有的被削夺封邑,有的被免爵或降爵,有的被逮捕入狱,有的畏罪自杀。

这些案例,同样犯私通淫乱,但所得结果不同,朝臣里有的被放纵,有的则被政敌攻讦;大小诸侯及其子弟们虽然惨些,但也因无统一量刑而导致惩罚轻重不同。这种同样罪名却结果不同的历史现实告诉我们,西汉时期人们对于淫乱行为还是宽容的,只是社会上层有了限制和觉醒而已。

东汉对于淫乱行为的态度,摇摆不定。

一是对淫乱行为的无视或宽松。相关史料比较少,我们能够见到的,如《后汉书·班超列传》记载,顺帝时期班超的后裔班始娶了阴城公主(帝姑),"主贵骄淫乱,与嬖人居帷中,而召始入,使伏床下",公主不但淫乱,还仗势欺人,结果被愤怒的丈夫杀死。这件事的远因,的确是公主淫乱,近因则是公主恃强权,侮辱了驸马的人格尊严。统治者对整件事情的处理态度是,惩治了淫乱的班始反遭弃市,其父母同产亦皆被杀。这一结局说明,公主、班始和顺帝这三种不同身份地位的人,都无视了淫乱行为,他们绝对不能容忍的乃是侮辱人格尊严或挑战皇权。

再如安帝时期,故朝阳侯刘护的从兄刘瑰,先与安帝乳母王圣的女儿伯荣私通,后娶了她,最后因这种裙带关系而得到了本来不属于他的爵位,"得袭护爵,位至侍中"③。按理说,刘瑰犯私通,应该是被攻击的,结果却相反;而身为女性当事人的伯荣,

---

① 《史记》卷二〇《建元以来侯者年表》,第2674页。
② 《汉书》卷一六《高惠高后文功臣表》,第551页。
③ 《后汉书》卷五四《杨震列传》,第1761页。

在朝堂之上被重臣杨震大肆抨击。即使被抨击,也不在于她淫乱,而是因"传通奸赂"①,影响朝局。我们认为,刘瑰和伯荣被抨击的主次顺序不在于量刑轻重,而在于身份不同,因为身份不同,所以他们在政坛上的破坏力就不同。

上述几个为数不多的例子,说明东汉中后期,淫乱行为尚未引起社会上层充分的注意,对于通奸行为,他们仍相当宽容。

二是对于淫乱行为的严厉和制裁。有意思的是,早在上述例子发生之前,东汉统治者对男女淫乱行为有过专门立法,如班固的《白虎通义·嫁娶》云:"女子淫,执置宫中不得出;男子淫,割其势。"对淫乱男女的处罚不可谓不严厉,但量刑上有优待女性的倾向,对于男性则很严厉。历史事实也证明了这种倾向。据《后汉书》记载,东汉时期有4个王侯先后因为淫乱而受到惩处,他们有的被削夺封邑,有的被免爵或降爵,有的被逮捕入狱,有的畏罪自杀,处罚不可谓不重。

东汉时期对诸侯淫乱的制裁,尚能说明该法律条文存在的必要性;但东汉中后期,淫乱的阴城公主得到最高权力的庇护,刘瑰因与皇帝乳母的女儿私通而得到本不该属于自己的爵位,这样的例子无一不是对上述法律的反讽。如此看来,法律是法律,现实是现实,任何时代的法律都不能等同于社会现实,因为它们彼此之间总是有差距的。

讨论发现,在两汉时期的淫乱行为中遭到严厉惩处的一般均是男性,若通奸再加上其他种种罪行,这些男性往往被处以酷刑;当然也会有男子因为通奸行为而获得实际利益或者朝廷的尊敬。

---

① 《后汉书》卷五四《杨震列传》,第1761页。

从这种时而严厉、时而宽容的做法看,统治者对于个体家庭的保护与建设并不一贯重视,个体家庭的命运摇摆在统治者意志和强大利益集团的影响之下。统治者左右摇摆的态度,似乎说明,此时关于通奸处罚的行为规范尚处在摸索阶段,是否处罚、如何处罚,都由统治者的主观意愿来决定,还没有最后定型。

综观前面所述的事实,对于通奸女子如何惩处,史书则没有具体记载。有据可查的几个法律条文里,很尊重女性。张家山汉简和秦始皇刻石一样,淫乱男女相同处罚,男主角是吏的话则予以严惩,有严厉要求男性的倾向。《白虎通义·嫁娶》从量刑上有优待女性的倾向,对于男性则很严厉。综上所述,两汉时期,有淫乱行为的男女均予以处罚,相对而言,对男子的处罚似乎更重一些。这种做法,一方面对男子不遵守性道德的行为起到约束作用,另一方面在一定程度上保护妇女的权益。

三、不歧视妇女二嫁

从先秦到两汉三国的漫长历史时期,一方面,没有史料证明有哪位思想家对婚前"童贞"提出过硬性要求。另一方面,反倒有诸多思想家从人性的角度和人口增殖的角度赞成夫死再嫁,不谴责离婚或改嫁。相应的历史现实也是如此。

妇女二嫁,指妇女失婚或丧偶以后,再次结婚嫁人。其中,妇女的再嫁,是夫死之后再婚;改嫁,是离婚之后再婚。女子的再次结婚,与贞节观念忠于家庭的要求相冲突。研究不同时期妇女的再婚比例,可对当时社会的贞节观念管中窥豹。

西汉时期,正当封建社会之初,君主集权的自身发展尚处在初级阶段,统治者看重的是臣子们的忠诚,加之秦以来对妇女贞节的要求和标准比较低,此时统治者对于女性贞节的要求远远不如对于忠臣义士的要求那么强烈。西汉中期以降,汉武帝"罢黜百家,独尊儒术"之后,儒家贞节观开始广泛适用,既适用于女性,又适用于男性。女性贞节要求女性忠于丈夫,在秦和西汉时期要求为夫服丧,但夫妻之间还是"有义则和,无义则离"的相对平等状态。

所以,妇女的再嫁和改嫁情况虽然大量存在,但不能一概而论。西汉中期以前,女子主动改嫁、再嫁者比比皆是;即使在东汉三国时期,父兄逼妇再嫁的事情也屡屡发生,此时妇女再嫁仍被社会普遍认同。①

汉代法律对寡妇改嫁持赞同态度,对妇女的再嫁行为采取极其宽容的态度。汉代一些法令还直接要求妇女改嫁。如汉文帝时,晁错上书提出劝募内地百姓到北地屯垦守边,并建议"其亡夫若妻者,县官买予之"②。文帝接受了这一建议,这是由政府出面鼓励百姓再次婚嫁的举措,其影响不可小觑。王莽篡汉后,为了使官奴婢更好地从事生产劳动,曾命令有关官吏"易其夫妇"③,颜师古曰:"改相配匹,不依其旧也。"为了控制这些罪犯,人为地将他们的原配夫妻拆散,令其离婚后重新匹配嫁娶。由此可见汉代贞节观念的淡薄。"长小妻乃始等六人皆以长事未发觉时弃去,或更嫁。"④孔光认为:"夫妇之道,有义则合,无义则离。"这六人不应该治罪,最后法律也真的放过这六个女子,

---

① 高臻、韩树峰:《汉晋时期妇女的守节与再嫁》,《中华女子学院学报》2002年第4期。
② 《汉书》卷四九《晁错列传》,第2286页。
③ 《汉书》卷九九下《王莽列传》,第4167页。
④ 《汉书》卷八一《孔光列传》,第3355页。

这无疑说明西汉晚期对于离婚的支持,至少是不反对的。

关于东汉时期妇女改嫁的记录虽然较西汉时期大为减少,但实际上其时改嫁行为依然被社会广泛接受。

东汉时期,上至皇帝,下至臣子,均曾撮合失婚女子再嫁。如汉光武帝还有意撮合姐姐再嫁。据《后汉书·宋弘列传》载,光武帝姐姐湖阳公主新寡,刘秀问她看上谁,公主说:"宋公威容德器,群臣莫及。"刘秀安慰道:"方且图之。"意思就是等我慢慢图谋这件事。后来刘秀召见宋弘,"令主坐屏风后",刘秀在前面刺探宋弘是否有"富易妻"的意思,遭到委婉拒绝,刘秀撮合公主再嫁的事情就此告吹。汉献帝的哥哥少帝的妃子唐姬在丈夫死后回到娘家,其父还有意撮合她再嫁。

桓帝邓皇后的母亲就是再嫁之人,邓氏和其母亲都没有因之被社会贬低排斥,相反邓氏坐上皇后宝座,其母还得到封君称号。东汉末年骆统的母亲改嫁为华歆的小妻,才女蔡文姬三嫁;《孔雀东南飞》中的刘兰芝被休后,县令和太守的儿子争相求婚。《后汉书·应奉列传》注解引《汝南记》曰:"汝南邓元义前妻,被谴归家,更嫁为华仲妻。"东汉安帝时,黄昌妻被贩卖到蜀再嫁之后为后夫生儿育女,然而黄昌并不计较这些,十多年后,夫妻二人破镜重圆。

三国时期亦然。汉末曹操死前遗嘱其妾悉数再嫁,如三国各政权的始创之主娶的都是再嫁之妇,而且多给予正嫡之位。《三国志·魏书·后妃传》载,甄氏系袁绍之子袁熙的妻子,袁绍军败后因为貌美被文帝曹丕所纳;如《三国志·蜀书·二主妃子传》载,刘备的夫人穆氏,先为刘瑁妻,刘瑁死后,被刘备纳为夫人。《三国志·吴书·妃嫔传》载,孙权的徐夫人"初适同郡陆尚。尚卒,权为讨虏将军在吴,聘以为妃"。孙权步夫人的两个女儿都有再嫁的记录,"长曰鲁班,字大虎,前配周瑜子循,后配全琮。少曰鲁育,字小虎,前配朱据,后配刘纂。"①《三国志·吴书·宗室传·孙奂》载,孙壹投降曹魏后,"封吴侯,以故主芳贵人邢氏妻之"。

上述例证说明,在东汉三国时期,女子的离婚再嫁行为是不受歧视的,这在一定程度上大大降低了女性在婚变中的不幸程度。在夫妻关系当中,女子不会太多的谦抑自我,而具有一定的主观能动性。不过,东汉时期关于女性改嫁、再嫁的记载大多集中于东汉初年和东汉末年,东汉中期的记载很少见到,这种情况值得关注。

我们认为,东汉初年民风承自西汉,女子改嫁、再嫁并不稀奇。东汉末年战乱灾荒频仍,人口大量死亡,由于农业人口再生产的需要,人们本能地鼓励女子改嫁、再嫁;至于东汉中期的女子再嫁与改嫁情况,同前后时期衔接,应该像李志生描述的那样,"从先秦到中唐以前,一方面是封建政府对于妇女贞节越来越重视,针对妇女贞节所颁布的政策也越来越多;另一方面则是鼓励妇女守节与劝令改嫁的政策交替出现"。② 东汉中期应该是处在鼓励妇女守节的时期。恰好,邓太后曾经两次表彰贞节妇女,同时,根据传世文献所见两汉时期的"同产"的记载,即对两汉时期同母异父子女之状况的变化进行研究,其结果似乎可以证明这一结论(参见后文"继子"目)。东汉妇女的再嫁、改嫁的概率较西汉前期已经有相当程度的下降。

---

① 《三国志》卷五〇《吴书五·妃嫔传·权步夫人》,第1198页。
② 李志生:《试析经济政策对中国古代妇女贞节的影响——兼谈唐后期妇女贞节变化的意义》,邓小楠主编:《唐宋女性与社会》(下),第885页。

不过,我们要注意儒家纲常对于妇女再婚的抑制作用。随着儒家文化和伦理理念的推广,尤其"三纲六纪"的推广与传播,父权、夫权的地位在东汉中期得以空前膨胀,这一方面,有利于维护父(实指翁姑)、夫及其亲属利益的舆论形成,另一方面,妇女们自身观念中关于是否对父、夫们孝顺、忠诚的羞耻感开始形成,约束和指导着其自身的言行。可以说,"儒家从思想方面消解着男女的自主意识、独立的欲望"①已成萌芽之势。

东汉时期,班固提出女子不可以跟丈夫离婚的主张。《白虎通义·嫁娶》说:"夫有恶行,妻不得去者,地无去天之义也。夫虽有恶,不得去也。故《礼记·郊特性》曰:'一与之齐,终身不改。'"无论丈夫有怎样的恶行,妻子都不可以离开他。"悖逆人伦,杀妻父母,废绝纲纪,乱之大者也。义绝,乃得去也。"如果丈夫犯了杀死妻子之父母这种悖逆人伦的大恶行,女子是可以恩断义绝而离婚的。有人据此认为,除了自己父母被丈夫所杀,否则不能离开丈夫,即东汉妇女已经丧失自主离婚改嫁的自由。

我们认为,这只是班固的一家之言而已,似乎并未得到统治者们和同时期其他思想家们的积极配合。诸如"一醮不改"的专一观念,很可能也只是停留在理论阶段,并未被社会普遍接受与执行推广。假设"女不再醮"观念成为当时社会的普遍风尚,那么,那些不嫁的妇女也就失去典型性,史家没有必要为其立传,学者更无必要喋喋不休地强调守节的重要性。西汉时期妇女改嫁的自由自不必论,即使在贞节观念得到加强的东汉时期,妇女

---

① 陈丛兰:《〈礼记〉婚姻伦理思想研究》,西北师范大学硕士学位论文,2005年,第46页。

们被父兄逼迫再嫁的现象仍广泛存在,①这从侧面证明秦汉社会对于贞节观念的淡漠。

其时妇女的改嫁、再嫁,无论客观还是主观,都遇到一定的阻碍。《三国志·魏书·钟繇传》云:"听君,父已没,臣子得为理谤,及士为侯,其妻不复配嫁。"钟毓主张国君或父亲去世之后,大臣或儿子们应该注意影响,如果丈夫是侯爵的,那么妻子们就不能再嫁于他人。可以说,这是将约束女子再婚权力的理论第一次落诸实践。应该说它对于女性权力与地位的失落具有里程碑的意义。

四、高层表彰"贞妇"尚不是惯例

秦始皇刻石第一次以政令的形式对贞节提出要求,但他的要求是双向的,既针对妇女,也针对男子,夫妻双方必须共同遵守。两汉时期,统治者对女子贞节的态度摇摆不定,时而鼓励,时而破坏。统治者的一些政策有自相矛盾之处,有时允许寡妇再嫁,有时旌表贞节,这说明汉代对妇女守贞实际上采取比较宽容的态度。②

(一)高层表彰"贞妇"的行为具有偶然性和不稳定性

对于妇女贞节的态度,从西汉中期以前的淡漠到偶尔鼓励与赞扬表彰,体现两汉官方对于妇女性道德的摇摆态度。西汉宣帝时,第一次以诏书的形式褒奖守节妇女,但是,此时的节妇

---

① 高臻、韩树峰:《汉晋时期妇女的守节与再嫁》,《中华女子学院学报》2002年第4期。
② 刘厚琴:《论汉代妇女的地位》,《聊城师范学院学报(哲学社会科学版)》1994年第3期。

是因为性道德还是因忠于家庭的贞节而受到政府表彰,不得而知。这种态度一般体现在皇帝的诏书和官员的行政措施,但效果并不明显。史籍对妇女"守节"事迹的记载并不多见,且时间跨度比较大。这一时期所见到相关的官方记载如表 3 所示。

表 3　秦汉传世文献所见历代皇帝和地方官员对于女性贞节的奖励一览表

跨度	时间	朝代	事例
相距 222 年 以上	公元前 221 年 — 公元前 206 年	秦	巴寡妇清……始皇以为贞妇而客之,为筑女怀清台①
	公元前 58 年	宣帝神爵四年	赐"贞妇顺女帛"②
	公元 1 年	平帝元始元年	"复贞妇,乡一人"③ 孝平皇帝诏曰:"盖夫妇正则父子亲,人伦定矣。前诏有司复贞妇,归女徒……"④
相距 113 年	公元 1 年	西汉	太后四时车驾巡狩四郊,存见孤寡贞妇⑤
	公元 41 年	东汉	沛刘长卿妻者,同郡桓鸾之女也……妻虑不免,乃豫刑其耳以自誓。王吉表彰贞妇,朝廷"显其门闾,号曰'行义桓厘',县邑不时祭之"⑥
	公元 114 年	安帝元初元年	赐"贞妇帛,人一匹"⑦

---

① 《汉书》卷九一《货殖列传·巴寡妇清》,第 3686 页。
② 《汉书》卷八《宣帝纪》,第 264 页。
③ 《汉书》卷一二《平帝纪》,第 351 页。
④ 《汉书》卷一二《平帝纪》,第 356 页。
⑤ 《汉书》卷九八《元后列传》,第 4030 页。
⑥ 《后汉书》卷八四《列女传》,第 2797 页。
⑦ 《后汉书》卷五《孝安帝纪》,第 220 页。

续表

跨度	时间	朝代	事例
相距21年	公元119年	安帝元初六年	赐"贞妇有节义十斛,甄表门闾,旌显厥行"①
	公元122年	安帝延光元年	赐"贞妇帛,人二匹"②
	公元126年	顺帝永建元年	赐"贞妇帛,人三匹"③
	公元147年	桓帝建和元年	赐"贞妇帛,人三匹"④
	公元220—420年	三国魏晋时期	杜畿,班下属县,举孝子、贞妇、顺孙,复其徭役,随时慰勉之⑤

东汉河南乐羊子之妻拒暴自刎,太守赐予缣帛,以礼葬之,号曰"贞义"。⑥ 广汉廖伯之妻殷氏盛年守寡,断指明情,养子终义,太守薛鸿图象府庭。⑦ 这两段文字的确切时间,一时难以考证,据东汉社会状况在桓灵之后越来混乱,社会治安很难保证,笔者推测乐羊子妻的故事应该很晚,但不确切。而广汉廖伯之妻殷氏的故事则应该发生在帝王们大肆推行儒家礼义且由上而下浸润民间之后。但这个时间段何其漫长,一时也没能找到佐证。所以笔者将这两段故事置于表外。

表3说明,统治者对于妇女贞节的态度在秦、西汉、东汉、三国时期有所不同。贞妇的前提首先是寡妇,这一点在任何时代都是共通的;不能共通的是"贞妇"对家庭和性道德的忠诚要求。

---

① 《后汉书》卷五《孝安帝纪》,第230页。
② 《后汉书》卷五《孝安帝纪》,第235页。
③ 《后汉书》卷六《孝顺帝纪》,252页。
④ 《后汉书》卷七《孝桓帝纪》,第289页。
⑤ 《三国志》卷一六《魏书·杜畿传》,第496页。
⑥ 《后汉书》卷八四《列女传》,第2797页。
⑦ (东晋)常璩撰,刘琳校注:《华阳国志校注》,第769页。

这二者因时代不同而侧重点不同。秦和西汉时期，家庭义务为主体，性道德为陪衬；东汉中期以后，妇女的性道德逐渐向主体发展，家庭义务有沦为陪衬的趋势，盖此后的女子贞节开始约等于性道德。

如表 3 所示，官方奖励贞妇的记载始于秦始皇时期，从秦始皇奖励贞妇到汉宣帝赐"贞妇顺女帛"，仅不到 20 次的记录，历史跨度却长达二百多年。

其实巴寡妇清的被奖励，是因为她以一个弱女子之力而成功地守住她的祖业，为朝廷提供大额赋税，这跟后世对性道德的强调根本无关。

汉平帝元始元年，"复贞妇，乡一人"，开始大量表彰贞妇，距离汉宣帝赐贞妇帛已经有 59 年；东汉安帝元初元年，赐"贞妇帛，人一匹"，距离汉平帝此举长达 113 年之久。

只有安帝之后，也就是东汉中期以降，方看出从中央到地方对于贞节观念的重视。

因此，从严格意义上来说，对于贞节的激励措施只是在东汉中期以降才逐渐形成规模，而且，仅有的相关西汉二帝二官员、东汉三帝四官员的零星记录，相对于两汉几十个皇帝和为数众多的地方大员来说，他们对贞妇的表彰举措，是微不足道的。

从表 3 还可以看出，这些所谓的激励举措具有偶然性和不稳定性。

如汉平帝年间，"复贞妇，乡一人"，"太后四时车驾巡狩四郊，存见孤寡贞妇"等记载，这些都发生在王莽篡位之前。王莽之所以提倡"复贞妇"，不过是其争取获得政治支持的手段而已，不可能是其治理国家的经常手段，因为在王莽称帝之后的很长时间里没有一例表彰贞妇的记载，即为明证。

上述东汉安帝时期奖励贞节的举措,前二次是由邓太后主持的,当时《女诫》的作者班昭乃是邓太后极为推崇和尊敬的老师。由此可以推论:正是这两位女性的偏好与合作,促成其后激励措施的小有规模。当然,安帝也亲自奖励过贞妇一次,不过,这种行为极具偶然性,因为安帝的举措发生在邓太后去世的第二年,"改元延光,大赦天下"①之时,这实际上显露安帝被钳制太久、终于开释后的快感与炫耀。他的如此举措只不过是帝王宣泄情感的手段而已,绝非出于理性。如果说是谁出于理性的重视,也只有前述的邓太后和班昭而已。

因此,无论是皇帝还是地方官吏,他们强调贞节观念与否,都同个人的好恶有关,这是造成实施激励措施的偶然性和不稳定性的根本原因。当时对于贞节观念的激励举措,尚未形成相对固定的制度,而只是帝王依照自己的意愿或者其他原因而随时实施的奖励办法。所以,要说秦汉时期已经形成"某种激励机制,促使人们遵循这种观念或信仰"②,还为时过早。

(二)皇帝和官员们,经常发出破坏妇女守贞的政策

两汉时期的地方官吏更重视经济发展和文化建设,这在客观上导致其对贞节观念的淡薄态度。以《后汉书·循吏列传》中的16个传主为例,他们都为推行富民政策和人伦教化不遗余力,诸如修庠序之教,设婚姻之礼;教民种植桑柘麻紵之属,劝令养蚕织屦;教之垦辟;讨诛奸猾;简除烦苛,禁察非法等等。不

---

① 《后汉书》卷五《孝安帝纪》,第235页。
② 郭玉峰:《两汉时期贞节观念的世俗化趋向》,《天津师范大学学报(社会科学版)》2005年第2期。

过,没有人奢谈贞节,即使偶尔有些奖励提拔,也多涉及男性,唯一涉及女性者也是对孝妇的表彰,而非关乎贞节女性。

皇帝诏书和官员政令虽然不时地鼓励妇女"守贞",但他们也会时不时地因为民数问题而发出政令,干预人口再生产的举措,一般是直接要求妇女改嫁,从而实际上断断续续地破坏了妇女对于"守贞"的坚持。

如汉文帝时的晁错上书,提出劝募内地百姓到北地屯垦守边,建议"其亡夫若妻者,县官买予之"①,文帝接受了这一建议。王莽篡汉后,曾大量役使官奴婢"以十万数,到者易其夫妇"②。颜师古注解说这是"改相配匹,不依其旧也",即令原来的夫妻拆散后再行婚配。无论是否出于自愿,这个例子都说明汉代贞节观念的淡薄。到三国时期,连年的分裂战争,人口数急剧下降,战争中出现官员录送寡妇的情况。③ 如《三国志·魏书·杜畿传》注解引《魏略》载:"初,畿在郡,被书录寡妇。是时他郡或有已自相配嫁,依书皆录夺,啼哭道路。"地方官员录送寡妇甚至将已为"生人妇"者到官府,目的是为战争服役还是为了事关民数政绩的人口再生产,我们不得而知,如若是后者,将是对贞节观念的严重破坏。

综合来看,秦汉时期的统治者对于妇女守节的奖励与提倡是时断时续、摇摆不定的,即使有人提倡,但也随时予以破坏,更何况提倡者所占比例也微乎其微。所以,我们认为,不能通过几个有代表性的个案就断定秦汉时期妇女守节的观念就已普遍推

---

① 《汉书》卷四九《晁错列传》,第2286页。
② 《汉书》卷九九下《王莽列传》,第4167页。
③ 李志生:《试析经济政策对中国古代妇女贞节的影响》,邓小南主编:《唐宋女性与社会》(下),第892页。

行;客观上来讲,妇女守节只是当时众多女性观念当中的一个而已。

(三)社会上贞节妇女比例很小

西汉时期的贞节妇女是绝对少数。随着儒家礼教的宣传与推广,相较于西汉前期,东汉时期,尤其是后期,贞女烈妇的数量虽有所增加。但与相对巨大的妇女总量相比,这种贞女烈妇仍然属于绝对的少数(表4)。

表4 东汉时期妇女口数一览表

时间	户数	口数	户均人口	妇女口数(口数一半)	已婚女性口数(与户数对应)
光武中元二年	4279634	21007820	4.91	10503910	4279634
明帝永平十八年	5860573	34125021	5.82	17062510	5860573
章帝章和二年	7456784	43356367	5.81	21678184	7456784
和帝元兴二年	9237112	53256229	5.77	26628115	9237112
安帝延光四年	9647838	48690789	5.05	24345395	9647838
顺帝永和五年	9698630	49150220	5.07	24575110	9698630
顺帝健康元年	9946919	49730550	5.00	24865275	9946919
冲帝永嘉元年	9937680	49524183	4.98	24762092	9937680
质帝本初元年	9348227	47566772	5.09	23783386	9348227
桓帝永寿三年	10677960	56486856	5.29	28243428	10677960

资料来源:张仁玺《秦汉家庭研究》,其中妇女口数和已婚女性数量是笔者自加。以上资料参见《汉书·郡国志》《后汉书·郡国志》引伏无忌注与《晋书·地理志》。

从表4中的数据可以看出,东汉时期每个时代的已婚女性都动辄数百万或上千万人,整个秦汉时期见诸文献的贞节妇女却不过数十人。据彭卫在《汉代婚姻形态》中的《东周至清初节妇数量变化表》显示,秦汉时期节妇共23人。① 与数百万或上千万的已婚女性相比来说,这个数字是可以忽略不计的。这几十人,无论在观念上还是在行为上,都很容易被周围庞大的人群淹没。两汉贞妇即使能带动上千上万的女性,那也只是在漫长的历史长河中打开一个微小的缺口而已。汉代竟然用法律奖励贞节,足见空口的劝导,已不足以化民,所以才设名利以引诱之。② 所以,"无论怎样,在汉代长达四百多年的历史中,女子再嫁和改嫁仍然是主流"。③

贞节观念的提倡与妇女守节事迹的宣扬,固然可以刺激产生一些贞节女性,但这并不代表贞节观念在社会舆论中已占主导地位,更不代表秦汉时期的人们在行为上会普遍严格遵守这一观念。

早期从一而终的观念只是个别思想家的理论构想,尚未得到全社会的广泛响应,即使像对女性影响甚大的班昭,其理论代表《女诫》在东汉时期也未得到普遍支持,其小姑曹丰生就曾著书反驳,坚决反对。

而且,上层统治者一方面鼓吹妇女贞节,另一方面又用行为肯定妇女的再嫁,他们对于贞节的摇摆态度也很好地证明当时贞节观念的不被重视。从另一角度分析,如前所述,提倡、颂扬妇女守节不嫁,可能恰好反映秦汉时期妇女改嫁的普遍性。事实上,正是当时绝大多数丧偶妇女不愿守节,朝廷才如此积极地旌表节烈。正如陈东原所说:"贞节被重视的时代,一定是社会

---

① 彭卫:《汉代婚姻形态》,西安:三秦出版社,1988年,第198页。
② 陈东原:《中国妇女生活史》,第45页。
③ 彭卫:《汉代婚姻形态》,第211页。

不讲贞节的时代。"①秦汉时期统治者们对于妇女守节不嫁的行为给予鼓励、提倡和颂扬,可能恰好反映当时妇女不守节的普遍性,政府和民间所颂扬的人物、事迹,可能恰恰就是统治者在移风易俗的治国需要中所迫切需要树立的模范,又是社会中最为缺乏的学习榜样。

综上所述,虽然贞节观念在两汉时期向世俗化方向发展的基本条件已经开始形成,但并未得到充分的发展和成熟,即贞节观念在两汉时期还未被普遍接受,相对于广大女性而言,两汉时期的贞节女性并不多见。有规模、有特定范围的妇女贞节变化出现在唐代后期。② 因为,从先秦至中唐以前,贞节观念对社会的影响只是个别的、不稳定的和分散的;而从唐代后期开始,贞节观念对社会的影响则出现稳定的、集中的和走强的趋势。③ 在这个漫长的发展过程中,长达四百多年的两汉时代只能算是女性贞节观念世俗化趋势的萌芽和开始阶段,或者说,"不过是贞节观念由宽泛向严格的一个过渡时代"④。

---

① 陈东原:《中国妇女生活史》,第45页。
② 李志生:《试析经济政策对中国古代妇女贞节的影响》,邓小南主编:《唐宋女性与社会》(下),第889页。
③ 李志生:《试析经济政策对中国古代妇女贞节的影响》,邓小南主编:《唐宋女性与社会》(下),第889页。
④ 曹大为:《中国历史上贞节观念的变迁》,《中国史研究》1991年第2期。

第三节　关于秦汉时期夫妻关系的结论

自五四运动以来,知识界普遍认为明清时期的中国妇女地位极为低下,她们在政治、经济、社会、教育、婚姻等方面乃至在家庭生活中,都处于无权(或者依附)的地位。这种看法也成为今日中国妇女史研究的毋庸讨论的默定共识,以此为预设前提去研究历史上的情况。① 其实,研究夫妻关系应该将其放到历史环境中去。秦汉时期的夫妻关系形式多样,或夫主妻从,或妻主夫从,或夫妻相敬如宾,夫妻关系中的男尊女卑并不像后世人所想象的那样严重,也不像思想家们所提倡的那样绝对的一边倒,说秦汉时期的夫妻关系中存在绝对的男尊女卑不符合历史实际。

一、在婚姻和家庭构成中的相对平等

汉代存在两种形式的婚姻——一夫多妻妾式和一夫一妻式婚姻,可以从不同角度看在这两种形式婚姻中妇女所处的地位。

在一夫多妻妾的家庭制度下,男性的性伙伴不是唯一的,即不禁止男性之淫的一夫一妻多妾制度,很难说夫妻是绝对平等的。但秦汉时期的女性贞节要求并不严,虽然有人要求女性操

---

① 李伯重:《问题与希望——有感于中国妇女史研究现状》,《历史研究》2002年第6期。

第二章　秦汉时期相对平等的夫妻关系

守贞节,但多数女性可以离婚改嫁、再嫁甚至逃婚,她们一生之中的配偶不止一个,从这个意义上来说,秦汉时期的夫妻关系相对平等。

相对开放自由的男女社会交往影响夫妻关系的稳定,女性的改嫁、再嫁甚至逃婚乃是社会风气使然。在此风气的影响下,夫妻关系必然重视情爱,彼此的人格独立性比较强,可能如当今社会的婚姻离合,一旦无爱,婚姻就宣告结束。即使在东汉三国时期,女子的离婚再嫁行为也不受歧视,这在一定程度上大大降低女性在婚变中的不幸程度。在夫妻关系当中,女子不会太多地谦抑自我,而具有一定的主观能动性。

"秦汉魏晋南北朝时期,无论是官僚贵族,还是豪强大族,抑或平民百姓,他们的家庭结构基本上都还是以小家庭为主。"[1] 普通小家庭的财富积累需要夫妻双方共同奋斗,妻子不仅拥有独立生存的能力,甚至具有为家庭大计全盘规划的统筹能力和执行能力,"家贫则思良妻,国乱则思良相"[2],正如李长莉所说,男尊女卑只是上层社会的教化伦理,中国传统社会的普通民众中还存在生活伦理。男耕女织即是基于平等的、阴阳互补的生活伦理,夫妻恩爱,相互扶持,尊妻重妻,这样的习俗在传统社会中也源远流长,这是中国近代男女平等的渊源。如果僵化地认为必须男尊女卑,必须男主外女主内,小农家庭是经不起考验的,小农以能力高低评判当家之权。[3]

---

[1] 李卿:《秦汉魏晋南北朝时期家族、宗族关系研究》,厦门大学博士学位论文,2002年,第43页。
[2] 《史记》卷四四《魏世家》,第1840页。
[3] 王利华:《中国家庭史国际学术讨论会述评》,《历史研究》2002年第6期。

能力决定小农夫妻双方的家庭地位,谁的能力强,谁的话语权就强些,除非有疾病等原因,否则,就不存在妻子必须依附于丈夫才能生存的问题。韩国河认为,自东周时期伊始,"以个体家庭为单位的经营方式变得重要起来,夫妇关系成为协调社会、家庭秩序的重要方面"①,合作与协调是小家庭夫妻关系的主旋律。对于秦汉时期的夫妻关系,无论是遵从男尊女卑的教化伦理,还是遵从阴阳互补、平等互助的生活伦理,都不可过分强调,因为,这两种伦理在社会上同时存在,同时影响不同阶层的夫妻关系。既有经权之变,又有双重伦理的同时存在,不能将夫妻关系简单化。

秦汉时期性道德要求的表面,似乎关注了夫妻关系的平等。但细究之下,我们发现,有钱有势的男性可以多蓄妻妾,这在封建社会的几千年里,都是被法律和社会习俗所保护和认可的。只要有能力供养她们,有多少女人都不会被唾骂排斥,反倒是豪门贵族的地位象征。但上层女性的性伙伴却限制很多。在多妻妾家庭,男性的性伙伴众多,但女子的性伙伴只能是丈夫一个。西汉时期的上层女性也可以再嫁,但是前夫家社会地位较高,舍不得离开的有之;东汉以后,随着贞节观念的深入人心,上层妇女再嫁就受到了一定的限制。可见在婚姻存续期间,上层社会的夫妻关系,是不平等的,是男尊女卑的。

下层男性人卑力微,大部分糊口都难,从他们的经济实力上来讲,一生能娶上一个妻子已经很费力气了。"家贫思良妻",平民百姓的妻子们都是创造家庭经济的主体之一,不可忽视,不可

---

① 韩国河:《试论汉晋时期合葬礼俗的渊源及发展》,《考古》1999年第10期。

或缺,能力强一些的,还在家庭里主事,说一不二。所以,总体上来说,下层男性的婚姻关系,是基本男女平等的。

下层男性,离婚或丧偶之后,不见得能够再娶;但下层女性,离婚或丧偶之后,却可以二嫁,只要她愿意。从这个意义上来说,秦汉时期的下层失婚女性,一生的性伙伴不是唯一的。因为女性担负了人口生产的主要职能,所以不愁二嫁。从这个意义上来说,下层社会的夫妻关系,一般是女强男弱的。

当然在面对外界的时候,夫妻双方或许会为彼此装扮上一些服从于社会主流思想的假象,但从家庭生活的实际情况看,夫妻双方的个性和能力才是决定他们在家庭当中地位的关键因素;谁的个性强势,能力高超,谁就占据家庭当中的尊位,小农家庭,最倚重个人能力,只有如此才足以让微弱的家庭立足于世。

同时,就婚姻模式而言,汉代存在两种形式的婚姻,即一夫多妻妾式和一夫一妻式婚姻,可以从不同角度看出在这两种形式婚姻中妇女所处的地位。婚姻模式决定了丈夫性伙伴多少的问题。性伙伴多的一方处于强势,性伙伴唯一的一方相对弱势。上层社会,男性的性伙伴可以一妻多妾,女性的合法性伙伴只有丈夫一人。这说明上层社会的夫妻之间是男尊女卑的。

一夫一妻多妾制婚姻一般出现于贵族、官僚或大富之家。一般来说,家庭的结构与规模取决于家庭经济状况,经济实力越强,家庭的规模也就越大,古代社会中累世同居、家族一体的超大型家庭,多发生于仕宦、豪富阶层,即是明证。[①] 这样的家庭虽然掌握社会生活中的大部分资源,但他们在社会上只占少数,

---

[①] 魏道明:《从简牍资料看秦的家庭结构》,《青海师范大学学报(哲学社会科学版)》2003年第1期。

属于凤毛麟角。在贵族官僚的大家庭里,因为丈夫掌握全部的社会资源,掌握绝对优势的生产和生活资料,女性只有在很大程度上屈服于夫主的权力才能生活得更好。这也说明,在王侯贵族家庭中,女性在家庭生活中基本上权力较低,而普通百姓家庭中女性地位相对比较高。

在一夫一妻多妾的家庭制度下,男性的性伙伴不是唯一的,而女性被要求操守贞节,虽然在法律上未对女性之淫单方面加以约束禁止,但在礼制中却对其严厉批评。这种实际上不禁止男性之淫的一夫一妻制度,很难说夫妻是绝对平等的。不过,秦汉时期的女性贞节要求并不严,虽然有人要求女性操守贞节,实际上多数女性可以改嫁、再嫁甚至逃婚,她们一生之中的配偶不止一个,从这个意义上来说,秦汉时期的夫妻关系相对平等。据以上所述可得出结论:秦汉时期的妇女地位在先天情况下就不可能与丈夫的地位做到绝对平等,我们所说的平等是在历史现实中的相对平等(赵浴沛师兄对该问题曾有详细论述,本文不再赘述)。

同时,"秦汉魏晋南北朝时期,无论是官僚贵族,还是豪强大族,抑或平民百姓,他们的家庭结构基本上都还是以小家庭为主"。① 一夫一妻制婚姻模式多出于小农家庭,普通小家庭的财富则需要夫妻双方共同奋斗,妻子不仅拥有独立生存的能力,甚至具有为家庭大计全盘规划的统筹能力和执行能力,"家贫则思良妻,国乱则思良相"②,正如李长莉所说,男尊女卑只是上层社

---

① 李卿:《秦汉魏晋南北朝时期家族、宗族关系研究》,厦门大学博士学位论文,2002年,第43页。
② 《史记》卷四四《魏世家》,第1840页。

会的教化伦理,中国传统社会的普通民众中还存在生活伦理,男耕女织即是基于平等的、阴阳互补的生活伦理;夫妻恩爱、相互扶持、尊妻重妻,在中国传统社会也源远流长,这是中国近代男女平等的渊源。如果僵化地认为必须男尊女卑,必须男主外女主内,小农家庭是经不起考验的,小农是以能力高低评判当家之权的。①

能力决定小农夫妻双方的家庭地位,谁的能力强,谁的话语权就强些,因此,除非有疾病等原因,否则,就不存在妻子必须依附于丈夫才能生存的问题。如韩国河认为,自东周时期伊始,"以个体家庭为单位的经营方式变得重要起来,夫妇关系成为协调社会、家庭秩序的重要方面"②,合作与协调是小家庭夫妻关系的主旋律。对于秦汉时期的夫妻关系,无论是遵从男尊女卑的教化伦理,还是遵从阴阳互补、平等互助的生活伦理,都不可过分强调,因为,这两种伦理在社会上同时存在,同时影响不同阶层的夫妻关系。既有经权之变,又有双重伦理的同时存在,不能将夫妻关系简单化看待。

系统论述秦汉时期的男女关系和夫妻关系,承认其时存在男女之间阴阳互补、平等互助的生活伦理,可以得出秦汉时期的男女关系暨夫妻关系是相对平等的结论。

---

① 王利华:《中国家庭史国际学术讨论会述评》,《历史研究》2002年第6期。
② 韩国河:《试论汉晋时期合葬礼俗的渊源及发展》,《考古》1999年第10期。

二、女子对财产的支配权体现夫妻平等

秦汉时期,妇女可以作为经济活动中重要的成员,参与经济社会生活,甚至订立契约,在一定情况下可以处分财产。秦汉时期,妇女尚拥有完全独立的人身权。

自商鞅变法后,秦人家庭一般多属一夫一妻的核心家庭。丈夫从军旅,妻子往往要被迫承担起家庭生活的重担,这就自然涉及家庭的经济来源和财产处理问题。睡虎地秦简《日书》中的某些条文就体现这些问题,如"宇东方高,西方下,女子为正"(二一背壹);"宇左长,女子为正"(一五背贰);"宇多于东南,富,女子为正"(二〇背贰)。过去有人根据简文认为妇女在家庭中居于领导地位,这和上述的情况不无关系。① 施伟青认为秦代小家庭中存在女子当家作主的现象,这是符合历史实际的。

西汉建立后,类似情况仍然存在。如据《史记·高祖本纪》载:"(刘邦)常从王媪、武负贳酒,时饮醉卧,武负、王媪见其上常有龙,怪之。高祖每酤留饮,酒雠数倍。及见怪,岁竟,此两家常折券弃责。"为刘邦而自愿放弃债权的王媪、武负,都是以卖酒为业的女老板。如据《居延新简》载:"女子王恩等责候史徐光、隧长王根钱四百,卌粟三石二斗。"②"甲渠候遣令史延齎居延男子陈护众所责钱千二百、女子张宜春钱六百、居延丞江责钱二百八

---

① 施伟青:《论秦自商鞅变法后的商品经济》,《中国社会经济史研究》2002年第1期。

② 甘肃省文物考古研究所等编:《居延新简》,北京:文物出版社,1990年,E.P.T52:201,第301页。

第二章 秦汉时期相对平等的夫妻关系

十,凡二千八十。"①"成隆、长妻自言不当十月食,仓督官为行出还其食与长妻。"②女子王恩、张宜春都有与男子之间的债权问题,王长妻也能直接与戍卒的头目交涉分粮食,足见这些女性有权参与处理家庭之中经济事务。如《东汉中平五年洛阳县房桃枝买地券》记载:"中平五年(188年)三月壬午朔七日戊午,洛阳大女房桃枝,从同县大女赵敬买广德亭部罗西步兵道东家下余地一亩,直钱三千。"③如《扬州甘泉出土东汉刘元台买地砖券》:"熹平五年(176年)七月庚寅朔十四日癸卯,广武乡乐成里刘元台从同县刘文平妻买得代夷里家地一处,贾钱二万,即日钱毕。"④在上述买地券的行为中,妇女可以主持签约,收买付卖,和男子一样具有法律地位,前者买卖双方均为女子。上述事例中,女子都可以参与财产的处理。

如前所述,秦汉时期妇女在家庭中可以从事经济生产、支撑门户。秦简《日书》有"女贾""女臣""女巫""女盗""女子为正"等名称,这些名称说明秦代的妇女地位比较高,所受的精神束缚较小,她们较多地参与社会生产生活,从事着广泛的职业。两汉时期的女性,除了广泛从事农耕和纺织之外,与男子一样要纳税、服徭役,有人从事丝织品、酒或珠宝等其他消费品的制售、贩卖,有医生,有相马者,有事巫术者,甚至有女子从军者等。秦汉时

---

① 甘肃省文物考古研究所等编:《居延新简》,E.P.T56:73A,第311页。

② 甘肃省文物考古研究所等编:《居延新简》,E.P.T65:24B,第421页。

③ 张传玺:《中国历代契约会编考释》,北京:北京大学出版社,2009年,第57页。

④ 蒋华:《扬州甘泉山出土东汉刘元台买地砖券》,《文物》1980年第6期。

期的女子职业非常广泛,无论从事农业,抑或经商,还是从事手工副业,她们参与创造家庭财富,这是不可抹杀的。秦汉时期,男子大多因各种原因常年奔波在外,妻子们就成了小家庭足以支撑下去的顶梁柱,这是不可忽略的事实。

不过,通读《汉律》《汉令》发现,在汉代中期,丈夫几乎对全部家产都有支配权,不仅房产、地产等不动财产归其所有,而且绝大部分日常生活用品和积累的钱币也为男方占有;妻子劳动所得收入也不能全由其自己支配,在离婚时,妻子只能带走陪嫁物,正如郑玄注引《汉律》云:"弃妻畀所遗。"在法律意义上,秦汉时期,妻子无权处理或占有家庭财产,家中能由妻子完全支配的财产似乎只有若干陪嫁物品。因此,我们发现法律与事实截然不同的局面,这说明,现实与法律之间是不同步的,法律有时候不等同于史实。

三、妇女姓名权体现出夫妻关系平等

有人说,"汉代中期以后,随着男尊女卑现象的日益加重,妇女对男子的依附关系则显得越来越明显。在家庭中不但子女要随父姓,而且妻子的姓名也要随丈夫了"①。考诸史实,情况并非如此,秦汉时期的妇女享有姓名权,这是妇女尚拥有完全独立的人身权的体现。不过这个情况有发展变化的过程,由男女平权到女子姓名权的逐渐被忽视,也从侧面反映秦汉时期夫妻关系的发展变化。

---

① 张德玉:《中国妇女在性文化中的地位》,《成都大学学报(哲学社会科学版)》1995年第1期。

正如赵翼《廿二史札记》卷三《皇子系母姓》说:"汉时皇子未封者,多以母姓为称。武帝子据,立为太子,以母卫氏,遂称卫太子。太子之子进,以母史良娣,故称史皇孙。后汉灵帝生子协,灵帝母董太后自养之,因号曰董侯,即献帝也。亦有不用母姓,而以所养之家为姓者。献帝兄辨,养于史道人家,号曰史侯。又按滕公夏侯婴曾孙颇尚主,主随外家姓,号孙公主。故滕公子孙,更姓孙氏。是主既随母姓,子又随母姓,盖当时习尚如此。"这种情况主要盛行于西汉中期以前,子女跟随母亲的姓氏体现妇女相对较高的社会地位。在这样的家庭之中,妻子的地位往往高于丈夫,是妻尊夫卑。

姓名权具有一定的法律和物质意义,如前文所及那几位处理经济事务的女子姓名权就有法律意义。在国家授田的情况下,女性可以分得土地,西汉文景之后是无田可授,而不是剥夺女性授田的法律地位,因此,只要有土可授,在名籍之上的女子就有权享有,此时的姓名权具有物质意义。其实居延汉简上的妇女姓名就同时具有法律和物质意义。居延地区的妇女,无论大小,都有名字在案,还是政府部门据以分配口粮的依据。① 不过西汉文景之后,土地兼并严重,国家基本无田地可以授予百姓,土地的固化使得因婚姻而流动的女性失去这一重要的生产资料,因此女性对于夫家的依附性有所增加。从这一个意义上来说,西汉文景之后,女性"成为依靠丈夫家庭提供生活资料的被供养者"的观点符合历史实际。

---

① 贾丽英:《从居延汉简看汉代随军下层妇女生活》,《石家庄师范专科学校学报》2004 年第 1 期。

四、思想家们从基本平等的双边要求向偏重一方转变

(一)夫妇之道重义,但以服务家庭为前提

所谓夫妇之道,指在日常生活或家庭事务处理中,夫妻双方应该遵循的规则。其实,在不同的时代,夫妇之道的含义有所不同。先秦儒家提倡夫妻的相对平等,认为家庭之中每个角色不可或缺。儒家提倡尊敬与爱护妻子。《礼记·哀公问》载,孔子强调"敬妻""爱妻":"妻也者,亲之主也,敢不敬乎?"孔子认为,妻子是侍奉父母亲人的主要承担者,是分担大事的人,应当尊重:"是故君子兴敬为亲,舍敬,是遗亲也。弗爱不亲,弗敬不正。"为了父母亲人,君子就应该敬重妻子,不敬妻子,就是遗忘了父母的存在,乃为不孝。孔子站在孝敬父母的角度,提出对于妻子敬重的重要性,这一点有利于直系家庭的和睦建设,但对于夫妻之间的直接关系,诸如情爱,几乎不提及。

孟子强调"夫义妇顺",强调夫对妇要有"义":"身不行道,不行于妻子;使人不以道,不能行于妻子。"① 面对妻子时,丈夫要严格要求自己的行为合乎规范,合乎仁义,不能有任何的不道之行;妻子"以顺为正者,妾妇之道也"。② "道"与"仁义"是丈夫处理夫妻关系所必须遵守的准则,"顺"则明确妻子在夫家的身份地位,要主动压抑自身的主观要求,以顺从夫家的要求为正道。这就明确男女双方在婚姻和家庭中各自的身份、地位和作用,不

---

① 刘宝楠:《诸子集成》第一册《孟子·尽心下》,第571页。
② 刘宝楠:《诸子集成》第一册《孟子·滕文公下》,第251页。

过他依然是从家庭的整体建设角度出发来谈夫妻关系。

荀子则继承孟子"男女居室,人之大伦也"①的观点,认为夫妻之道乃是君臣父子关系的基础,"夫妇之道,不可不正也,君臣父子之本也"。② 荀子强调每个人都需履行道德责任,这样就会使大家紧密团结在一起。"父子不得不亲,兄弟不得不顺,男女不得不欢。"③"得"即是"德",父子之间没有德就不会相互亲爱,兄弟之间没有德就不会相互和顺,男女之间没有德就得不到欢愉。④ 荀子强调了双方的德行修养,这似乎显示每一人伦组合的权利义务之对等。但他在论述妻子地位之时,对女性的压抑比之孟子更甚一步,如"请问为人妻?曰:夫有礼则柔从听侍,夫无礼则恐惧而自悚也"。⑤ 无论丈夫好坏,妻子都只能听侍、自悚,似乎没有任何发挥主观能动性的机会。

以上儒家诸子的共性就是强调夫妻关系对家庭建设的重要性,强调以家庭为主的大局观,基本忽视夫妻之间直接感情的微观和细节,所以,夫妻之间的敬爱、仁义和道德都建立在对于家人的责任和义务之上,不强调个体权力。

秦始皇统一中国后,宣扬"男女礼顺",努力建立新的家庭、家族伦理规范。至汉文帝,贾谊以为:"夫立君臣,等上下,使纲纪有序,六亲和睦,此非天之所为,人之所设也。"⑥政治秩序、人伦秩序都是人类有意为之,"人之所设,不为不立,不修则坏",既

---

① 刘宝楠:《诸子集成》第一册《孟子·万章上》,第364页。
② 刘宝楠:《诸子集成》第二册《荀子·大略》,第326页。
③ 刘宝楠:《诸子集成》第二册《荀子·富国》,第118页。
④ 梅良勇、张方玉:《荀子的家庭伦理思想研究》,《道德与文明》2000年第4期。
⑤ 刘宝楠:《诸子集成》第二册《荀子·君道》,第153页。
⑥ 《汉书》卷二二《礼乐志》,第1030页。

然政治秩序、人伦秩序是人们有意设立的,就要注意时刻对其进行维护和保养。六亲和睦,包括夫妻关系的和睦,都必须维护。

西汉中期以降,人们对于夫妻关系的讨论逐渐增多,以帝王之家为代表的夫妻关系受到历代思想家的重视。董仲舒首先提出"夫为妻纲"的阴阳理论。匡衡则认为"妃匹之际,生民之始,万福之原","三代兴废,未有不由此者也"。① 汉平帝诏书也说:"盖夫妇正则父子亲,人伦定矣。"② 谷永认为,"失夫妇之纪,妻妾得意,谒行于内,势行于外"的最严重后果就是"至覆倾国家,或乱阴阳"。③ 他说:"未有闺门治而天下乱者也。"④ 他们都把重视夫妻关系提高到影响政治兴乱的治国策略高度,"夫妇之际,人道之大伦。礼之用,唯昏姻为兢兢",⑤ "故婚姻之礼废,则夫妇之道苦,而淫辟之罪多"。⑥ 东汉人继承了这一认识,如荀爽对策所说"夫妇人伦之始,王化之端"。⑦ 当然,这些都是宏观认识,其共同点在强调夫妻之间,尤其是帝王之家的夫妻之间,不但要有恩义,更要有夫主妻辅的相处之道,否则将天下大乱。

西汉时期,董仲舒最早明言"夫妇之道"。他在《春秋繁露》里说:"天出至明,众知类也,其伏无不炤也;地出至晦,星日为明不敢闇,君臣、父子、夫妇之道取之此。"⑧ 董仲舒在此处说得比

---

① 《汉书》卷八一《匡衡列传》,第3342页。
② 《汉书》卷一二《平帝纪》,第356页。
③ 《汉书》卷八五《谷永列传》,第2444页。
④ 《汉书》卷八五《谷永列传》,第2446页。
⑤ 《汉书》卷九七上《外戚列传》,第3933页。
⑥ 《汉书》卷二二《礼乐志》,第1028页。
⑦ 《后汉书》卷六二《荀淑子爽列传》,第2052页。
⑧ 钟兆鹏主编:《春秋繁露校释·观德》,石家庄:河北人民出版社,2004年,第606页。

较笼统,用打比方的办法说出家庭中夫妇如何配合的问题,似乎是说夫妇之道要"参配阴阳",夫妻男女如天地阴阳一样谁都不可或缺,但各有各的角色且不能混淆。

(二)夫妇之道的内涵外延,从夫妻平等趋向不平等

关于夫妇之道的内涵,没有发现系统的论述,它的内容散见于西汉中后期的零散记录里。

《汉书》记载宣帝诏书:"父子之亲,夫妇之道,天性也",认为父子之间、夫妻之间在对方闯祸之时为亲人隐晦他们的罪行,乃是"诚爱结于心,仁厚之至也"①。这里说天性,实际就是隐晦地说夫妻因为性爱关系而亲密,结成一体,所以他们心中有真诚之爱。刘向在《列女传》"宋伯姬"条记载,宋伯姬"既入宋,三月庙见,当行夫妇之道。伯姬以恭公不亲迎,故不肯听命"。②此"夫妇之道"事关夫妻性爱,乃夫妻之间人伦"天性"论的注脚。

《汉书·孔光列传》记载,在众大臣讨论是否对谋逆大臣淳于长的六个小妾进行处罚时(她们都已离婚又再嫁成了),孔光说:"夫妇之道,有义则合,无义则离。"③"义",就是牺牲奉献的意思,此处说夫妻之间的义,就是强调彼此之间都曾履行自己角色的责任义务,愿意为对方奉献自己的时间、精力还有爱等等,这两个人就在一起;夫妻关系一旦不存在,双方男女也就不存在夫妻之道了。如果还以夫妻之道来要求已经离婚再婚的女子尽义务,承担连带责任,那就是不仅名不正言不顺而且破坏了

---

① 《汉书》卷八《宣帝纪》,第251页。
② (西汉)刘向:《列女传》卷四《宋恭伯姬》,第2786页。
③ 《汉书》卷八一《孔光列传》,第3355页。

她们新组建的家庭。所以孔光主张说淳于长的离婚小妾们不应该连坐。这里涉及夫妻之道的内容之一是承担连带罪责,之二是夫妻之间互相奉献为"义"。

综合来看,上述几条相关记录都是从官方的角度给予夫妇之道内涵外延:其一为性爱,其二为互相奉献,其三承担连带责任,最重要一点是说他们的角色很重要,在家庭里不可或缺。

东汉时期将其丰富扩张。

东汉史学家班固继承了董仲舒的观点,他将夫妻如何相处细化也明确化了。他在官方文件《白虎通义》里说:"妇事夫有四礼焉:鸡初鸣,咸盥漱,栉纵笄总而朝,君臣之道也;恻隐之恩,父子之道也;会计有无,兄弟之道也;闺阃之内,衽席之上,朋友之道也。"这里说妇事夫,表面上谈的是妇道,实际上谈的是夫妇之道,即夫妻相处要仿照君臣、父子、朋友之道作为指导方针,夫妻之间既有朋友之间的平等,兄弟之间的友爱担当,也强调妻子应该像对待君父那样谦虚恭敬、诚挚有爱,妇女一旦成为妻子,就要学会以各种姿态来服侍和对待丈夫。此处明确了夫妻相处要遵循哪些礼制,要拿捏什么样的态度,既是约束双方的指导方针,又幽默诙谐地指出夫妻如何相处的态度或智慧问题。这反映了该时期的统治者已经认识到巩固夫妇之道的重要性,不然这些言论没有必要出现在严肃的官方文件里。

班昭《女诫·夫妇第二》说:"夫不贤,则无以御妇;妇不贤,则无以事夫。"这里班昭也言及夫妻之道的细节问题,认为夫妻之道需要双方的贤德来养成。她强调:"夫不御妇,则威仪废缺;妇不事夫,则义理堕阙。"①

---

① 《后汉书》卷八四《列女传·曹世叔妻》,第2788页。

"夫妇之道……人伦之大节也。"①"夫为夫妇者,义以和亲,恩以好合,楚挞既行,何义之存?谴呵既宣,何恩之有?恩义俱废,夫妇离矣。"②夫妻之间不可以打骂,要以贤德服人。这是班昭对于董仲舒的天道阴阳与夫妇人伦相结合理念的继承与发展,认为夫妻之道不仅要各司其职,还要将二者分出地位高低,一"御"一"事",男高女低,态度鲜明。以上应该是班昭对于前述各思想家观点的综合继承。

《敬慎第三》说:"阴阳殊性,男女异行。阳以刚为德,阴以柔为用,男以强为贵,女以弱为美。"要求在家庭之中,男子刚强而女子柔弱,品性言行不可混淆性别的要求,男子不像男子,女子不像女子,最后会导致家庭混乱。那么,此时就要求女子低头,"敬顺之道,妇人之大礼也"。③ 她的言论开启了后世夫妻关系中要求女子以柔弱、柔顺为美的先河,第一次明确地要求强化女子的性别意识,实际是要求女性自觉地降低身段,甘于奉献。

综合来看,秦汉时期的"夫妇之道"关乎夫妻之间如何配合,地位高低与何种心态,这是将家庭的重要性提到夫妻关系之前,西汉末年以降,思想家们明确了让女性压抑自己、多做牺牲奉献的意思;尤其强调为了家庭的长期稳定而需要女性更多的牺牲。西汉时期"夫妇之道"继承了先秦儒家的思想,有大而化之的特点,而东汉时期的"夫妇之道"则逐渐具有了丰富和细化的特点。

(三)家内人际关系的双边要求有所侧重

董仲舒对家庭和女性贞节的理解是汉代所特有的,如《春秋

---

① 《后汉书》卷八四《列女传·曹世叔妻》,第2788页。
② 《后汉书》卷八四《列女传·曹世叔妻》,第2789页。
③ 《后汉书》卷八四《列女传·曹世叔妻》,第2788页。

繁露·基义》称:"阳兼于阴,阴兼于阳;夫兼于妻,妻兼于夫;父兼于子,子兼于父。"阴阳、夫妻、父子等每一对关系都是双边要求,而非单边约束,所以,对女性贞节的要求还不是片面的,而倾向于男女相对平等。董仲舒要求的内容属于宽泛意义的贞节观念,他在此关注家庭建设,依然继承秦刻石的基本精神,并未就狭义的性道德而提出任何要求。

同时,代表正统的三纲六纪等封建伦理道德观念,并不立刻与社会实践同步发展,二者始终是在不完全重合的情况下相互作用,这也是造成汉代女性地位较高的重要原因。① 我们认为,"三纲"的强化是在东汉中期以降,标志为"六纪"的提出。因为,在"三纲"提出后的很长一段历史时期内,对于其理论构成中的三组对应关系,它都不以压制对应中的任何一方为手段,而以维护构造双方的基本平衡为目的。但纲为首脑、纪为准则,其理论对于男女的侧重还是很明显的。

众所周知,"三纲六纪"提出的目的就是要构造和谐的社会秩序,而要维护这种平衡就要以人性之爱为手段,即父慈子孝、兄友弟恭、夫义妻贞。在这里,不强调任何一方的权利,而强调任何一方都必须奉行的义务,以热爱别人、约束自我为手段来达到家庭与社会直至国家的和谐。这里的"夫义妻贞",讲究的是夫妻双方共同的责任与义务,即对于家庭的忠诚,"独阴不存,孤

---

① 崔瑞:《浅论中国汉代妇女在婚姻中的地位》,《西北大学学报(哲学社会科学版)》1999年第2期。

阳不生"①，只有男女同在、阴阳交合，才能"天地交而万物通也"②。在国家与社会的构成当中，少了任何一伦都是不完整、不和谐的。要硬说"夫义妻贞"强调性道德，那也是对于男女双方同时要求的性道德，因此，即使在东汉时期，女性的贞节观念也还没被畸形地强调。

然后是思想上有所倾斜。《礼记·郊特牲》："出乎大门而先，男帅女，女从男，夫妇之义由此始也。妇人从人者也，幼从父兄，嫁从夫，夫死从子。夫也者，夫也。扶也者，以知帅人者也。"

《仪礼·丧服》："妇人有三从之义……故未嫁从父，既嫁从夫，夫死从子。故父者，子之天也；夫者，妻之天也。"这里的"从"，一是指女性从谁而居的意思。跟谁住在一起，因为先天和后天的关系，对方处于强势，作为女性，就应该有顺从的态度，予以配合。女儿幼小，必需父亲的养育和教导，这时候的听从是一种依赖，是一种爱的回馈，虽有尊卑，但不必须强调，只要从心里感恩就好了。

面对丈夫就是听从的意思了。这里的是一种主从配合关系，不能理解成尊卑关系。我们当代社会里不论哪一个小群体里面都会有一个做主的人，这个人不见得身居高位，但他一定是能力强且不自私、愿意热心服务他人的人。这里我们不能说这个人就必然是尊者，而听从意见或安排的人就必然是卑者。只不过，这里明确规定女性是听从的一方，而未说如果她能干也可以做主的情况，这就有些抑制女性的意思了。

---

① 林忠军：《易纬导读·乾凿度》，济南：齐鲁书社，2003年，第243页。

② 金景芳：《周易全解·泰·象传》，长春：吉林大学出版社，1987年，第187页。

"国弱思良相,家贫思良妻",能干的妻子是一个家庭脱离穷困的捷径。现实家庭里的夫妻之间,对那种不分能力高低、不分是非、无论对错的听从是否定的,也是批判的。我们当今的某些地区还存在着这种盲目的听从,这是某些准则经历两千年发张以后变得教条化的封建遗存。

两汉法律开始对丈夫的权利上有所倾斜。

《张家山汉简·二年律令·贼律》:"妻悍而夫殴笞之,非以兵刃也,虽伤之,毋罪。妻殴夫,耐为隶妾。"自此开始,夫对妻犯罪行减刑主义,妻对夫犯罪行加刑主义。这种倾向,从《唐律疏议》到《元史·刑法志》,越发严厉。《唐律疏议·斗讼》:"诸妻妾詈夫之祖父母、父母者,徒三年;殴者,绞;伤者,皆斩;过失杀者徒三年,伤者徒二年半。"[1]妻妾打伤丈夫家里的亲属,判罪从重。《斗讼》第333条记载:"诸殴伤妻前夫之子者,减凡人一等;同居者,又减一等。死者,绞。"[2]丈夫伤害妻子家的亲属,判罪从轻。此处可以明显地看出法律对男性的偏袒,对于女性约束的严厉。如《元史·刑法志》记载"夫获妻奸,妻拒捕,杀之无罪"[3],是严重地偏向保护男子的权利,严重地约束女子的自由。

《大明令·户令》也规定:"凡民间寡妇,三十以前夫亡守志,五十以后不改节者,旌表门闾,除免本家差役。"《元典章》:元至大四年,"她……既受朝命之后若夫子不幸亡殁,不许本妇再醮,立为定式"。

---

[1] (唐)长孙无忌撰,刘俊文点校:《唐律疏议》卷二十三《斗讼》第330条,北京:中华书局,1983年,第270页。
[2] (唐)长孙无忌撰,刘俊文点校:《唐律疏议》卷二十三《斗讼》第333条,第273页。
[3] 《元史》卷一○四《刑法志三·奸非》,第2656页。

总之,思想家或政治家们对于夫妻关系的探讨,是处于变化之中的,从提出到完善,从平等到有所侧重到男尊女卑,这是整个封建社会里的流程。

五、孝义约束下的夫妻关系,男尊女卑

汉代孝治天下的大政方针加深了父慈子孝的人伦关系,但它也制约了家庭之中的夫妻关系,因为孝顺的需求,夫妻双方均以父母公婆的需要为轴心来调节自己的身心行止,而不以小夫妻的一方的需要为轴心。所以,秦汉时期的夫妻关系服务或制约于亲子关系。因此,孝顺是儿女媳妇要考虑的第一问题,宣扬孝道在一定程度上稀释和冲淡了人们对于性道德的关注。

秦汉时期家庭伦理中提倡孝道的优先性,当孝道与夫妻之义发生冲突的时候,妻子就成为牺牲的对象。

首先,夫妻关系建立在以丈夫为家庭核心的历史条件下,妻子从夫而居为主要事实。人类进入父系社会后,女儿被绝对排除在权力传承关系之外。王权只在男子(或父子或兄弟)间传承,女性被彻底排除在王位传承的权力之外。历代王朝的传袭过程中,从来没有出现过以女子为顺位继承人的情况,"皇室的传承关系如此,贵族家庭的继承原则与王室基本相似。平民大体上也是父子相传承"①,这是我们谈论夫妻相对平等的大前提。

一般来说,秦汉时期的妻子都从夫而居。女子婚后(妻)从

---

① 刘巨才:《中国古代的社会性别制度及传统妇德》,《山西师大学报(社会科学版)》1998年第4期。

夫居的情况使女子的优势地位消失殆尽。先民消除男到女家或者"走婚"的婚姻形式以后,妻子从夫居成为定式。刘巨才认为,妻子从夫居,使女子除了带来少量的嫁妆外,几乎一无所有,"这使她成为依靠丈夫家庭提供生活资料的被供养者,她从事纺织等家庭手工业劳动,也要使用夫家的生产资料。妻子只剩下自己的劳动力资源和生育功能。于是,妻子在父系家庭中的地位大大下降,成为父权制家庭的仆役和传宗接代的工具"①,其实这种观点不完全符合秦汉时期的社会实际。因为,战国以降,国家直接控制人口,对所有的男女老少都实行名籍管理制度,按照名籍授予百姓土地,女性可以获得土地等生产资料。秦始皇"使黔首自实田",汉高祖按照军功授田,这都是国家授田的形式。

其次,夫妻都要以孝义为先,很容易忽略自己和对方的存在。妻子要侍奉家庭为先,容易忽略丈夫;而丈夫被外界公事以及家里尽孝的义务缠身,也极容易忽略妻子的存在。如果家里人口简单尚好,如果是个大家庭,那么夫妻之间能够安静下来互相谈心的机会不多。所以,在这种情况下,夫妻之间无所谓平等不平等,而作为外来人员的妻子,面对众人,自己必然势单力孤。在这个意义上说,所谓的夫妻关系实际是夫家与妻子的关系,妻子是弱势一方,说男尊女卑也是合理的。

总之,秦汉时期的夫妻关系是建立在重建有序社会的各种理念思潮国策方针等等上层建筑之下的,夫妻关系不可避免地要受到他们的影响,同时,历史实际当中各个阶层的夫妻关系和大众男女之间的关系,必然受着每一个独立个体人物实际生存

---

① 刘巨才:《中国古代的社会性别制度及传统妇德》,《山西师大学报(社会科学版)》1998年第4期。

第二章 秦汉时期相对平等的夫妻关系

和生活方面的影响。而且众所周知,上层建筑与历史实际总是有一定的时间差距的,它们是不同步的。所以,秦汉时期的夫妻关系,基本上是平等的,只不过已经出现了男尊女卑的口号和呼吁,到真正的男尊女卑的确立还需要遥远的历程。夫妻关系在中国的历史长河里,是动态发展的,是由秦汉时期的基本平等慢慢向明清时期的绝对不平等过渡的。

即使在夫妻关系中有男尊女卑的趋向,也并不像后世人所想象的那样,更不像思想家们提倡的那样绝对的一边倒,即在秦汉时期的夫妻关系中存在绝对的男尊女卑是不符合历史实际的。当然面对外界的时候,夫妻双方或许会为彼此装扮上一些服从于社会主流思想的假象,但从家庭生活的实际情况看,夫妻双方的个性和能力才是决定他们在家庭当中地位的关键因素;谁的个性强势、能力高超,谁就占据家庭当中的尊位,尤其是小农家庭最是倚重个人能力才得以让微弱的家庭立足于世。

第三章　秦汉时期的亲子关系问题

所谓亲子关系,包括父母与儿女的关系,即父家长和母亲相对于儿女的权威与义务问题。为了深入研究说明秦汉时期的亲子关系,我们有必要对这一时段的父家长界定清楚。

具体来说,秦汉时期的父家长有三个方面的体现。

首先,父家长指一家之内辈分最高的男性。在一般小家庭里指父亲。而如果一个家庭由几个辈分的亲属成员组成,这里的第一代男性,即祖父,就是这个大家庭的家长;第二代或以下辈分的男子,对于自己的儿女来说,是父亲辈,但对上一代来说,仍然属于子女辈,所以不能视为家长。

其次,父家长的权力主要指向辈分低于自己的子女辈,但不排除与自己辈分相当但在尊卑之序上略低于自己的弟弟妹妹,甚至可能包括他们成年后的配偶。其中,如果辈分相当者为同母所生,则长者为尊、幼者为卑;如果异母所生,则嫡长子为尊,庶子虽长但在法律地位上亦为卑者。

最后,秦汉时期丧父的孤儿们一般依从"诸父"才得以长大。我们把除父母之外的父辈成员统称为"诸父",即诸多与父亲同辈的男性亲属。由于战乱、疾病和自然灾害时有发生,孤儿们一

第三章 秦汉时期的亲子关系问题

般依从伯父、叔父或舅父等亲属生活,也有随母亲与继父生活的。"诸父"向孤儿们伸出援手,实际上代行了亲生父亲的职责,因此本书把"诸父"也算为父家长。

所以,本书中的父家长范围较大,除亲生父亲外,还包括与父亲同一辈分的伯父、叔父、舅父、继父等成员,当然也包括长父亲一辈的祖父。秦汉时期的亲子关系里,并不一味地强调父家长的权威。

第一节 秦汉时期父家长的义务大于权力

传统观点对父子关系的认知里,认为父权绝对高高在上。即,父母在家庭中至高无上,在家庭事务中拥有绝对权力,诸如家长握有子女的主婚权、教育权和择业权等。家长不但可以根据自己的价值观和主观意向去教育子女,对他们施加影响,还有权为子女选择教师,决定子女是否上学和学习哪些知识、技能,为子女今后择业定向,而不考虑子女个人的需要和意愿。① 有人还说:"父子关系到了汉代被纳入'三纲五常'的封建道德的总纲目之中,使本来基于人类自然血亲基础上的父慈子孝的孝道服务于尊卑有等的'三纲'封建道德,从而使子孝的义务片面化、绝对化。"②

---

① 王玉波:《中国古代的家》,第36页。
② 张亲霞:《从父慈子孝到父为子纲》,《晋阳学刊》2003年第2期。

但上述看法是不符合秦汉时期的历史实际的。虽然秦汉时期"父母或家长在家庭中居于最高地位"的情况的确存在,但将"长辈拥有绝对的统治家庭权力"①的说法扩大化,是不妥当的。父权绝对高高在上的观点,并非适用于历史上的所有时间段。父母权力的绝对化观念到了理学大盛的宋元时期才形成,把它套用到秦汉时期的家庭关系和家庭事务中,则有些为时过早。因为,秦汉时期的家庭事务中,父家长对儿女担负的是更多的义务与责任,而不讲求片面和绝对化的权力。

一、以"爱"为前提,义务对等

爱,来自双方对等的处事原则,而秦汉时期的父子关系就建立在以爱为前提的对等原则之上。中国几千年来的教育理念是"父母之爱子,则为之计深远",然后将父子之爱扩张开来,爱兄弟、爱家庭、爱家族、爱邻里乡党、爱国家、爱社会、爱天下、爱一切众生。而父子有亲恰好是中国教育的原点。

晏子曾云:"父慈而教,子孝而箴。"②父亲慈孝在前,儿女孝箴在后。荀子说:"请问为人父?曰:宽惠而有礼。请问为人子?曰:敬爱而致文。"③慈孝、宽惠、有礼、敬爱既是处事原则,也是对于双方的感情,是爱的体现。由此可见,先秦诸子对社会和家庭所规划的美好蓝图需要充满感情的礼制原则来维护。

秦汉诸子继承和发展了这一原则,在实践中加以应用。如

---

① 叶文振、林擎国:《我国家庭关系模式演变及其现代化的研究》,《厦门大学学报(哲学社会科学版)》1995年第3期。
② 杨伯峻编著:《春秋左传注·昭公传二十六年》,第1840页。
③ 刘宝楠:《诸子集成》第二册《荀子·君道篇》,第153页。

第三章 秦汉时期的亲子关系问题

贾谊《新书》云："礼者，所以固国家，定社稷，使君无失其民者也。……礼，天子爱天下，诸侯爱境内，大夫爱官属，士庶各爱其家。失爱不仁，过爱不义，故礼者所以守尊卑之经，强弱之称者也。"①国君能做到"固国家""定社稷""无失其民"的前提，是爱。董仲舒继承了先秦儒家的观念，建立起以爱为基础上的礼制观念："君为臣纲""父为子纲""夫为妻纲"。纲举目张，纲先举起，目才能张大。君臣、父子、夫妻的三对组合关系也是如此，每一组合里的前者要为后者做好榜样，而非后世理解的那样。

汉代的国策是"汉代以孝治天下"。自汉武帝伊始，该理念被由上至下地向全国推广，有加强调节家庭关系和社会关系的指导作用。当时有人认为："子无不孝，而父有不察。"②不能一味要求儿子尽孝，父亲也要了解和体察儿子，这样才能消除彼此的不理解。班固《白虎通义·三纲六纪》："敬诸父兄，六纪道行，诸舅有义，族人有序，昆弟有亲，师长有尊，朋友有旧。"敬、纪、义、序、亲、尊、旧，班固把家庭人伦由父兄而扩展至于宗族亲戚，提出这六种人伦的行为准则，依然不背离前述诸子的精神，依然是以爱的感情为维护人伦的润滑剂和指导原则。"父慈子孝，兄友弟恭，夫妇和顺"，要求家庭中每一伦序的成员履行道德规范，这是对等的互动关系，互以对方为重。

秦汉时期的家庭成员尚处于权利义务对等的要求之下，父母兄长首先要慈爱友善，身体力行，做儿女弟妹的榜样，才能要求后者孝顺友悌。以上两点，就维系家庭关系的和睦而言，具有

---

① （西汉）贾谊撰，阎振益、钟夏校注：《新书校注》，第214页。
② 《汉书》卷六三《武五子列传·戾太子据》，第2744页。

永恒的价值。① "爱亲"是家庭伦理中最基本的范畴,表现在多方面,既有夫妻间的情爱,也有对老人的敬爱、对晚辈的慈爱、对同辈的友爱、对事业的挚爱等。②

二、为人父者重义务,而非权力

东汉时期是儒家家庭规范迅速成熟并且定型的时期,《韩诗外传》中的"人父之道"应该说是对整个秦汉时期父子之道的继承发展,提出自己的构想,是汉代人父子观念的代表。《韩诗外传》要求为人父者,不但要对儿女怀有精神之爱,"必怀慈仁之爱",还要在他们未成年时完成物质之爱,"以畜养其子,抚循饮食,以全其身"。③

《韩诗外传》中的"人父之道",以"慈爱"为指导原则,在儿子们的不同时段,父亲都要殚精竭虑,认真完成自己的职责。如"及其有识也,必严居正言,以先导之",儿女从记事开始,父母就要身体力行做好表率,对其进行品德教育;"及其束发也,授明师以成其技",到儿女十五岁之时,要想着给他们请好老师,教其学习知识与技能;到十九岁宣布成年礼之时,父亲要帮助儿子树立正确的人生目标,作为一辈子立身行事的标准;儿子二十岁以后,就要想着替他张罗婚姻大事。儿子们一旦成年,父亲就要"信承亲授,无有所疑",对于成年的儿子要充分信任,让他去办一些事情,不要有所怀疑;"冠子不言,发子不答,听其微谏,无令

---

① 任文利:《"儒学与家庭伦理"研究会综述》,《孔子研究》2002年第2期。
② 唐凯麟:《家庭伦理三题散论》,《道德与文明》2002年第6期。
③ 许维通:《韩诗外传集释》,北京:中华书局,1980年,第270页。

忧之",束发之后,父亲就不要笞责儿女,冠礼以后,父亲就不要责骂儿子;反过来,这样年龄的儿女能劝谏父母时,父母要听,不要让儿女有所担忧。

可以说,从儿女幼时一直到成年结婚,父亲的本分就是对儿女"必怀慈仁之爱",对于儿女的教育表现可以多样化,但唯一不见强调的是"扑责"打骂。有人认为,"父家长对待卑幼的态度:既有作为父亲的情感上的慈爱,又有作为家长的统治上的专制"①,这是基本正确的。

三、父亲供养家庭,责任不可推卸

人父之道,几乎都强调父亲的义务,不但精神上要慈爱,还要为儿女提供物质生活的支持。儿女成年之前,父亲要提供物质生活的保障,"以畜养其子,抚循饮食,以全其身"②,日常饮食是最普通的物质保障。正如《淮南子·主术训》所云:"民之为生也,一人(指家长)跖耒(脚踏农具)而耕不过十亩,中田之获,卒岁之收,不过亩四石,妻子老弱仰而食之。"一家老小都要依靠家长受累的劳作来提供物质保障,不论妻子儿女能否参加生产劳作,他都要负责供养。③

客观来说,秦汉时期,社会整体还比较重视母权,无论父亲在世与否,母亲的地位都高于儿女,虽然母亲在家庭事务中一般可能处于从属的地位,但母亲的态度会得到充分尊重。综观秦

---

① 岳庆平:《中国的家与国》,长春:吉林文史出版社,1990年,第181页。
② 许维遹:《韩诗外传集释》,第270页。
③ 王玉波:《中国古代的家》,第43页。

汉时期的社会现实,妇女在家庭事务中的权力虽然不如男性那么突出,但也并非一点发言权都没有。

重视母权有现实原因。比如,两汉时期的官僚工作制度是五日一休沐,贵族官吏家庭的父亲与子女接触的时间和机会极少,这使得母亲们的"教子权"客观真实存在且非常重要。因此父权在一定程度上遭到母权的牵制和分割,在很多时候,为人母者成为事实上的一家之主。尤其是在父亲去世的家庭之中,母亲多身兼父职,扮演了更重要的角色。

总之,两汉时期,所谓父权的体现,在很大程度上是父亲对子女、对家庭、对国家的责任。以过分强调父权的强大来说明父母与子女间关系紧张并不符合当时的实际情况。

第二节　父家长对儿女的婚姻之权

婚姻是关系家族世系延续和子女终身的大事,所以,从子女出生开始,父母就背上为子女完婚的包袱。①《孟子·滕文公下》云:"丈夫生而愿为之有室,女子生而愿为之有家。父母之心,人皆有之。"男孩一生下来,父母就开始操心给他解决妻室问题,女孩一生下来,父母就思虑着给她找个婆家。

古往今来的婚姻决定权的状态分为两种,一是父母包办婚姻,强调父母在儿女婚姻事务上的权力绝对化;二是家长与儿女共同商议决定好的民主婚姻,模糊了父母的权力和儿女权利的

---

① 　王玉波:《中国古代的家》,第45页。

界限,强调双方的义务。

传统观点认为,在传统社会中婚姻大事的主导权并不掌握在男女当事人手中,而由家庭及父家长包揽一切。比如班固《白虎通义·娶妻》:"男不自专娶,女不自专嫁,必由父母。"[1]就认为父母对子女的婚姻应该有最终决定权。不过《白虎通义》只是政府的法律条文,虽法定了人们的行为规范,[2]但不代表社会现实即如此。其实,"父母的意志为子女婚姻成立或撤销的主要决定条件""子女个人的意志是不在考虑之列的"[3],这些观点在秦汉时期的完全包办婚姻中是符合历史实际的,但不能用它来解释所有的婚姻。我们面对不同的时代、不同的人群,不能一概而论。

秦汉时期,虽然存在父母包办的婚姻,社会上层的政治婚姻往往由父母一手操控,儿女基本没话语权,不过包办婚姻在社会上所占比例并不大;中下层百姓的婚姻则自由得多,往往比较尊重儿女的自主取向。

一、在政治联姻中,父家长意志为主

秦汉时期的包办婚姻分完全包办婚姻和非完全包办婚姻两种。父亲在完全包办婚姻当中权力比较大,有较强的主婚权,但非完全包办婚姻要具体分析。

---

[1] (清)陈立撰,吴则虞点校:《白虎通疏证》卷十《嫁娶》,北京:中华书局,1997年,第452页。

[2] 汤其领:《白虎观会议与东汉政权的苟延》,《徐州师范大学学报(哲学社会科学版)》1996年第2期。

[3] 徐扬杰:《宋明家族制度史论》,第63页。

(一)政治家族,父亲包办女儿的婚事

在上层社会的"包办"婚姻中,父家长(尤其是父亲)的意志往往是婚姻成立或撤销的主要因素。这种情况在历朝历代均大量存在。

如秦汉之际,张负驳斥儿子的怀疑,将孙女许嫁陈平,理由是"固有美如陈平长贫者乎"①,可见,祖父的意志凌驾于父亲的意志之上,祖父的权力大于父亲的权力。西汉时期,汉武帝因为栾大投合自己求仙爱好,所以喜爱之、任用之,厚封栾大为侯,"又以卫长公主妻之"②。西汉,"淮阳宪王舅张博从房受学,以女妻房"③。张博因为服膺京房的学问,而把女儿嫁给他。又如佞臣董贤的父亲为董贤弟"求咸女为妇"④,萧咸"惶恐不敢当",委婉推掉了对方的婚姻请求。在这个婚姻约请当中,出面的是当事男女的家长而非其本人,萧咸对于婚事的推脱,几乎未征求女儿的任何意见。

东汉如光武帝对忠臣贾复的优抚,是立下誓言与之结为婚姻之家,他说:"闻其妇有孕,生女邪,我子取之;生男邪,我与之女。不令其忧妻子也。"⑤光武帝发此誓言的前提是,在真定之战中,贾复虽然取得胜利,但"伤创甚",可能是害怕贾复一病不起,所以光武才有此慷慨之言,大意是说,你的儿女我都给你安排好了,无论男女,我都会安排他与我的孩子结婚,你就不必担

---

① 《史记》卷一二《孝武本纪》,第463页。
② 《汉书》卷七五《京房列传》,第3166页。
③ 《汉书》卷七五《京房列传》,第3166页。
④ 《汉书》卷九三《佞幸列传》,第3738页。
⑤ 《后汉书》卷一七《贾复列传》,第665页。

忧啦。东汉冯勤的祖父冯偃，因为自己长不满七尺，"常自耻短陋，恐子孙之似也，乃为子伉娶长妻"①。以上几例，父亲的意志非常明显，他们的好恶决定了婚姻的成立或取消，在这些婚姻的缔结过程中，儿子们似乎没什么话语权。更为甚者，贾复的儿女尚在孕育之中，其婚姻大事就已经被决定了。

在权力交替或乱世纷争之时，统治者们往往会以许嫁女儿或宗亲之女的方式，来培植自己家族的势力。吕后当政之时，为了拉拢刘章，封其"为朱虚侯，以吕禄女妻之"②。匈奴为了让降臣能为己用，往往许嫁女儿。如且鞮侯单于在李陵率部杀伤其万余人而被迫投降之后，认为李陵是个英雄，所以将女儿嫁给他，"单于乃贵陵，以其女妻之"③。又如狐鹿姑单于俘虏了贰师将军李广利，因为李广利是汉武帝的大舅子，是卫青之后带兵攻打匈奴的总头领，所以，匈奴给予其相应的尊贵之位，"贰师降，单于素知其汉大将贵臣，以女妻之，尊宠在卫律上"④。

统治者或各级权贵为了壮大自己的势力而搞势力联盟，往往向联盟对象许嫁女儿。如"先是广德父拘在莎车数岁，于是贤归其父，而以女妻之，结为昆弟，广德引兵去"⑤。莎车国曾经在汉朝的支持之下，长期统领西域诸国，但在光武帝即位之初，匈奴与龟兹诸国联合进攻莎车国，僵持不下之时，第三方势力于阗王广德派兵攻打西域，在多重压力之下，莎车王贤只好派人向广德求和，条件是把于阗王广德的父亲释放回家，并把女儿嫁给广

---

① 《后汉书》卷二六《冯勤列传》，第909页。
② 《汉书》卷三八《高五王列传》，第1991页。
③ 《汉书》卷九四上《匈奴列传》，第3777页。
④ 《汉书》卷九四上《匈奴列传》，第3780页。
⑤ 《后汉书》卷八八《西域列传》，第2925页。

德。在各种条件获得满足之后,广德才宣布撤兵,莎车王贤的危机算是暂时解除。

又如,延岑、田戎都是两汉之际乘乱而起的乱世枭雄,拥兵自重的秦丰看重二人的势力,用嫁女儿来拉拢他们,"(岑)始起据汉中,又拥兵关西,关西所在破散,走至南阳,略有数县。戎,汝南人。初起兵夷陵,转寇郡县,众数万人。岑、戎并与秦丰合,丰俱以女妻之"①。再如,光武族兄舂陵康侯刘敞在汉平帝末年暗中支持族兄刘崇起兵反对王莽,刘崇事败之后,刘敞畏惧,"欲结援相党,乃为祉娶高陵侯翟宣女为妻"②。

东汉末至三国初年,曹操更是把婚姻的政治功能发挥得淋漓尽致。在与袁绍相争时,为争取支持,他把侄女嫁给孙策之孙匡。"孙匡,子泰,曹氏之甥也,为长水校尉。"③"曹操遂还救谭,操知谭诈,乃以子整娉谭女以安之,而引军还。"④又为另一子曹均娶称雄于当时的张绣之女为妻,"绣至,太祖执其手,与欢宴,为子均取绣女,拜扬武将军"⑤。曹操的每一次联姻,都为他战胜强敌解除后顾之忧,成为他取得战争胜利的重要手段。

上述包办婚姻基本是当权者为了自己的特殊目的而牺牲儿女的婚姻幸福。与此类似的是,两汉时代的一些地方大姓为了保障与扩大自己的地位,也充分利用这一手段,如颍川大姓即"相与为婚姻",高密大族郑氏也是世代与另一大姓王家"相

---

① 《后汉书》卷一三《公孙述列传》,第537页。
② 《后汉书》卷一四《城阳恭王祉列传》,第561页。
③ 《三国志》卷五一《吴书·宗室传·孙匡》,第1213页。
④ 《后汉书》卷七四下《绍子谭列传》,第2414页。
⑤ 《三国志》卷八《魏书·张绣传》,第262页。

嫁娶"。①

当权者为了表示对下属的尊重,彰显其身份尊贵,往往以女嫁之,这也是政治联姻的一种方式。嫁女给身份尊贵者,表示友好与尊重。如王莽"以故大鸿胪府为定安公第,后莽以女孙宇子妻之"②。王莽篡位之后,封汉平帝的遗孤孺子为定安公,等他长大之后,把孙女即王宇的女儿嫁给他,王莽虽然篡位,但对汉室后人不是赶尽杀绝而是加以优抚,从而得到世人的支持。后安公奢(王昭君外孙)为呼都而尸单于出使王莽政权,没想到王莽派兵迫胁之,而且要另立王昭君的女婿须卜当为单于,"当至长安,莽拜为须卜单于,欲出大兵以辅立之",但这一举动激怒了匈奴,导致北部关系恶化,王莽赶紧进行安抚,"会当病死,莽以其庶女陆逯任妻后安公奢,所以尊宠之甚厚"③。这样,王莽另立单于的企图等于完全泡汤,还不得不好言安抚,嫁女拉拢匈奴的使节(后安公奢),可见其外交策略的幼稚和随意性。

最过分的是,为了达到自己的政治目的,有时家长会随意搅乱别家的婚姻。如东汉窦穆"欲令姻戚悉据故六安国",为了让自己家的亲戚朋友能把持六安国的政治与经济大权,"遂矫称阴太后诏,令六安侯刘盱去妇,因以女妻之"。④ 窦穆假传太后懿旨,命令六安侯刘盱跟原来的妻子离婚,借这个机会把自己的女儿嫁给刘盱,这样连六安侯刘盱本人都是亲戚了,别人自然无话可说。

针对政治婚姻当中的离婚事件,即使对那些破坏家庭的人

---

① 《汉书》卷七七《郑崇列传》,第2254页。
② 《汉书》卷九九中《王莽列传》,第4101页。
③ 《汉书》卷九四下《匈奴列传下》,第3829页。
④ 《后汉书》卷二三《窦融列传》,第808页。

心怀不满,发话告状的人也不是当事者本人,而是其家人,正如上述"盱妇家上书言状,帝大怒",是该妇女的家人上书告状,而非其本人。

各种各样的政治联姻,实质是一样的,家族的利益远远超越当事者个人的利益,当事女子的话语权被淹没在强大家族利益的纠葛之中。有些当事男子的话语权也一样被淹没在家族利益之下。无论男女,都成了家族利益嫁接的链接点和媒介。婚姻是一种政治行为,借新的联姻来扩大自己的势力。这个"自己",在秦汉时期,既包括结婚的当事者本人,又包括其家族的整体,尤其强调后者。

(二)政治婚姻中,当事男子有一定的自主权

在政治联姻中的当事女子基本没有话语权,但有些男方在一定程度上居于主动地位,当事男子可以凭借自己的意愿接受或推辞对方的缔婚之请。

如西汉时期,刘德因有智略而被武帝欣赏,谓之"千里驹",后来官至宗正,汉昭帝时"妻死,大将军光欲以女妻之",权臣霍光有意拉拢刘德,但他拒绝了霍光的好意,"不敢取,畏盛满也"①。刘德本人用委婉的说辞推掉霍光的缔结婚姻之请。

又如西汉时期,隽不疑有才学能力,"天子与大将军霍光闻而嘉之"②,权臣霍光也有意拉拢他,"欲以女妻之",隽不疑坚决推辞掉霍光的婚姻请求,"不疑固辞,不肯当"。

再如东汉三国时期,外戚何进认为王谦乃名公之胄,出身高

---

① 《汉书》卷三六《楚元王交列传》,第1927页。
② 《汉书》卷七一《隽不疑列传》,第3038页。

贵,"欲与为婚,见其二子,使择焉"①,欲嫁女儿拉拢他,而"谦弗许",王谦不答应,将其婚姻约请推掉。还有隐士梁鸿拒绝多家强势家族的婚约之请,"势家慕其高节,多欲女之,鸿并绝不娶"②。

刘德、隽不疑、王谦等人,都在婚姻缔结的过程当中充分表达自己的主观意愿,推拒对方的婚姻请求。这些例证中只看见当事者本人,丝毫不见父家长们的身影。这时候,有些男性自己的意志可以决定有关婚姻的一切,他们对于婚姻的自主是毋庸置疑的。

在与女方缔结包办婚姻之际,接受婚约请求的男方多是当事人自己,而非其父母兄长,一方(女)包办,一方(男)不包办,这种婚姻可以定义为非完全包办婚姻,这与男女双方都被包办的婚姻有区别。

非完全包办婚姻中,作为婚姻主角的男子,在秦汉时期自由决定婚姻的权力相当大。比较起来,女子的权力就弱小得多,几乎没有话语权。据《汉籍检索系统》揭示,比如与婚嫁有关的"妻之"一词,出现在魏晋之前的 70 篇文献里,共有 91 次记录,里面除"夫妻之际"③"非诸项即妻之昆弟"④等不能表达嫁娶之意的共 26 次记录之外,其中《史记》计 7 次,《汉书》26 次,《后汉书》19 次,《三国志》13 次,这些史实记载多出现于西汉中期以后。在诸多表示嫁娶的记录之中,"之"字一般指当事男子,他们可以直接与女子的父兄决定这桩婚姻的缔结与否;被嫁女似乎毫无

---

① 《三国志》卷二一《魏书·王粲传》,第 597 页。
② 《后汉书》卷八三《逸民列传·梁鸿》,第 2766 页。
③ 《汉书》卷八五《谷永列传》,第 3446 页。
④ 《汉书》卷四〇《陈平列传》,第 2041 页。

话语权,婚姻的缔结与否,一般决定于父家长或兄弟的好恶,在婚姻缔结中,女性没有任何表达意愿的机会。

当然,在现实生活中,女方家长并不单纯只是考虑女婿人选的出身门第,也可能考虑当事人才高有名,或父辈交好等因素。这种情况在次等士族和庶族中较多。

相反,皇室贵族和士族高门,因子女的婚配牵涉太多,父母不得不慎重考虑。这种婚姻很少考虑男女当事人的需要,更多考虑的是这桩婚姻是否有助于自己家庭甚至于家族的稳定和繁荣。因此,一般而言,婚姻的主导权不掌握在年轻的、不谙世事的男女当事人手中,而由其父家长来决定婚姻的缔结或解除,这就是两种包办婚姻的共性。

(三)政治性包办婚姻的理念

政治性的包办婚姻理念由来已久,它在秦汉时期具体体现如下:

1.重功利的婚姻观念

秦汉时期重功利的婚姻伦理观念相当盛行,越是地位高、阶层高的家庭,越重视,富贵之家往往是这种家庭的首选。秦人就有重功利的婚姻伦理观念[①],希望生子为吏,生女为邦君妻;希望与富家男女联姻,两汉时期继承了这种功利的传统。如在西汉初年,贾谊就坚决批判以婚嫁为手段,攀附高门的风气,"欲交,吾择贵宠者而交之;欲势,择吏权者而使之。取妇嫁子,非有

---

① 高兵:《〈睡虎地秦简〉从看秦国的婚姻伦理观念》,《烟台师范学院学报(哲学社会科学版)》2005年第4期。

权势,吾不与婚姻,非贵有戚,不与兄弟,非富大家,不与出入"①。他还进一步指出这种情况是"俗之邪至于此矣",歪风邪气令人痛心疾首。如汉宣帝微时被称为"曾孙",张贺对其尊贵的出身非常了解,"及曾孙壮大,贺欲以女孙妻之"②,想把孙女嫁给他。萧望之的儿子们,即萧咸等人,兄弟并列于朝堂,佞臣董贤的父亲非常羡慕,"欲与结婚姻"③。在朝堂之上有一席之地的贵族官僚则以富贵为缔结婚姻的追求目标。从这个理念出发,联姻豪门或势力强大之家,一般是秦汉时期出身上层的父家长们所要考虑的首选。

其实,这种情况在春秋战国时期就已经出现,各诸侯国的一个重要方略便如"秦楚嫁女娶妇,为昆弟之国"④,各国因姻亲关系相互之间或联、或防、或互保、或相攻,姻亲关系的好坏直接影响国策方略的制定和实施。

西汉中期以前有强宗大家,中期以降及至东汉时期出现豪门大族。"所谓豪族之家,即指贵族、官僚和富豪之家。这种家庭往往门宗广大、姻亲众多,其政治经济势力远非下层百姓之家所能比拟"⑤,门宗广大、姻亲众多是这些家庭或家族的特点,越是势力庞大,关系越是复杂,这样的婚姻之家就越需要联合外力来求得家庭或家族的长期稳定,因此,婚姻并不仅仅考虑男女当事人的结合,家庭的稳定和延续反而占据了更重要的地位。为

---

① (西汉)贾谊撰,阎振益、钟夏校注:《新书校注·时变》,第390页。
② (西汉)贾谊撰,阎振益、钟夏校注:《新书校注·时变》,第390页。
③ 《汉书》卷九三《佞幸列传》,第3738页。
④ 《史记》卷七〇《张仪列传》,第2295页。
⑤ 赵沛:《两汉宗族研究》,济南:山东大学出版社,2002年,第83页。

了保持门第、血统的高贵和既得的政治、经济利益,婚姻的主导权一般不掌握在年轻的、不谙世事的当事女子手中,而由其父家长或者有权势的兄弟来决定婚姻的缔结或解除,这即为较早的包办婚姻。秦汉时期,这些势力之家,即婚姻双方的家庭,约为昆弟之家,他们通过姻亲关系来互联、互保,一荣俱荣、一损俱损。这种包办婚姻的样式与精神,应该说已经开启了后世包办婚姻的先河。美国社会学家 J. 罗斯·埃什尔曼对这种现象给予了极精辟的解释:包办婚姻"维护了家庭财产,促进了政治联系,保护了经济和地位的关系,使家庭一代代的香火不断"①。与其说是为了子女的终身幸福着想,毋宁说是为了家族利益的延续。

而且,普通人家有时也追求富家之女。如《汉书·陈平列传》所载,"及平长,可取妇,富人莫与者,贫者平亦愧之"。陈平出身贫穷,但志向远大,面对五嫁之女也不却步,只因其家富有,希望得到富家之女而借其助力,"户牖富人张负有女孙,五嫁夫辄死,人莫敢取,平欲得之"。《三国志·吴书·吕范传》载,吕范年少家贫,在县里做小吏,身份非常普通,当他向富人刘氏求婚的时候,遭到女主人的嫌恶,但男主人很有眼光,毅然选择缔结婚约。这些例子呈示的婚约缔结的过程中,当事女子的家长包办一切,女子不曾有发言的机会,相反,当事男子的结婚动机非常明显,那就是追逐财富。

2. 讲究门当户对的观念开始出现

门当户对就是子女的配偶须出自门户相当的家庭,夫家和妻家在地位、权势、财力上必须大致相当,门第不能过于悬殊,择

---

① (美)J. 罗斯·埃什尔曼著,潘允康等译:《家庭导论》,北京:中国社会科学出版社,1991年,第319页。

偶的圈子不能乱了。这种观念的明确表达最早出现在三国时期,《三国志·魏书·后妃传》载,明元郭皇后"外亲刘斐与他国为婚",元郭皇后听说,敕曰:"诸亲戚嫁娶,自当与乡里门户匹敌者,不得因势强与他方人婚也。""诸亲戚嫁娶,自当与乡里门户匹敌者",是典型的讲究门当户对。

但是客观地说,秦汉时期讲究门当户对的观念远远不及后世那么严重,也有不少反对讲究门当户对的人和具体的事例。同时,在现实生活中也有专门寻求小门为婚的现象。智慧高超的人物为了规避将来的祸患,故意寻求小门小户作为结婚之选,《三国志·魏书·贾诩传》载:"诩自以非太祖旧臣,而策谋深长,惧见猜嫌,阖门自守,退无私交,男女嫁娶,不结高门,天下之论智计者归之。"可见,贾诩"男女嫁娶,不结高门"乃是其回避政治猜疑的具体措施,所以"天下之论智计者归之"。而已经苞祸的臣子考虑家族后辈安危的时候,也会选择小门户家的人联姻。如《全三国文·吴·虞翻·与弟书》记载:"长子容当为求妇,造求小姓,足使生子。天其福人,不在旧族。"吴国的虞翻流放交州之际,他在书信当中委托弟弟照顾家人,说给长子虞容寻求媳妇的时候,找小门小户家的女儿就行。这样的选择虽然无奈,却反映了某些家族的政治智慧。

3.出于对家庭稳定的考虑,考虑婚嫁人选的道德和健康

一般认为,出身高贵一些的男子或女子的道德素养要高一些,在结婚后的家庭生活中能够遵从"孝"和"爱"等道德规范,其中对女子之"德"的要求更高,缔结婚姻时对女家的道德考量是不可忽视的方面。

贾谊认为婚嫁双方择取配偶,应以"道德"为最高标准,"谨

为子孙婚妻嫁女,必择孝悌世世有行(仁)义者"①,选择道德素养高的结婚对象,结果必然是培养出道德素养高的下一代,对于家族兴旺意义重大,"如是,则其子孙慈孝,不敢淫暴,党无不善,三族辅之"。

同时,男女双方缔结婚姻时,还要考虑对方的家庭修养,主要看对方家庭中人有否做过违背社会道德规范的"不法"行为,或者有无遗传疾病。《孔子家语》曰:"女有五不取:逆家子者,乱家子者,世有刑人子者,有恶疾子者,丧父长子。"②"逆家子者",谓其家长逆德,敢违逆政府而作乱,与这样家庭出身的女子结婚,他们的家长一旦犯罪,婚姻之家要被株连,人们对于这样的家庭最好是远远躲开。"乱家子者",是说女子的家人乱伦,这样的家庭不讲究男女大防,不重视自己家庭角色的本分,容易造成家庭秩序的混乱,人们对于出身于乱伦之家的女子自然避之唯恐不及。以上两条是说作为结婚对象的女子的家庭出身,这些女子的家人没什么道德修养,会干悖逆常伦的事情,从这样家庭中出来的女子不是很好的结婚对象,最好远离。

《孔子家语》中的第三条"世有刑人子者",是说女子的家长是犯罪受刑者,这样的家庭出身会遭受舆论歧视,被人们所唾弃,连带的婚姻之家也不会有什么好名声,所以不是好人选;第四条"有恶疾子者",是说女子的家长有恶疾。恶疾一般指麻风等难以治愈的疾病,古人认为麻风会传染,谈之色变,这样家庭出来的女子最好不选。以上的两条是说女子的家长犯罪犯病,

---

① (西汉)贾谊撰,阎振益、钟夏校注:《新书校注》,第390页。
② 杨朝明:《孔子家语注说》卷六《本命解》,开封:河南大学出版社,2008年,第238页。

跟这样家庭出身的女子结婚,无论从舆论上还是心理上,都会带来不好的影响。

孔子的"五不取",有几条是具有长久的生命力的,比如"逆家子者"和"乱家子者"不利于家庭的久安,而"世有刑人子者"和"有恶疾子者"则不利于家庭的长治,所以上述几条是几千年来婚姻人选的必备准则,但最后一条,"丧父长子",谓其无受命也,是说这样的人没有接受长辈教育的机会。《孔子家语》把"丧父长子"作为"五不取"的内容之一,我们是不认同的,因为,事实上"丧父长子"往往个性更成熟,更有办事能力,更了解世态炎凉,作为终身伴侣,这种人选可能更可靠,丧父的长子,未必就品德不好,所以我们认为,把"丧父长子"归入五不取的人选是欠考虑的,是有时效性的。

同时,男子的道德品行,也是婚姻人选需要考虑的问题。在东汉时期,尤其重视道德修养,人们往往根据当事人的德行高尚与否而决定是否与之缔结婚姻。如《后汉书·钟皓列传》载,钟瑾"好学慕古,有退让风",他因品行稳重、谦让而被外祖父(即李膺的祖父)李修欣赏,"复以膺妹妻之"。又如渤海鲍宣,"尝就少君父学,父奇其清苦,故以女妻之,装送资贿甚盛"[①]。清苦,即能吃苦耐劳的品性,鲍宣的老师欣赏他的吃苦耐劳,"故以女妻之,装送资贿甚盛"。"有退让风""奇其清苦"都是对于男性德行高尚者的肯定,女方的父家长因男子品德高尚而愿意把女儿或孙女嫁给他。

相反,人们会因为当事人的德行低劣而打消与之缔结婚姻的想法,有时甚至解除婚约。如《后汉书·列女传·许升妻》载:

---

① 《后汉书》卷八四《列女传》,第2781页。

"吴许升妻者,吕氏之女也,字荣。升少为博徒,不理操行……荣父积忿疾升,乃呼荣欲改嫁之。"许升的岳父因其不务正业和品行恶劣,让女儿离婚改嫁。如《三国志·蜀书·马超传》注解所引《典略》记载,建安十六年,马超造反不久就被曹操打败,惨遭灭门后,马超投奔汉中,张鲁给了他一个官位并"欲妻之以女",张鲁此意一出,就有人批评:"有人若此不爱其亲,焉能爱人?"鲁乃止。像马超这种不负责任、性格残忍,导致"阖门百口,一旦同命"的道德低下者,怎么能拿来作结婚对象呢?张鲁因此而打消把女儿嫁给马超的打算。

综合来看,婚姻观念的逐渐成熟,从侧面证明秦汉时期家庭规范逐渐成熟。客观地说,秦汉时期,父亲包办儿女的婚姻并不绝对化,应该是包办之中还存在"民主"。

二、在非政治婚姻中,父母不自专

在非包办的"民主"婚姻中,父亲的影响力相对小。相对于大量的政治性包办婚姻,秦汉时期非包办的民主婚姻不在少数,在这些婚姻缔结的过程中,当事人的权利得到较大的尊重,正如吕思勉认为的那样:"汉世之婚姻,尚颇重本人之意,非如后世专由父母主持者。"[1]

西汉中期以前,民主婚姻中的女性当事人就比较自主。平阳公主在择定再嫁对象之时,非常从容大方地与"左右侍御者"公开讨论,最后确定以家奴卫青为结婚对象。[2] 再如卓文君新

---

[1] 吕思勉:《秦汉史》,第424页。
[2] 《史记》卷四九《外戚世家》,第1983页。

寡,司马相如投其所好,"缪与令相重,而以琴心挑之","文君窃从户窥之,心悦而好之,恐不得当也。……文君夜亡奔相如",相如乃与驰归。① 平阳公主、卓文君均为再嫁之人,可以看出,她们在做出婚姻决定之时的随心随性,父母之命、媒妁之言的作用并不显在,有的乃是当事者的自主与心性。此时的男性,如前所述,在婚配选择中的自主性很强。如西汉时期黄霸在做阳夏游徼之时,听擅相人的朋友说,某妇人"当富贵,不然,相书不可用也"②,黄霸马上打听出此女并娶为妻。在此例当中,黄霸仅凭自己的迷信意志就决定这桩婚姻,父母的意志几乎不见。

即使到东汉三国时期,父母在缔结儿女的婚事之时,有时也会充分考虑儿女的感受。东汉时期应劭《风俗通义·佚文卷》记载了一个"两袒"的故事:齐地有一女子,被两个男子追求,其中东边的男子家庭富裕但相貌丑陋,西边的则是家里贫穷但长得好看,女子父母犹豫不决,就询问女儿决定嫁给谁,其女坦言:"欲东家食,西家宿。"这个回答虽然令人啼笑皆非,但从中我们可以看出,父母对于女儿意志的尊重,这也显示该女子在选择婚姻时的自主性,两家条件合一是她心底的愿望。这样荒唐的想法,作为女儿竟然能在父母面前大胆讲出来,本身就已经说明家庭的平等与互相尊重,尤其不存在后世所谓的令人窒息的父权、母权,如果存在像大山一样的父权母权压制,女子的天然本性是不会如此自然放肆地表露出来的。

还有女子点名要嫁给心仪男子者,父母兄弟也会充分考虑。

---

① 《史记》卷一一七《司马相如列传》,第 3000 页。
② 《汉书》卷八九《循吏列传·黄霸》,第 3635 页。"始,霸少为阳夏游徼,与善相人者共载出,见一妇人,相者言:'此妇人当富贵,不然,相书不可用也。'霸推问之,乃其乡里巫家女也。霸即取为妻,与之终身。"

如东汉时期,光武帝姐姐湖阳公主新寡,点名要嫁给宋弘,主曰:"宋公威容德器,群臣莫及。"帝曰:"方且图之。"①只是后来宋弘委婉反对,这桩婚姻才未成功。还有孟光点名要嫁给名士梁鸿,她"容貌丑而有节操,多求者,女不肯往,至年三十无嫁处",孟光虽然貌丑,但有节操,坚持自己的求偶标准,直到三十岁还未嫁出去,父母能把女儿留到如此"高龄",足见其对女儿的尊重和毫无强迫。在她"高龄"的时候,父母着急问她到底想找什么样子的夫君,她说:"得贤如梁伯鸾者可矣。"②结果竟遂其所愿。这些事例当中,父母兄弟在决定儿女、姊妹的婚事之时,会充分尊重其感受。

有些强势男子在婚姻事务中表现出的自主意志非常明显。如"及呼韩邪死,其前阏氏子代立,欲妻之,昭君上书求归,成帝敕令从胡俗,遂复为后单于阏氏焉"③。新任单于可谓强势,他"欲妻昭君"是完全自主的愿望。再如孙坚欲娶吴氏女子(即后来孙策、孙权之母)为妻,吴氏家族亲戚"嫌坚轻狡,将拒焉",面对孙坚的强势,吴氏女为了家族的生存不得不答应了。又如张飞娶妻,"初,建安五年,时霸从妹年十三四,在本郡,出行樵采,为张飞所得。飞知其良家女,遂以为妻,产息女,为刘禅皇后"④。此时的张飞也是强势之人,面对弱女子时展示了充分自主的婚姻愿望。

一般而言,强势男子除了个性强硬之外,自身条件也常常较

---

① 《后汉书》卷二六《宋弘列传》,第905页。
② (东晋)袁宏撰,张烈点校:《后汉纪》上卷第十一《孝章皇帝纪·(建初)五年》,北京:中华书局,2005年,第217页。
③ 《后汉书》卷八九《南匈奴列传》,第2941页。
④ 《三国志》卷九《魏书·夏侯渊传》注解引《魏略》记载,第273页。

为优越,或身份地位高贵,往往是帝王将相,或者在家庭当中是能力最高者。但条件优越并不一定代表有决定权,这是因为,有些男子虽然身份高贵,但其母若健在,而且个性强硬,其在婚姻问题上就不得不听命于母亲,如汉惠帝在母亲的决定下不得不娶亲外甥女,"四年冬十月壬寅,立皇后张氏"①。如齐厉王次昌的母亲纪太后,令齐厉王"取其弟纪氏女为王后"②,如吴主孙权的谢夫人,乃是"权母吴,为权聘以为妃"③。有些男子,母亲在世但性格软弱,如果他本人属于个性强硬或自身条件优越者,他往往就能按其个人的意愿行事。面对强势男子的求婚,女子的话语权一般比较弱或没有,即使有也是考虑家族命运者居多,自身的幸福与否则交给不知如何的命数决定。吴氏在迫不得已嫁给孙策的时候说:"如有不遇,命也。"④吕荣在拒绝父亲要求自己与德行不好的丈夫许升离婚时,说:"命之所遭,义无离贰。"⑤上引事例中的女子之言当属弱势女子无奈的表白。

三、在婚姻解除时,儿女意志为主

婚姻解除过程中,父亲一般可以做主,如果儿女强烈反对,父亲也往往会让步,屈从于儿女的意志。"可怜天下父母心",疼爱儿女的父亲一般都考虑儿女的想法和意愿,即使是解除婚姻等类似的大事,也尊重儿女的意见。

---

① 《汉书》卷二《惠帝纪》,第90页。
② 《汉书》卷三八《高五王列传·齐悼惠王肥》,第1999页。
③ 《三国志》卷五〇《吴书·妃嫔传·吴主权谢夫人》,第1196页。
④ 《三国志》卷五〇《吴书·妃嫔传·吴主权谢夫人》,第1195页。
⑤ 《后汉书》卷八四《列女传》,第2795页。

史料显示,西汉时期,在婚姻问题上父亲屈从于儿女的事例很多。如《汉书·外戚列传下》记载,汉平帝皇后王氏是王莽之女,在汉平帝死后,王莽"欲嫁之……后大怒,笞鞭其傍侍御。因发病,不肯起,莽遂不复强也"。面对父亲的再嫁要求,平帝皇后用"怒"和"病"来表达抗议,王莽只好随了她。如东汉少帝死后,妃子唐姬"归乡里。父会稽太守瑁欲嫁之,姬誓不许"①,唐姬面对父亲的再嫁要求,"誓不许",最后父亲听从了女儿的意愿。如吕荣的父亲看到女婿许升不务正业、女儿受苦受累,父亲生气,"乃呼荣欲改嫁之",结果吕荣"终不肯归"。从"升感激自厉,乃寻师远学,遂以成名"的史实来看,荣父尊重了女儿的选择。吕荣在这桩婚姻当中辛苦备尝,劝丈夫许升戒博瘾,理操行,又劝他修学,时时流涕进规,同时"躬勤家业,以奉养其姑"。可见,苦则苦矣,但是作为婚姻当事人,吕荣的主观能动性却时时体现,而非包办婚姻状态之下的毫无话语权,即使老父亲要求女儿改嫁,但最后吕荣的意志战胜父亲的意志,她与许升的婚姻才得以继续。

综上所述,秦汉时期儿女自身的权利会得到父亲的尊重,这主要是因为秦汉时期包办婚姻与非包办婚姻同时存在,即使包办婚姻也不单一,与后世的完全包办婚姻有天壤之别。有人以后世观念逆推秦汉时期的婚姻状况,认为无论是结婚还是离婚都被看作是家庭间的法律行为,婚姻当事人的意志根本不予考虑,完全是家长的意志和家族利益在起作用。②将如此说法置

---

① 《后汉书》卷一〇下《灵思何皇后帝纪》,第451页。
② 李桂梅:《中国传统家庭伦理文化的特点》,《湖湘论坛》2002年第2期。

于秦汉时期是不客观的,是以偏概全的。还有人认为,家长包办婚姻是汉代婚姻关系的主流,无论子女婚姻的缔结或解除往往由父母作主。① 这种说法也值得商榷,虽然秦汉时期存在父权占优势的包办婚姻,但不能否认,在婚姻的缔结与解除当中,儿女的话语权依然不可忽视。与其说家长包办婚姻是汉代婚姻关系的主流,毋宁说家长包办婚姻与儿女自主婚姻同时存在。

第三节　母亲在儿女婚姻事务中的权力

在"孝"和"长幼有序"等礼教观念的影响下,两汉时代的母亲在家庭事务、儿女婚姻等方面都拥有较大权力,出现可名之为"母权"的现象。② 尤其在父亲不在或去世的情况下,母亲便成为儿女婚姻缔结的主要决策者。

一、有些母亲可以包办儿女的婚姻

一般认为,自从人类社会进入父权时代以后,父亲在家庭事务中占主导地位,母亲处于次要或服从的地位。因此,夫妻之间男性天生的优越感在儿女婚姻等家庭事务中就得到充分的体现。不过,在父亲去世的情况下,母亲对于儿女婚姻等相关的人

---

① 贾丽英:《论汉代妇女的家庭地位》,《四川大学学报(哲学社会科学版)》2001 年第 6 期。

② 孙普阳:《汉代妇女的法律地位探究》,郑州大学硕士学位论文,2004 年,第 27 页。

生大事是有话语权的。

战国时期的母亲可以为儿女主婚或解除婚姻。据《韩诗外传》载，孟子向母亲报告说："妇无礼，请去之。"孟母经过了一番分析之后，说："乃汝无礼也，非妇无礼。"①母亲的睿智使得儿子折服，"于是孟子自责，不敢出妇"，母亲以理服人，丝毫不以"我是母亲"的身份强硬压抑儿子。

两汉时代，母亲在儿女婚姻事务中的态度不容忽视，尤其在父亲去世之后，母亲有时甚至起到决定性的作用。这种决定性的作用，在上层社会显得尤为突出，尤其是在皇室"包办"婚姻中，母亲的意志往往也可以成为婚姻成立或撤销的主要因素。

西汉太后以"重亲"为目的决定儿女的配偶人选，甚至干涉儿子的后宫之私，其权力不可谓不大。如西汉惠帝时，帝之娶张嫣，便由吕后一手操办，同时诸多吕姓女子婚配于刘姓皇子基本也是由吕后决定的。如傅太后，"欲重亲，取以配王。王人为汉太子，傅氏女为妃"②。如齐国纪太后干预儿子后宫人选，她一边直接拒绝主父偃和徐甲"纳女后宫"的要求，一边张罗"取其弟纪氏女为王后"，紧接着"欲其家重宠，令其长女纪翁主入王宫，正其后宫，无令得近王，欲令爱纪氏女"③，跋扈至极。同样，东汉甚至三国时期，诸多皇帝的婚姻大事一般都由皇太后参与主持，如东汉桓帝与梁莹之婚姻就由梁太后指婚而成。上述事例说明，在上层社会，尤其在皇室之中，因为利益牵扯巨大，站在权力顶端的母亲在儿女婚姻中的话语权还比较大。

---

① 许维通：《韩诗外传集释》，第167页。
② 《汉书》卷九七下《外戚列传》，第4004页。
③ 《汉书》卷三八《高五王列传》，第1999页。

不过,在秦和西汉时期,母亲干预或影响夫妻关系之解除的记载非常少,仅有的几件休妻弃夫事例,也直接发生于夫妻之间,几乎不见父亲或母亲的踪影,这应该与当时的小家庭占社会多数有关。

东汉时,随着儒家伦理孝道的提倡,母亲的意志似乎有些膨胀。在单亲家庭里,有些母亲性格强势,她们往往决定儿女婚姻的走势。如"汉末建安中,庐江府小吏焦仲卿妻刘氏,为仲卿母所遣。自誓不嫁,其家逼之,乃投水而死"。[1] 仲卿母是早年守寡的强硬女性,把儿女从小养到大,常年辛苦劳累,仲卿兄妹很依赖这个母亲,儿女的个性在面对母亲之时比较软弱,在母亲的强硬要求之下,儿子不得不违背意愿而与妻子离婚。这在东汉还仅仅是个例,不具有普遍性。

在家庭伦理关系中,一般来说,贵贱、嫡庶等级最为重要,长幼、辈分等级次之,最后才是性别等级,长幼人伦之序要高于男女两性之别。母亲在人伦之序中地位高于儿子,[2]但处理家庭事务时要看具体情况,儿子有时强势于母亲。

当然,父亲在世,儿女的主婚权还是把持在父亲手中。父母同在者,婚姻决定权一般父亲优于母亲,存在争议的时候,一般由父亲决定。

如西汉时期,在吕公把女儿许嫁给刘邦之后,"吕媪怒",但也无可奈何,因为吕公认为"此非女子所知也"[3],最后还是把女

---

[1] 逯钦立:《先秦汉魏南北朝诗·汉诗卷十》,北京:中华书局,1983年,第247页。

[2] 高世瑜:《中国古代妇女家庭地位刍议——从考察"三从"之道切入》,《妇女研究论丛》1996年第3期。

[3] 《史记》卷八《高祖本纪》,第345页。

儿嫁给刘邦。又如在许广汉答应把女儿嫁给刘病已之后，其妻表达不满，"妪闻之，怒"，但许广汉竟然一点解释都没有，直接采取行动，"重令为介，遂与曾孙（刘病己）"①。在吕公和许广汉的坚持当中我们看到，男性在夫妻关系中具有天生的优越感。因为，从上述例子可以看出存在两种情况：一个认为这件事不是女子能够了解和处理得了的，所以，妻子的意见也就不成为意见；另一个直接视妻子如无物，以率性的行动表达自己的坚持。

另如三国时期的陶谦、吕范婚姻当中，也见到两位感到优越的主婚之人——甘公和邑人刘氏。他们坚持自己的意见，忽视妻子的愤怒和不甘，淋漓尽致地体现了夫妻之间男性的优越感。所以，男权社会的男权最主要体现为夫权，男女之间的尊卑、主从关系也主要地体现在夫妻关系中。② 因为夫妻之间亲密接触，彼此经常性地互为参照物，因此权力对比也最为明显。

二、有些强势的兄弟可以包办姊妹的婚姻

除了上述父母包办儿女婚姻的情况外，还有一种情况不容忽视——在父亲去世，兄弟相对强势的时候，姊妹的婚姻一般由其兄弟来决定，当事女性一般也没什么话语权，母亲的作用相对较小。如《汉书·石奋列传》记载，石奋在与汉高祖话家常时说："家贫，有姊，能鼓瑟。"高祖马上说："若能从我乎？"结果是石奋的姐姐成了汉高祖的美人之一，"于是高祖召其姊为美人"。在

---

① 《汉书》卷九七上《外戚列传》，第3965页。
② 高世瑜：《中国古代妇女家庭地位刍议——从考察"三从"之道切入》，《妇女研究论丛》1996年第3期。

此例当中,应该是弟弟石奋的交际强于母亲和姐姐本人,所以能决定姐姐的婚姻。又如《汉书·甘延寿列传》载:"初,中书令石显尝欲以姊妻延寿,(甘)延寿不取。"石显身为高官,在其欣赏的人群之中为其姐姐决定婚姻的人选,此次虽不成功,但兄弟的作用却很明显。孙权以妹妻先主(刘备)①,孙坚以妹妻徐真②,麋竺进妹于先主③以及先主"纳壹妹为夫人"④等政治联姻,说明汉代社会的一些家庭当中,的确存在"长兄如父"的情况。再来看刘兰芝回到娘家后所受到的压力主要来自其兄而非其母⑤,也就不足为怪。

除兄弟包办姊妹的婚姻事务外,还存在一些特殊情况,如姐姐包办弟弟的婚事。西汉昭帝在年幼之时由姐姐做主娶上官桀的女儿做皇后。如《后汉书·方术列传》记载,"谢夷吾"传下所引《谢承书》曰:"县人女子张雨,早丧父母,年五十,不肯嫁,留养孤弟二人,教其学问,各得通经。雨皆为娉娶,皆成善士。"为了两个弟弟的成长、婚配等,女子张雨宁可自己不嫁人,在父母双亡的情况下代行父母的职责。上述情况在秦汉时期应该是属于个例。

有时堂兄包办堂妹的婚事。不过,兄弟包办姊妹的婚姻多出现于东汉以降,因为随着儒家的孝道伦理和家族意识发展、增强,家族成员也不断扩大,家族利益的一致性使得家族成员的联

---

① 《三国志》卷三七《蜀书·法正传》,第960页。
② 《三国志》卷五〇《吴书·妃嫔传·权徐夫人》,第1197页。
③ 《三国志》卷三八《蜀书·麋竺传》,第969页。
④ 《三国志》卷四五《蜀书·杨戏传》,第1083页。
⑤ 廖群:《〈先令券书〉与〈孔雀东南飞〉悲剧释疑——兼论中国古代妇女的"夫死从子"问题》,《中国文化研究》2006年夏之卷。

系日渐紧密,由堂兄、族兄来决定堂姐妹或族姐妹的婚姻才成为可能。如《后汉书·明德马皇后帝纪》记载,明德马皇后的父亲马援死后,马氏一族因为梁氏、窦氏的谗言而失势,被权贵欺侮,马后的堂兄马严"不胜忧愤,白太夫人绝窦氏婚,求进女掖庭"①,他的行为对明德马皇后的进宫起决定作用,其意志得到马氏一族的支持。如《三国志·魏书·任峻传》载,"太祖大悦,表峻为骑都尉,妻以从妹,甚见亲信"。任峻因表现出众,获得曹操的信任,曹操就把从妹嫁给他,此为从兄决定从妹的婚姻。上述例子中,或因家族利益所在,或因上位者权力所系,这些女子对于婚姻的选择只能默认和听从,没什么话语权。

兄弟对于姊妹的婚姻包办,类似于父亲对于儿女婚姻的包办,其特征如出一辙。这时一般不讨论母亲存在与否。因为,地位权力都相对优越的儿子,比之母亲,他在社会交往当中的"出镜率"必然要盖过没什么政治地位的母亲,对于缔结婚姻这种社会交际行为,一般由地位、权力都相对优越的男性,即身为兄弟者来出面完成。在姊妹的婚姻缔结或解除过程中,一般来说,个性或地位强势的兄弟,其作用要强于母亲;在人伦之序中占据优势的母亲有时显得比较弱势。同时,在堂兄弟、族兄弟包办堂姐妹们的婚姻过程中,这些女子的母亲也没什么话语权,这似乎透露了东汉以降家族利益一致性的强度,已经使得血缘较远的家族成员得到类似于家庭成员的合理身份,只有在这样的前提之下堂兄弟、族兄弟参与进来才有可能。正如王玉波所说:"在家族主义价值观和大家族家庭制度下,家庭的兴旺发达,主要依靠以父子兄弟为核心的家族力量的凝聚和壮大,所以兄弟团结极

---

① 《后汉书》卷一〇上《明德马皇后帝纪》,第408页。

为重要。"①

综上所述,包办婚姻一般发生于社会上层;在包办婚姻中的决定权方面,一般而言,父亲高于母亲,母亲高于女儿,兄弟有时高于母亲,兄长更高于弟妹。这种长幼有序、层次分明的权力是父权的充分体现。在家长制、等级制的层层包围下,被包办的儿女或姐妹的婚姻失去本身应包含的美好爱情、幸福生活等方面的意义,变成单纯的遵从"父母之命"。不过,秦汉时期的妇女更多的是两个家庭或家族利益嫁接的媒介,而非如后世所说理所当然被当作传宗接代的工具,这一点恐怕是秦汉时期的包办婚姻与后世包办婚姻的主要区别所在。

第四节 父母对儿女的教育之权

所谓"家庭教育",有人认为:"秦汉时期,不仅父母教育子女,而且夫妻之间的期待和勉励,兄弟姐妹之间的表率和示范,晚辈对长辈的规谏和交流等等都是家庭教育。"②该定义比较客观公允,而且重视家庭教育的精神层面。在上述定义的基础上,家庭教育的内容还包括精神层面的品德教育、物质层面的学业技能教育,甚至还包括对于子女们必要的惩戒。

---

① 王玉波:《中国古代的家》,第125页。
② 范喜茹:《两汉家庭教育研究》,河北大学硕士学位论文,2006年,第5页。

一、扑责打骂尚未成为宣示父权的专利

中国人的家庭教育，传统观点说"棍棒之下出孝子"，但考诸史实，秦汉时期的史料关于父亲扑责打骂儿女的记载很少。

前四史表示扑责的词汇有"笞""杖"等。

前四史中"笞"字出现 180 次记录，均出于西汉时期，它纯粹用于法律制裁，笞责对象有奴婢仆人，有犯小错的下属和普通百姓，亦有犯重罪者，如对所谓的谋反罪者，"杀斩吕禄，笞杀吕嬃"①。父子、夫妻之间偶尔所用之笞，乃是发泄怒气的方式。虽说《史记·律书》云"故教笞不可废于家，刑罚不可捐于国"。但考诸史实，西汉时期父亲笞打儿子的例子只有 3 例，如曹窋应汉惠帝的要求回家向父亲曹参进谏时，"参怒而笞之二百"②。如衡山王刘赐"疑太子使人伤之（王后假母），笞太子"③。张汤小时候，"鼠盗肉，父怒，笞汤"④。

丈夫笞打妻子的只有 3 例，如东平思王刘宇"斥胸臑为家人子，埽除永巷，数笞击之"⑤；河间献王德的儿子刘元"坐与妻若共乘朱轮车，怒若，又笞击，令自髡"⑥。广川惠王越的儿子刘去的妃子"爱恐，自投井。出之未死，笞问爱，自诬与医奸"⑦。总体来讲，秦汉时期，在家庭内部使用笞打责罚的方式不会太多，

---

① 《汉书》卷三《高后帝纪》，第 103 页。
② 《汉书》卷三九《曹参列传》，第 2020 页。
③ 《汉书》卷四四《衡山王赐列传》，第 2153 页。
④ 《汉书》卷五九《张汤列传》，第 2637 页。
⑤ 《汉书》卷八〇《东平思王刘宇列传》，第 3323 页。
⑥ 《汉书》卷五三《景十三王列传》，第 2412 页。
⑦ 《汉书》卷五三《景十三王列传》，第 2430 页。

笞刑多用于犯了错误的奴婢仆人和吏民百姓,这应该是汉承秦制的遗存。

"杖"字在前四史中共出现308次记录,其中名词分别有"授几杖""衰杖""法杖""鼓杖"等词汇,动词分别有"拿着""倚仗""用杖击打"等意义。西汉时期以养老居多,故"授几杖"多见;其实"鼓杖"也有用杖击打的意思,不过其打击对象是鼓而非人。"衰杖"则是在丧事上孝子们手里拿的木棍,以示孝子们极度悲哀之意。东汉三国时期"法杖"之用途增多,这是要注意的。东汉以降,用杖击打下属者渐渐增多,对于属下办事不力者动辄杖责,史书所记的"法杖"多用于此。

前四史中亲生父亲"杖"责儿子的记载很少,仅三条,如西汉时期陈万年因为儿子陈咸不听话而举杖打他,"万年大怒,欲杖之"①,西汉时期父亲用杖击打儿子仅此一例。如东汉薛包的父亲娶后妻之后憎恶儿子,令其分家出去住,"包日夜号泣,不能去,至被欧杖"②,薛包不愿意分家,日夜号泣着不离开,父亲发怒用杖打他。再如崔烈买官之后因为儿子评价其行为是铜臭而恼羞成怒,"举杖击之"。东汉时期用杖击打儿子的记录只有这两次。

作为收养者的诸父,杖责养子的记载几乎没有,相反他们会对于自己的教育失败进行忏悔。如"后崇卒,恭养孤幼,教诲学问,有不如法,辄反用杖自棰,以感悟之,儿惭而改过"③。叔父淳于恭在教育不听话的侄子之时,不但没杖责孤儿,反而用杖捶

---

① 《汉书》卷六六《陈万年子咸列传》,第2900页。
② 《后汉书》卷三九《刘平列传·序》,第1294页。
③ 《后汉书》卷三九《淳于恭列传》,第1301页。

打自己,并诉说自己教育失职。这种行为感动了孤儿,令其因羞愧而改过自新。

总体来讲,秦汉时期儿子们在家庭之中的地位下降,跟男性在君主面前地位的下降相比,缓慢得多,所以在家里父亲杖打儿子、丈夫杖打妻子的情况比较少,与其他的击打情况对比,尤其是与宣示皇权优势的击打情况相对比,那是非常少的。

相反,两汉时期尤其是东汉时期的臣子们,在官僚体系中的社会地位迅速衰落,被笞责杖打现象越来越多。

皇帝与官员对于臣子和下属的约束越来越严厉,这似乎是君主集权的客观需要。如汉明帝性格偏执多疑,喜好用特务人员来监视臣子的作为,公卿大臣总会被诋毁,"帝性褊察,好以耳目隐发为明,故公卿大臣数被诋毁,近臣尚书以下至见提拽。尝以事怒郎药崧,以杖撞之"①。在皇帝身边服侍的近臣常被提拽衣服领子,药崧一次不小心,皇帝大怒,竟然亲自拿着大棍子击打他。在这样的皇帝手下,"朝廷莫不悚栗,争为严切,以避诛责"②。皇帝如此对待臣子,大臣们均人人自危,无不小心谨慎,战战兢兢,争相严格自律,似乎已经没有作为臣子的独立人格,可见东汉之初的臣子地位就已经很低。"其后魏武犹加杖掾属,文帝时亦于殿前杖人"③,如"太祖性严,掾属公事,往往加杖"④,"往往"一词精密传神地描述曹操对于下属加杖的频繁与严厉。

上级对待下级越来越严厉,动辄加杖。如三国杨阜因"上疏欲省宫人诸不见幸者","乃召御府吏问后宫人数"。御府吏不是

---

① 《后汉书》卷四一《钟离意列传》,第1409页。
② 《后汉书》卷四一《钟离意列传》,第1409页。
③ 吕思勉:《秦汉史》,第637页。
④ 《三国志》卷一二《魏书·何夔传》,第379页。

杨阜的直接下属,尽忠职守地按照旧令回答说"禁密,不得宣露",不想却惹得杨阜大怒,"杖吏一百",还很理所当然地说:"国家不与九卿为密,反与小吏为密乎?"①我是九卿你是小吏,要为国家保密,有我九卿在还能轮得到你个小吏吗?从杨阜的大怒与理所当然的态度来看,此时的小吏之地位似乎很低,他们要随时为上司服务,不能有所抵触。又如弘农太守刘类,"吏二百余人……过无轻重,辄捽其头,又乱杖挞之,牵出复入,如是数四"②。刘类对待下属像对待罪犯一样,"乱杖挞之""捽其头""牵出复入",其属吏毫无尊严可言。从上述诸多例子来看,上司击打属下的行为到东汉三国时期似乎已经普遍。从上级杖责属下的多发与普遍看,似乎两汉时期皇帝和官员对于臣子与下属的要求要远远严厉于父亲对于儿子的要求。

在皇权与政权的高压之下,臣子与下属必然会约束自身的主观能动性和独立人格,有渐渐地向附庸属性发展的趋势。从心理惯性的角度来讲,习惯于击打下属的人似乎在教育其儿女之时的扑责也不在少数。不过,由于秦汉时期实行五日一休沐的工作制度,作为官吏的父亲们很少见到儿女的面,相反倒是与下属们朝夕相对,所以,秦汉时期很少见到父亲责打儿女的事例就不奇怪了。

从皇帝或高官们责打下属来看,扑责宣示了皇权和政权的优越性,使得臣子和属吏们不得不臣服于强权之下。这些男性同时作为父亲,对于儿女辈却很少扑责,一是无时间和机会打,

---

① 《三国志》卷二五《魏书·杨阜传》,第706页。
② 《三国志》卷一五《魏书·梁习传》,裴松之注引《魏略·苛吏传》,第471页。

二是出于父子天性,对其儿女们爱护有加,无正当理由舍不得打。所以,在秦汉时期,与其说扑责是父亲们的专利,不如说它是在君主集权的制度之下宣示皇权的专利。

二、父子互相影响对方的为人处世

在汉代的家庭教育中,父母已经开始重视对子女道德品行的教育。同时,儿女辈如果有想法也可以直言劝谏,进而影响父母的为人处世。长久下来,形成了习惯,就是我们所谓的家风。

从历史的角度来说,"家风"或"门风"是家庭成员在长时间的共同生活中逐渐形成的较为稳定的生活模式,在日常生活中形成良好的"家风"或"门风"是家长的共同心愿。如果子孙生活在良好的"家风"或"门风"的环境中,时时刻刻受到熏陶,就能对子孙的道德品质、人格养成起到潜移默化的作用。[①]

(一)长辈的品德影响儿女

家庭教育中,父母并不是单纯对子女进行说教,或者只是为子女选择好的老师;家长的道德品行也在家庭教育中起着重要的表率作用。颜之推把这种表率作用称为"风化":"夫风化者,自上而行于下者也,自先而施于后者也。"[②]家长的言传身教,自然而然地就会影响子女的为人,"是以父不慈则子不孝,兄不友则弟不恭,夫不义则妇不顺矣。父慈而子逆,兄友而弟傲,夫义

[①] 范喜茹:《两汉家庭教育研究》,河北大学硕士学位论文,2006年,第23页。

[②] 王利器:《颜氏家训集解》卷一《治家》,第40页。

而妇陵,则天之凶民,乃刑戮之所摄,非训导之所移也"①。

秦汉时期,家长的品德在家庭教育中的作用主要体现如下:

第一,父母要求子孙"近有德"、尚节俭,注意心灵美的陶冶。高祖刘邦临终写《手敕太子》,反省自己年轻时认为读书无益的错误,告诫太子刘盈要勤奋学习,"每上疏宜自书,勿使人也";对开国元勋"萧、曹、张、陈诸公侯"要以礼相待,并让太子"语于汝诸弟";汉武帝封齐怀王闳、燕王旦、广陵王胥时分别赐策给他们,以各国的风俗告诫他们要保国爱民,"世为汉藩辅"。

东汉郑玄在以书信的形式教戒儿子郑益恩之时,要求他"勖求君子之道,研钻勿替,敬慎威仪,以近有德……勤力务时,无恤饥寒。菲饮食,薄衣服,节夫二者,尚令寡恨"②。郑玄要求儿子把"求君子之道"作为首务,劝他要生活节俭,努力勤奋。

蔡邕作《女诫》篇教育女儿:"夫面之不饰,愚者谓之丑;心之不修,贤者谓之恶。愚者谓之丑,犹可;贤者谓之恶,将何容焉?故览照拭面,则思其心之洁也;傅脂,则思其心之和也;加粉,则思其心之鲜也;泽发,则思其心之顺也;用栉,则思其心之理也;立髻,则思其心之正也;摄鬓,则思其心之整也。"③蔡邕要求女儿蔡文姬要做到仪容美和内心美的和谐统一,要求女儿在日常梳理打扮时重视对心灵道德的修饰,要把美化容貌与道德修养联系在一起,以达到身心俱美之目的。

钟会母张氏在教育儿子时,也说不要只考虑满足自己的需要,那样必然招致失败,"人情不能不自足,则损在其中矣。勉思

---

① 王利器:《颜氏家训集解》卷一《治家》,第40页。
② 《后汉书》卷三五《郑玄列传》,第1210页。
③ (清)严可均辑,马志伟审定:《全上古三代秦汉三国六朝文·全后汉文·蔡邕传》,北京:商务印书馆,1999年,第878页。

其戒"①。

第二,父母希望儿女行为谨慎,戒骄戒躁。《汉书·景十三王列传》记载,鲁恭王刘建与妹妹徵臣淫乱,母亲听说这件事,一面写信不要女儿回来,"国中口语籍籍,慎无复至江都",要求其注意在舆论当中的形象问题;一面命令刘建的谒者劝说刘建:"今当自谨,独不闻燕齐事乎?言吾为而王泣也。"燕齐太子因为与姊妹淫乱而招致灭国,母亲在此警示儿子注意后果。《全汉文·刘向·诫子歆书》记载,刘歆少年得志,其父刘向告诫他力戒骄奢,"骄奢则祸至";应恭谨从,"敬事则必有善功而福至"。

第三,父母的言行均坚持道德准则。据《后汉书·张湛列传》载,东汉人张湛"矜严好礼,动止有则",既这样严于律己,又这样要求妻子儿女,即使对待乡党,也是"详言正色",张湛的行为动止都讲究准则——好礼,被周边地区的士大夫们奉为行为楷模,"三辅以为仪表"。

又如《三国志·魏书·辛毗传》注解引《世语》记载,辛毗的女儿宪英智慧超群,她曾预言钟会有朝一日必然祸乱国家,不过,乱未发之前,钟会竟然要求宪英的儿子羊琇为其参军,宪英慨叹:"今日难至吾家,此国之大事,必不得止也。"正所谓怕什么来什么,没想到大难将降临我家,你做参军是国家大事,肯定不能推辞啊!没办法,就教育儿子说:"行矣,戒之。古之君子,入则致孝于亲,出则致节于国,在职思其所司,在义思其所立,不遗父母忧患而已。军旅之间,可以济者,其惟仁恕乎!汝其慎之!"羊琇,你还是去吧,不过要谨记:古之君子讲究忠、孝、尽职、思

---

① (清)严可均辑,马志伟审定:《全上古三代秦汉三国六朝文·全三国文·钟会·母夫人张氏传》,第957页。

义,不做令父母担忧的事情,你这次出门打仗,可以避免灾祸的办法只有仁恕一途啊!你要小心谨慎啊。结果,钟会真的叛乱了,就在这次国难当中,羊琇竟然凭借母亲的劝诫而得以保身全义。

上述事例中父亲和母亲,他们的出发点都是为了儿女好,所以动用所有的智慧和心力,或谆谆告诫,或身体力行,在精神上给予儿女们极大的支持,教育儿女们坚持"好礼""忠""义"等道德准则,认为是他们在人际交往当中无往不胜的法宝。

对这些原则的坚持,最明显的是有些母亲自觉地教育儿子保持忠义之心。如《汉书·王陵列传》记载,王陵与刘邦是旧交,"高祖微时兄事陵",在秦末群雄逐鹿时,二人各自起兵,"及汉王之还击项籍,陵乃以兵属汉"。王陵归顺刘邦,使得刘邦力量渐强,项羽想要胁迫王陵背叛刘邦,于是逮捕王陵的老母亲,"欲以招陵",但王陵的母亲悄悄对汉军使者说:"愿为老妾语陵,善事汉王。汉王长者,毋以老妾故持二心。妾以死送使者。"[①]老母嘱咐王陵"毋以老妾故持二心",要忠心侍奉汉高祖,以死明志,坚定王陵对于刘邦的忠心。

《后汉书·独行列传》记载,赵苞的母亲被叛贼劫持,母亲遥谓曰:"威豪,人各有命,何得相顾,以亏忠义!昔王陵母对汉使伏剑,以固其志,尔其勉之。"我愿意学习王陵母亲劝子忠心的行为,不要顾及我的死活,而"以亏忠义"!赵苞因此马上发兵剿灭匪患,但母亲妻子也同时被害,他在面对危难之时,忠孝难以两全,听到母亲的一番劝诫之后舍母妻而成忠义。

再如《后汉书·范滂列传》记载,建宁二年,汉灵帝大诛党

---

① 《汉书》卷四〇《王陵列传》,第2046页。

人,范滂属于被通缉之人,他不愿意因自己而连累亲人朋友,认为"滂死则祸塞",所以自愿就死。当他与母亲诀别之时不免心生悲戚,但母亲劝以大义,说:"汝今得与李、杜齐名,死亦何恨! 既有令名,复求寿考,可兼得乎?"与李膺、杜密齐名,乃是忠诚、耿介的好名声,母亲深深为范滂这个有忠义之名的儿子而自豪,虽见其死,死亦何恨! 上述母亲的英勇慷慨之举,对于坚定儿子们的忠义之心起着决定性的影响。

(二)晚辈的品德影响父母

与父母重视儿女品行教育相映生辉的是,儿女也可以用自己良好的品行来感化或影响父母。据《汉书·陈万年列传》载,儿子陈咸"抗直,数言事,刺讥近臣",父亲陈万年却是善谄之人,他觉得儿子这么做有问题,就"召咸教戒于床下",儿子默默听着,虽不反驳,但"语至夜半,咸睡,头触屏风",父亲火冒三丈,儿子道歉说:"具晓所言,大要教咸谄也。"万年乃不复言。儿子亢直、父亲善谄,做人的价值观念、标准和做事方式均不同,可谓父子"道不同",父亲知道劝说不了,也就不复言。

《后汉书·列女传·乐羊子妻》记载,一次有别人家的鸡跑到自己家的院子里,婆婆据为己有,"盗杀而食之",乐羊子妻在饭桌上"对鸡不餐而泣",一边哭一边说:"自伤居贫,使食有它肉。"都怨我不能干,让家里这么穷,如果不是这样,就不会让餐桌上出现别人家的鸡了。婆婆听了惭愧,"竟弃之",最后把鸡肉都扔了。乐羊子妻认为"拾遗求利,以污其行",她不但规劝丈夫向善求学,其高尚的品德也影响婆婆的行为。

《三国志·吴书·全琮传》记载,父亲全柔"尝使琮赍米数千斛到吴,有所市易",儿子全琮并未听从父命,而是"皆散用,空船而还",父亲大怒,儿子赶紧解释说:"愚以所市非急,而士大夫方有倒悬之患,故便振赡,不及启报。"咱们要买的东西不着急,但如今连士大夫们都没有米吃,饿得要死了,救人性命乃是头等大事,所以就把米都救济给缺米的人们了。急人之难,乃是大义之举,这深深打动了父亲,"柔更以奇之",对于儿子的所作所为不但不再生气,反而认为儿子很有出息。

晚辈对长辈的规谏和交流等也属于家庭教育的范畴。如《韩诗外传》记载,"冠子不言,发子不答,听其微谏,无令忧之,此为人父之道也"。其实从史料所载可以看出,古代以儒家为代表的思想家们,对晚辈规劝长辈的行为是赞成的。如《孔子家语·三恕第九》记载孔子言论:"故子从父命,奚讵为孝?臣从君命,奚讵为贞?夫能审其所从,之谓孝,之谓贞矣。"国有诤臣,父有争诤子,士有诤友,都是保证上位之人少犯错误的根本,对于君、父的命令不能糊里糊涂地一味顺从,要"审其所从",才是真正的孝顺与忠义。《孝经》曰:"士有诤友,则身不离于令名;父有诤子,则身不陷于不义。"《白虎通义·三军》更添加一条:"妻得谏夫者,夫妇荣耻共之。"只有充分保留自我,才能有意识地去谏诤他人,这也是我们认为秦汉时期的父权尚未绝对化的原因之一。

秦汉时期的文献中关于儿女劝谏父母的事例也不少,主要集中在东汉三国时期。如《后汉书·杨厚列传》记载:"厚母初与前妻子博不相安,厚年九岁,思令和亲,乃托疾不言不食。母知其旨,惧然改意,恩养加笃。博后至光禄大夫。"儿子杨厚对于母亲不能善待异母兄杨博的举动不以为然,"思令和亲,乃托疾不言不食",用绝食的方式抗议,母亲害怕失去亲生儿子,"惧然改意,恩养加笃",一改以前的态度,开始真心实意地善待杨博。

又如《三国志·吴书·陈武传》载,异母哥哥陈修死后,陈表母开始张扬,不肯与修母和平共处,面对母亲的这种举动,陈表劝说道:"兄不幸早亡,表统家事,当奉嫡母。"我是家主,就要维护家内的和平秩序,所以"当奉嫡母";"母若能为表屈情,承顺嫡母者,是至愿也;若母不能,直当出别居耳。"您要能为了我承顺嫡母,那是我最大的心愿,您要不能承顺嫡母,那就搬出去住吧。儿子的恩威并施、语重心长,使得两位母亲都深受感动,从此一改以前的行为而和睦相处了。以上事例说明,儿子们为求得安静平和的家庭环境,他们愿意用自己的要求和言行去感化母亲,使得她们用自己的善行去对待其他的家庭成员,结果母亲们都感于儿子的大义,而改变了以前自私的行径。

还有女儿劝谏父母长辈少犯错误的情况。如《三国志·魏书·后妃传》载,"文昭甄皇后,三岁失父。后天下兵乱,加以饥馑,百姓皆卖金银珠玉宝物,时后家大有储谷,颇以买之",刚刚十余岁的甄氏劝说母亲:"今世乱而多买宝物,匹夫无罪,怀璧为罪。又左右皆饥乏,不如以谷振给亲族邻里,广为恩惠也。"大乱之世道,积聚宝物会招来灾祸;同时人命关天,我们的邻居亲族都吃不上饭,时间久了会死人的,不如我们把自己积聚的谷物"振给亲族邻里,广为恩惠也",将谷物赈济给饥乏者,不但可以避免灾祸,又可以广为恩惠,所以得到家人的一致认同,"举家称善,即从后言"。

有人说,谏诤是善意的,作为臣属、子女、朋友,能在君主、父母、朋友有不义行为时,不是听之任之,而能够以谏诤的形式加以劝阻,使他们往好的方面发展,这就维护了个人、家庭、国家的

第三章 秦汉时期的亲子关系问题

利益。谏诤对愚忠、愚孝有一定的抵制作用,具有一定的民主性。①

有人认为:"夫死从子"是"三从"中最没有意义的一项。②其实寡母在长期的历练与痛苦人生之下抚养小儿女长大成人,又要使得自己的家庭屹立不倒,必然要使自己的性格变得强悍、有主见,在与儿女的长期接触中必然形成母强子弱的关系格局,即使在儿女们长大成人之后,这种关系模式已经深入家人之心,所以,将父母与儿女的关系对比来看,反倒是多数母亲严厉、而父亲慈祥。当然,也有人认为,在汉代家庭的母子关系中,"更加强调的是晚辈对长辈的义务,如儿子对母亲要恭顺、敬重,要言听计从,甚至在自己的婚姻大事上也要由长辈作主,即使长辈蛮横无理,乃至杖责加身,也要忍之受之"。③ 其实,"长辈蛮横无理,杖责加身"的母子关系不是没有,只是在秦汉时期尚不能过分强调,因为,这一时期相对平等的母子关系也是存在的,甚至以儿子为家庭当中的物质和精神支柱而母亲相对依附性较强的母子关系也是大量存在的。

(三) 不重视家庭教育的后果

儿女的品行不端,家风不正,往往给家庭带来严重的后果。荀子认为父亲要以正确的方式抚养、教育子女:"君子之于子,爱

---

① 梅良勇、张方玉:《〈孝经〉的家庭伦理思想研究》,《学海》2000年第5期。
② 高世瑜:《中国古代妇女家庭地位刍议——从考察"三从"之道切入》,《妇女研究论丛》1996年第3期。
③ 郭玉峰:《略论汉代士大夫阶层的母子关系》,《聊城师范学院学报(社会科学版)》2001年第1期。

187

之而勿面,使之而勿貌,导之以道而勿强。"①汉人何敞说:"爱而不教,终至凶戾。由是观之,爱子若此,犹饥而食之以毒,适所以害之也。"②不正确的爱子方式在汉代屡见不鲜。

如《汉书·何武列传》载,九江太守戴圣,不严格要求自己,不是个好的家庭表率,"行治多不法"。何武当上刺史,"使从事廉得其罪,圣惧,自免",戴圣从此记恨,"后为博士,毁武于朝廷"。这样的父亲教育不出好的儿女和属下,"圣子宾客为群盗",一旦被政府抓住,就心惊肉跳,"圣自以子必死"。戴圣父子是家庭教育的反面典型,德行有亏,最后总免不了心惊肉跳。戴圣对儿子、宾客纵容过度,最终导致他们危害社会而自身受处罚。

有的父亲,约束自己比较严谨,但不屑于管束儿女,儿女放肆所为,多不讲究德行法度,他们触犯法律之时,这些父亲的晚景也就变得凄凉。如安丰侯窦融自己谨慎小心,入东汉朝廷后,认为自己并非刘秀旧臣,所以"久不自安,数辞让爵位"③。但他对于子弟的教育比较失败,"年老,子孙放纵,多不法度"④,从兄子窦林因为弄虚作假而被皇帝治罪,下狱死⑤,窦融因此受到牵连,"帝由是数下诏切责融,戒以窦婴、田蚡祸败之事。融惶恐乞骸骨"⑥,吓得只剩下保留全尸的小小愿望。后来窦融的大儿子

---

① 刘宝楠:《诸子集成》第二册《荀子·大略》,第324页。
② 《后汉书》卷四三《何敞列传》,第1485页。
③ 《后汉书》卷二三《窦融列传》,第806页。
④ (东晋)袁宏撰,张烈点校:《后汉纪》上卷第九《孝明皇帝纪·(永平)七年》,第178页。
⑤ 《后汉书》卷八七《西羌列传》,第2880页。
⑥ 《后汉书》卷二三《窦融列传》,第808页。

第三章 秦汉时期的亲子关系问题

窦穆矫称阴太后诏令干乱政事,搅扰别家婚事,惹得皇帝大怒,"乃尽免穆等官,诸窦为郎吏者皆将家属归故郡,独留融京师"①,窦氏成员几乎全部免职,其家族势力因此受到重创,窦融受不了如此打击而去世。

又如马太后哥哥马廖,"谨笃自守,不训诸子"②,马廖只管好自己,根本不约束子孙,老朋友杨终曾写信劝他要注意教育儿子,以免"多触禁忌,故有亡国之祸"③,马廖竟然不听,结果儿子马豫犯罪,"坐县书诽谤",马廖自己受到牵连,不得不回封地,落得晚景凄凉。再如《后汉书·班彪子固列传》记载,班固"不教学诸子,诸子多不遵法度,吏人苦之",班固的儿子、下人们横行霸道,不要说一般的小吏不堪其苦,他们竟然无端把堂堂的洛阳令种兢打了一顿,"固奴干其车骑,吏椎呼之,奴醉骂",从此班固家族与种兢结下梁子,班固之所以凄凉地死在狱中,就是因为被种兢抓住了机会报复所致。

总体来说,秦汉时期,品德修养已经成为家庭教育的重要内容,如果父母严于律己,为人做事忠厚、谨慎,就可以为儿女做好表率,就可以树立良好的家风,有利家庭的良性发展。德政和德教是汉代士人的理想追求,也是他们与统治者斗争的武器。④父亲们谨慎自守,还不够,身为人父,一定要肩负起父亲的教育之责,放弃做父亲的职责,祸患可能是无穷的。

---

① 《后汉书》卷二三《窦融列传》,第 808 页。
② 《后汉书》卷四八《杨终列传》,第 1599 页。
③ 《后汉书》卷四八《杨终列传》,第 1600 页。
④ 王洲明:《汉代散文风格与汉代经学的关系》,《泰安师专学报》1999 年第 5 期。

三、父子均重视教育兴家

两汉重经学,习经儒士往往得察举、征辟,一跃而成为公卿,从而提高家庭声誉和门庭地位;同时,当经学作为家学在权势之家世代相传时,高尚门第亦得以长期延续。在汉代,家学相传关系到门第提升。所以,鼓励和教育子弟继承父业就成为每个家长必须考虑的问题。

(一)统治者重用精通儒家经典的人,刺激了人们对于儒学的热衷

西汉时期,自从开始设立"五经博士"之后,刺激了人们对经学的兴趣。《汉书·儒林列传》赞曰:"自武帝立五经博士,开弟子员,设科射策,劝以官禄,讫于元始,百有余年,传业者浸盛,支叶蕃滋,一经说至百余万言,大师众至千余人,盖禄利之路然也。"《册府元龟·学校部》"世业"条云:"自夫子以诗、礼授伯鱼而有趋庭之训。其后,汉武帝表彰六经,始立博士,开子弟员,设科射策,劝以官禄,学者寝盛,盖获利之路使然尔。故有父子讲习以著专门之称,世家祖述以成传业之美。莫不达章句之要,精诂训之说,克缵前绪,见推当时,以至历世祚之遐邈,不坠其家风。"

可以说,从西汉中期开始,有很多人通过博览经书而走上仕途。自从公孙弘以治《春秋》为丞相并封侯,天下学士靡然乡风矣。① 公孙弘的通经致仕为天下的学子树立良好的榜样。在

---

① 《汉书》卷八八《儒林列传》,第3593页。

景、武之世,董仲舒治《公羊春秋》,始推阴阳,为儒者宗。① 他的弟子"通者至于命大夫,为郎、谒者、掌故者以百数。而董仲舒子及孙皆以学至大官"②。董仲舒又推动了一大批博览经书的学子走上仕途。再有,夏侯始昌,以通五经而得武帝看重,官至太傅,得到皇帝重用,而且其一门子弟也大多坐致高官,如"从父子建卒自颛门名经,为议郎博士,至太子少傅。胜子兼为左曹太中大夫,孙尧至长信少府、司农、鸿胪,曾孙蕃郡守、州牧、长乐少府。胜同产弟子赏为梁内史,梁内史子定国为豫章太守。而建子千秋亦为少府、太子少傅"。③ 夏侯氏一门都因为接受儒家的教育而得到荣宠。稍后,韦贤因为号称邹鲁大儒,而"征为博士,给事中,进授昭帝《诗》,稍迁光禄大夫詹事,至大鸿胪","少子玄成,复以明经历位至丞相"。④ 西汉末年,如刘向三子皆好学:长子伋,以《易》教授,官至郡守;中子赐,九卿丞;尤其是少子刘歆,于哀帝初即位,被王莽举荐,"为侍中太中大夫,迁骑都尉、奉车光禄大夫,贵幸。复领五经,卒父前业"⑤。再如《汉书·孔光列传》记载,孔光"经学尤明,年未二十,举为议郎",他后来几经辗转,但都身处高位,"光凡为御史大夫、丞相各再,壹为大司徒、太傅、太师,历三世,居公辅位前后十七年",且"其弟子多成就为博士大夫者"。

东汉时期,以教育而得官位者大有人在,如《后汉书·儒林列传上》记载,南阳魏满"习《京氏易》……永平中,至弘农太守"。

---

① 《汉书》卷二七上《五行志》,第1317页。
② 《史记》卷一二一《儒林列传》,第3129页。
③ 《史记》卷一二一《儒林列传》,第3159页。
④ 《汉书》卷七三《韦贤子玄成列传》,第3107页。
⑤ 《汉书》卷三六《刘向子歆列传》,第1967页。

《后汉书·南蛮列传》记载,桓帝时,郡人尹珍"自以生于荒裔,不知礼义,乃从汝南许慎、应奉受经书图纬……珍官至荆州刺史"。上述事例说明,两汉时期,得益于皇帝及其当权者对于儒家经典等学问的重视,"教育兴家"的理念得以形成。

《汉书·平帝纪》记载,平帝五年,诏令"征天下通知逸经、古记、天文、历算、钟律、小学、《史篇》、方术、《本草》及以五经、《论语》《孝经》《尔雅》教授者","在所为驾一封轺传,遣诣京师。至者数千人"。此时推广普及学问种类,只要是有学问的人,都受到政府的优待。《汉书·王莽列传》记载,平帝四年,王莽上奏"立《乐经》,益博士员,经各五人……网罗天下异能之士,至者前后千数,皆令记说廷中,将令正乖谬,壹异说云"。

夏侯胜曾经对学生说:"经术苟明,其取青紫如俛拾地芥耳。"①把经术学好,想要高官厚爵非常容易。事实上,自汉武帝大兴儒学之后,历代宰相都是儒者,公孙弘以儒居相位,其后蔡义、韦贤、玄成、匡衡、张禹、翟方进、孔光、平当、马宫以及平当的儿子平晏等,"咸以儒宗居宰相位"②。这些例子说明通经致仕、教育兴家的可能与繁荣。东汉时期依然秉持着劝以爵禄而令子弟求学上进的精神。如《后汉书·孝质帝纪》记载:"夏四月庚辰,令郡国举明经,年五十以上、七十以下诣太学。自大将军至六百石,皆遣子受业,岁满课试,以高第五人补郎中,次五人太子舍人。又千石、六百石、四府掾属、三署郎、四姓小侯先能通经者,各令随家法,其高第者上名牒,当以次赏进。"汉世良吏,多能

---

① 《汉书》卷七五《夏侯胜列传》,第3159页。
② 《汉书》卷八一《张禹孔光马宫列传·赞》,第3366页。

兴学于陋辟之地,郡县长官,于吏民之好学者,多加以资助。①在短短的时间内,全社会掀起习经学的热潮,成就最早的"教育兴家"。

东汉时期,有些学子虽然通经,但最初被授予的官职相对西汉来说比较低。如《后汉书·鲁恭弟丕列传》记载,鲁丕"为当世名儒。后归郡,为督邮功曹";《后汉书·郅恽列传》载郅恽"郡举孝廉,为上东城门候";《后汉书·酷吏列传》载,李章"习《严氏春秋》,经明教授,历州郡吏";《后汉书·赵典列传》载,赵典"建和初,四府表荐,征拜议郎";《后汉书·史弼列传》载,史弼"少笃学,聚徒数百。仕州郡,辟公府,迁北军中候";《后汉书·李固列传》载,李固"遂究览坟籍,结交英贤。四方有志之士,多慕其风而来学……司隶、益州并命郡举孝廉,辟司空掾,皆不就"。上述事例说明,东汉时期,似乎已经有了门第观念,父兄的身份地位影响子弟的官职大小;尤其到东汉后期,政治混乱、卖官鬻爵以及豪族世家垄断举荐的机会,这给靠修经学走上仕途的人带来障碍。

同上述情况相反的是,有些人因为父亲或师傅的出身高贵,能迅速升迁至高位。如《后汉书·樊宏子儵列传》记载,樊宏是光武帝的舅舅,建武"十五年,定封宏寿张侯",其子樊儵删定《公羊严氏春秋》章句,"教授门徒前后三千余人",樊儵继嗣爵位,其"弟子颍川李修、九江夏勤,皆为三公",都官爵显赫。《后汉书·桓荣子郁列传》记载,桓荣以通经,前后教授显宗等两任太子,先后任职太子少傅、太常,永平二年,又被授爵"关内侯,食邑五千户",地位显赫。其子桓郁敦厚笃学,"传父业,以《尚书》教授,门

---

① 吕思勉:《秦汉史》,第 652 页。

徒常数百人","帝以郁先师子,有礼让,甚见亲厚,常居中论经书,问以政事,稍迁侍中"。《后汉书·丁鸿列传》记载,丁鸿父亲丁綝因大功而被光武帝封"定陵新安乡侯,食邑五千户",丁鸿出身可谓高贵,"鸿以才高,论难最明,诸儒称之……门下由是益盛,远方至者千人"。丁鸿自己于"建初四年,徙封鲁阳乡侯",其弟子"彭城刘恺、北海巴茂、九江朱伥皆至公卿"。《后汉书·宋均族子意列传》记载,宋意的父亲宋京官至辽东太守,"意少传父业,显宗时举孝廉,以召对合旨,擢拜阿阳侯相。建初中,征为尚书"。宋意的升迁十分顺遂。《后汉书·杨震子秉列传》记载,杨震曾经官至太尉,且死后哀荣,"朝廷咸称其忠,乃下诏除二子为郎,赠钱百万,以礼改葬于华阴潼亭,远近毕至"。儿子杨秉"少传父业,兼明《京氏易》,博通书传,常隐居教授","年四十余,乃应司空辟,拜侍御史。频出为豫、荆、徐、兖四州刺史,迁任城相"。杨秉的官位每一个都很高。

授予官职的高低似乎跟东汉时期的社会、政治形势密切相关。因为,东汉时期的社会现实是,官僚、经学世家、豪强呈现出三位一体的趋势,他们在政治、经济、文化上均具有很大的社会势力。他们拥有这种优势,必然要利用与故吏的主从关系结成政治集团,因而这种大小不同的政治集团的存在,便成为东汉政治形势的重要特点。①

(二)私学的兴盛为儒学的推广和学子通经提供了便利

西汉时期,私学已经开始兴盛,子弟求学并不一定只进太学

---

① 张鹤泉:《东汉故吏问题试探》,《吉林大学社会科学学报》1995年第5期。

或州郡之学,所以"非皆赴京师"。① 社会上已有专职或兼职从事教授之人,弟子来自四面八方,人数众多,少者百人,多者千人。西汉时期未提及人数的教授记录达20次之多,如伏生教于齐鲁之间。② 疏广少好学,明《春秋》,家居教授,学者自远方至。③ 薛广德以《鲁诗》教授楚国,龚胜、龚舍拜他为师。④ 龚舍亦通五经,以《鲁诗》教授。⑤ 夏侯始昌,鲁人也。通五经,以《齐诗》《尚书》教授。⑥ 薛方居家以经教授。⑦ 翟宣教授诸生满堂。⑧ 他们对于推动儒学的普及和教化,也是功不可没的。如《史记·儒林列传》记载,吕太后时,申公"退居家教,弟子自远方至受业者百余人。而弟子为博士者十余人……至于大夫、郎中、掌故以百数"。《汉书·云敞列传》记载:"(吴)章为当世名儒,教授尤盛,弟子千余人,莽以为恶人党,皆当禁锢,不得仕宦。"

在"教育兴家"理念的影响下,东汉时期专职或兼职从事教授之人突然增多,有87人,其中,弟子人数多达百人者有27位,如据《后汉书·儒林列传下》记载,魏应"习《鲁诗》……以疾免官,教授山泽中,徒众常数百人……应经明行修,弟子自远方至,著录数千人,肃宗甚重之,数进见,论难于前,特受赏赐"。魏应的弟子"常数百人",挂名弟子也多达数千人,"著录数千人"。

在《后汉书》记载中,弟子多达数千人者16位,近万人者有

---

① 吕思勉:《秦汉史》,第652页。
② 《史记》卷一二一《儒林列传》,第3125页。
③ 《汉书》卷七一《疏广列传》,第3039页。
④ 《汉书》卷七一《薛广德列传》,第3046页。
⑤ 《汉书》卷七二《龚舍列传》,第3084页。
⑥ 《汉书》卷七五《夏侯始昌列传》,第3154页。
⑦ 《汉书》卷七二《鲍宣列传》,第3096页。
⑧ 《汉书》卷八四《翟方进子宣列传》,第3438页。

3人,如《后汉书·儒林列传上》记载,张兴"习《梁丘易》以教授。……显宗数访问经术,既而声称著闻,弟子自远至者,著录且万人,为梁丘家宗"。牟长"诸生讲学者常有千余人。著录前后万人",其子牟纡"隐居教授,门生千人。肃宗闻而征之,欲以为博士,道物故"。楼望"教授不倦,世称儒宗,诸生著录九千余人"。

东汉末年,混乱的政治影响了一部分人的出仕之心,有些人宁可隐居教授,而不愿意踏入仕途。然则汉世社会,好学之风实极盛,虽有若干旨在利禄之人,"要不敌不为利禄者之众也"①。如《后汉书·朱晖孙穆列传》记载,赵康"隐于武当山,清静不仕,以经传教授"。《后汉书·王充列传》载,王充"后归乡里,屏居教授"。《后汉书·庞参列传》载,任棠"有奇节,隐居教授"。《后汉书·马融列传》记载,京兆挚恂"以儒术教授,隐于南山,不应征聘,名重关西"。《后汉书·杜乔列传》载,杨匡"常在外黄大泽教授门徒"。《后汉书·窦武列传》载,窦武"常教授于大泽中,不交时事,名显关西"。《后汉书·刘焉列传》载,刘焉"少任州郡,以宗室拜郎中。去官居阳城山,精学教授"。《后汉书·逸民列传》记载,高凤"授业于西唐山中"。《后汉书·儒林列传下》记载,杨仁"诣师学习《韩诗》,数年归,静居教授"。

上述宁做教授,不愿出仕的事例同西汉时期通过修习经学而积极入仕的现象构成鲜明对比。这种反差当与当时的社会现实存在密切的关系。但是作为家长,希望子女通过学习入仕而保持家族兴旺发达的心态是前后一贯的。

---

① 吕思勉:《秦汉史》,第656页。

第三章 秦汉时期的亲子关系问题

(三)父子相传,子承父业

授业角色,主要指家庭(或家族)内部成员。在封建社会,父辈是家庭或家族之长,他们担任家庭教育的主要角色。① 儿女广大门庭或光宗耀祖是每个家长的最大心愿,两汉时期的家长也不例外。自武帝伊始,"设立五经博士,开弟子员,设科射策",劝以官禄的举动无疑为实现或满足众多家长的心愿开辟了一条新路。虽然众多的汉代文献并没有具体显示,父母在儿女博学经典而走上仕途的过程中究竟发挥了多大作用,但联系其他的史实我们可以推断,两汉时期的父母在促使儿女通过学习而走上仕途的过程中应该发挥重要影响。汉代的"教育界"也不少鼓励儿女继承父亲学业的情况。

在汉代,家学相传关系到门第的提升。两汉重经学,习经儒士往往得到察举、征辟,一跃而成为公卿,提高家庭的声誉和门庭的地位,同时,当经学作为家学在势位之家世代相传时,门第亦得以长期延续。所以累世经学实与累世公卿密切相关。

世代相传的家学盛起于两汉之时。汉代的经学博士,"各以家法"教授弟子,所谓"汉时贤俊,皆以一经弘圣人之道",执守一经,世代相传的家学是汉代家庭教育的基本形式。如传今文尚书一脉,自汉初济南伏生以今文尚书授济南张生及千乘欧阳生后,"欧阳生授同郡儿宽,宽授欧阳生之子,世世相传,至曾孙欧阳高,为《尚书》欧阳氏学;张生授夏侯都尉,都尉授族子始昌,始昌传族子胜,为大夏侯氏学;胜传从兄子建,建别为小夏侯氏学,

---

① 曹建平:《魏晋南北朝家庭教育钩稽》,《湘潭师范学院学报》1998年第2期。

三家皆立博士"。

西汉中期之前,这类的现象不是特别多,但也有记载。如前述董仲舒子孙、夏侯胜子孙等,一门都得益于首创之人的学业之功,文献所载虽没有说明是否继续父亲的学业,但其子孙肯定有继续学习的可能。到西汉晚期及其以后,子承父业的记载则比较多,如前述刘向父子以学业传家。《汉书·王吉子骏列传》记载,王吉与王骏父子学业传家,"吉兼通五经,能为驺氏《春秋》,以《诗》《论语》教授,好梁丘贺说《易》,令子骏受焉。骏以孝廉为郎。左曹陈咸荐骏贤父子,经明行修,宜显以厉俗"。

东汉时期最为人称道的是汝南袁氏和弘农杨氏,赵翼《廿二史札记》卷五"四世三公"条即举二家为例。但赵翼只指出二家累世公卿这一现象,所谓"世族之盛,未有如二家者",而未将其门第与家学联系起来考察。其实袁、杨二氏均以经学传家,如汝南袁氏袁安祖父袁良习《孟氏易》,袁安本人少传袁良之学,安子京亦习《孟氏易》,并作《难记》三十万言。京弟袁敞少时传授《易经》,京子袁彭"少传父业",彭弟袁汤"少传家学,诸儒称其节"。弘农杨氏中的名儒杨震,其父杨宝习《欧阳尚书》,杨震本人"受《欧阳尚书》于太常桓郁,明经博览无不穷究。诸儒为之语曰'关西孔子杨伯起'"。震子杨秉,少传父业,兼明《京氏易》,秉子杨赐"少传家学,笃志博闻",赐子彪"少传家学"。据上可见,汝南袁氏世传《孟氏易》,弘农杨氏则以《欧阳尚书》为"家学"。袁、杨二氏得以久居公卿地位,固有多种因素,但没有家学相传,袭封而来的爵位很难保持,门第也难以保持久盛不衰。

东汉时期,子传父业的现象多起来,据《后汉书》记载多达17条,当然,父子所传之业不限于儒家经典,还包括法律等学问。秦汉之世,百家之学,见于《史》《汉》《三国志》纪、传者如此,合《汉志》所载之书观之,诸学之未尝废绝,弥可见矣。① 正如吕思勉所云:"谓汉世百家之学皆衰非。"②

如据《后汉书·陈宠子忠列传》记载,陈宠的曾祖父陈咸,在西汉末年以习法律闻名,"成、哀间以律令为尚书",因反对王莽而率领三个儿子参、丰、钦回归乡里。在刘秀立国之后,陈咸的孙子即陈钦的儿子——陈躬,继续家族的法律事业,"为廷尉左监";陈躬的儿子陈宠,"明习家业,少为州郡吏,辟司徒鲍昱府"。其后,陈宠的儿子陈忠也因"明习法律",被司徒刘恺举荐"宜备机密,于是擢拜尚书,使居三公曹",这些记载是典型的子传父业。

据《后汉书·耿弇列传》记载,耿弇父耿况"学《老子》于安丘先生","弇少好学,习父业"。耿弇传习父亲所学的《老子》,但他自己还"好将帅之事",这是他与父亲不同的地方。正因为耿弇"好将帅之事",所以,他年纪轻轻就辅助刘秀屡建奇功,因军功而令家族荣光。"好将帅之事"可以说是耿氏在东汉得以绵延久长的原因所在。耿弇弟弟耿国的儿子耿秉,"能说《司马兵法》,尤好将帅之略",先后被拜征西将军、度辽将军,"章和二年,复拜征西将军,副车骑将军窦宪击北匈奴,大破之。事并见宪传。封秉美阳侯,食邑三千户"。耿秉的辉煌不亚于其伯父耿弇。耿弇另一个弟弟耿广的儿子耿恭"慷慨多大略,有将帅才","始置西域都护、戊己校尉,乃恭为戊己校尉",在西域任上屡建奇功,"及恭至洛阳,鲍昱奏恭节过苏武,宜蒙爵赏","耿氏自中兴已后迄建安之末,大将军二人,将军九人……中郎将、护羌校尉及刺史、

---

① 吕思勉:《秦汉史》,第 690 页。
② 吕思勉:《秦汉史》,第 686 页。

二千石数十百人,遂与汉兴衰云","将帅之事"的家族传习对于耿氏的兴旺绵延居功至伟。《后汉书·徐防列传》记载,徐防"祖父宣,为讲学大夫,以《易》教授王莽。父宪,亦传宣业。防少习父祖学"。

据《后汉书·杨厚列传》记载,杨厚一家,从其祖父杨春卿开始就"善图谶学",其父杨统接受春卿遗言:"吾绨帙中有先祖所传秘记,为汉家用,尔其修之。"后来,杨统"从犍为周循学习先法,又就同郡郑伯山受《河洛书》及天文推步之术",凭借其所学"位至光禄大夫,为国三老"。杨统把其父的学问发扬光大,杨厚"少学统业,精力思述",更是过其父而无不及。到其死后,"乡人谥曰文父。门人为立庙,郡文学掾史春秋飨射常祠之"。

汉代传习儒家经典的家族很多,基本上是一姓氏只传习一种经典。如甄宇"习《严氏春秋》,传业子普,普传子承"①。甄氏三代传习《严氏春秋》。如邓太后的弟弟邓弘"少治《欧阳尚书》,授帝禁中,诸儒多归附之……(子)甫德更召征为开封令,学传父业"②。邓氏两代传习《欧阳尚书》。如郎𫖮"父宗,字仲绥,学《京氏易》,善风角、星算、六日七分,能望气占候吉凶,常卖卜自奉",𫖮"少传父业,兼明经典,隐居海畔,延致学徒常数百人。书研精义,夜占象度,勤心锐思,朝夕无倦"③。郎氏两代传习《京氏易》、风角、星算、六日七分等,善言灾异。如贾逵"父徽,从刘歆受《左氏春秋》,兼习《国语》《周官》,又受《古文尚书》于涂恽,学《毛诗》于谢曼卿",逵"悉传父业,弱冠能诵《左氏传》及《五经》

---

① 《后汉书》卷七九下《儒林列传·甄宇》,第2580页。
② 《后汉书》卷一六《邓禹列传》,第615页。
③ 《后汉书》卷二〇下《郎𫖮列传》,第1053页。

本文,以《大夏侯尚书》教授,虽为古学,兼通五家《谷梁》之说"①。贾氏父子两代都是传习儒家经典的集大成者。

汉代经学本着"通经致用"的原则,比如有以《洪范》察变,以《春秋》决狱,以《禹贡》治河,以三百篇当谏书。昭帝、宣帝时期,治经儒生进一步以经术参与政治活动和政权建设,经学在施政过程中的作用大大增强。置身于这样的社会环境中,父母们必然深受其影响,无论是为了适应社会的需要,还是为了光大门庭,均要求或引导子女学习儒学。

鼓励子女修习经典当与汉代的选官制度不无关系。在汉代,"学而优则仕"是知识分子的信条,他们之所以寒窗苦读,兢兢业业,梦寐以求的就是有朝一日能够跻身于官僚阶层,以此来达到光宗耀祖的目的。

(四)非子承父业的情况

就整个两汉长达四百年的发展历史而言,儿女在择业方面拥有较大的自主权,并不完全听命于父辈。如据《后汉书·郭太列传》载:郭太(字林宗)家世贫贱,早孤,母欲使给事县廷。林宗曰:"大丈夫焉能处斗筲之役乎?"遂辞。母亲希望儿子给事县廷,但儿子不愿意,所以拒绝,转而选择学习经典,"就成皋屈伯彦学,三年业毕,博通坟籍",成为一代名儒。《后汉书·刘般列传》记载,"般虽尚少,而笃志修行,讲诵不息。其母及诸舅,以为身寄绝域,死生未必,不宜苦精若此,数以晓般,般犹不改其业",刘般的喜好是"笃志修行,讲诵不息",但身处乱世,母亲和舅舅们劝他不必如此,刘般根本不听,依然故我。《后汉书·郑玄列

---

① 《后汉书》卷三六《贾逵列传》,第1234页。

传》记载,郑玄"少为乡啬夫,得休归,常诣学官,不乐为吏,父数怒之,不能禁",父亲让儿子"为吏",但儿子"不乐为吏",其兴趣是"诣学官",虽然父亲的意志有所体现,"数怒之",但只能无可奈何,"不能禁",儿子的意志十分自由。上述现象说明,父母在儿女职业的选择方面虽有权过问但并不起决定作用,往往是儿子个人的意志决定其自身的职业方向。

秦汉时期的家庭教育应该以"教育兴家"为理念,在此理念的影响之下,父亲为引导者,子弟为选择者,父子为了"兴家"这一共同的目的而默默合作。正如清代魏象枢所言:"一家之教化,即朝廷之教化也。教化既行,在家则光前裕后,在国则端本澄源。十年之后,清官良吏,君子善人,皆从此中出,将见人才日盛,世世共襄太平矣。"①

所以,"家长握有儿女的教育权、择业权。家长不但有根据自己的价值观和主观意向教育子女的权利,还有权为子女选择教师,决定子女是否上学和学习哪些知识、技能,为子女今后择业定向,而不考虑子女个人的需要和意愿"。② 这种观点应该是针对后世的家庭教育而言,放在秦汉时期则欠妥当。因为,秦汉时期,家长权力的绝对化优势尚未完全确立。家族兴旺发达的理想也促使父母不能不考虑子女的意愿,所以,家庭教育中存在不少"民主"成分。

---

① (清)魏象枢:《寒松堂集》,北京:中华书局,1985年,第156页。
② 王玉波:《中国古代的家》,第36页。

第三章　秦汉时期的亲子关系问题

第五节　子女对于父母的义务

两汉时期开始,以孝治国,当今学界对于孝亲方面论述的比较多,且一致认为对于父母生养死祭、日常起居问候等是儿女们的义务。学界已有公论,我们在此不做赘述。

在中国式家庭里,子女之于父母的义务,一般更倾向于由作为晚辈的兄弟们一起合力完成,偶尔也有姐妹们的参与。在儒学教育的熏陶下,在汉武帝以降"推恩令"的影响下,加之自小一起长大情谊深厚,兄弟姐妹们更愿意自觉地和睦友爱,从而不让父母操心、忧心;而作为长辈的父母们也更愿意看到各个子女之间的和睦友爱。所以,兄弟关系如何,就关乎父母能否真正地享受到天伦和乐。这是子女应尽义务的最关键一环。

一、兄弟谦让和睦,忌讳争斗

一般来说,秦汉时期的人们是愿意自动维护兄弟们的手足之情的。"尊礼父兄,敦厚亲戚,发自中心,非由外入者也。"[1]长兄们在日常生活中调教或保护子弟、宾客,有时宁可自己忍受委屈,也要时刻考虑对方的需求与感受。

典籍中有一些长兄抚养幼弟的记载,如《史记·陈丞相世

---

[1] (东晋)袁宏撰、张烈点校:《后汉纪》上卷第九《孝明皇帝纪·(永平)七年》,第219页。

家》载,陈平"少时家贫,好读书,有田三十亩,独与兄伯居。伯常耕田,纵平使游学",陈平游学而哥哥耕田,这需要哥哥的宽容与爱护之心。《史记·张释之列传》记载了张释之的事迹:"有兄仲同居。以訾为骑郎,事孝文帝,十岁不得调,无所知名。释之曰:'久宦减仲产,不遂。'欲自免归。"张释之"以訾为骑郎",在同居家庭中,其资本应该是张二哥的血汗钱,"十岁不得调,无所知名",十年没有调动,也没有名声,这十年里,张释之基本上无法回报哥哥的厚爱与支持,"久宦减仲产",可见哥哥对于弟弟的支持与宽容之情何其深厚。《后汉书·郑玄列传》记载,"吾家旧贫,为父母群弟所容,去斯役之吏,游学周、秦之都",郑玄"为父母群弟所容",有父母兄弟的包容和忍让,是他成功的重要因素。

西汉中期以降,地方官吏开始表彰让财者,推进了兄弟之间的谦让。如《汉书·韩延寿列传》记载,有"举行丧让财,表孝弟有行",让财者可以被举荐到政府为官。《后汉书·百官志五》记载,"凡有孝子顺孙,贞女义妇,让财救患,及学士为民法式者,皆扁表其门,以兴善行"。让财救患者,享受"扁表其门"的荣耀,在其门立表柱和赐匾。《后汉书·何敞列传》记载,"百姓化其恩礼……推财相让者二百许人。置立礼官,不任文吏"。兄弟之间自觉让财、让爵,得到各方的激赏与奖励,这样的情况在东汉时期比较盛行。

因此,兄弟之间让财情况比较多见。如《汉书·史丹列传》记载,史丹的哥哥"嗣父爵为侯,让不受分。丹尽得父财,身又食大国邑"。史丹得到哥哥所让之财。《汉书·杨敞子恽列传》记载,杨恽"受父财五百万,及身封侯,皆以分宗族。后母无子,财亦数百万,死皆予恽,恽尽复分后母昆弟。再受訾千余万,皆以分施,其轻财好义如此"。杨恽三次大规模散财,分宗族、分后母昆弟,"再受訾千余万,皆以分施",这是杨恽注重感情而轻财好义的表现和展示。《后汉书·樊宏列传》记载,樊准"以先父产业数百万让孤兄子"。《后汉书·桓荣子郁列传》记载,桓郁为次子,父亲去世后,"郁当袭爵,上书让于兄子泛,显宗不许,不得已受封,悉以租入与之"。桓郁让爵位不成,但以"租入与之",让财富给哥哥的儿子。《后汉书·张堪列传》记载,张堪"让先父余财数百万与兄子"。《后汉书·光武郭皇后帝纪上》记载,光武郭皇后父郭昌"让田宅财产数百万与异母弟,国人义之"。

同时,兄弟之间存在让爵位的情况。《汉书·韦贤子玄成列传》记载,韦贤死后,第四子韦玄成"阳为病狂,让爵辟兄",按照顺序本该由哥哥继嗣父亲的爵位,所以韦玄成装疯,"让爵辟兄",但未顺遂其意,因为哥哥犯罪在先,丧失继嗣的资格,不得不由他这个弟弟来继嗣爵位。《后汉书·邓彪列传》记载,邓彪"父卒,让国于异母弟荆凤,显宗高其节,下诏许焉"。邓彪让国,其实就是让爵,得到皇帝的尊重与认可。《后汉书·刘般子恺列传》记载,刘恺"以当袭般爵,让与弟宪,遁逃避封",肃宗"美其义,特优假之",尚书陈忠大肆表扬他"进退有度,百僚景式,海内归怀"。《后汉书·丁鸿列传》记载,丁鸿"当袭封,上书让国于盛",被朋友鲍骏劝服,"乃还就国"。《后汉书·郭躬弟子镇列传》记载,郭贺"当嗣爵,让与小弟时而逃去","积数年,诏大鸿胪下州郡追之,贺不得已,乃出受封"。让爵不成,在官府的压力之下,不得已"乃出受封"。《后汉书·徐防列传》记载,徐防去世后,"子衡当嗣,让封于其弟崇。数岁,不得已,乃出就爵云"。让爵位者有的被皇帝所允许,有的不被允许,这都说明,爵位乃是国家之重器,虽然臣子们可以享有其利益,但予夺之权最终掌握在皇帝的手中,任何人都不能无视于它。即使兄弟之间存在谦让之心，还要取决于最高统治者。

当然，还存在一些更特殊情况，有时谦让会产生于不同姓氏人员之间。如《后汉书·桓荣列传》记载，"会《欧阳》博士缺，帝欲用荣。荣叩头让曰：'臣经术浅薄，不如同门生郎中彭闳、扬州从事皋弘。'"桓荣在皇帝要启用自己的情况下，毫无私心，推荐同学郎中彭闳和扬州从事皋弘，这类"让"的行为，已经超越姓氏，既非让爵，也非让财，而是异姓的让官之举。《后汉书·独行列传·陈重雷义》记载雷义事迹，"尝济人死罪，罪者后以金二斤谢之，义不受，金主伺义不在，默投金于承尘上。后茸理屋宇，乃得之。金主已死，无所复还，义乃以付县曹"。雷义在他人犯罪需要赎身之时，资助黄金二斤，在罪者还金之时谦让不受。这是发生在陌生人之间的让财之举。

还有一种情况就是：有时手足情深，为了挽救兄弟的生命而不惜争死。如《后汉书·淳于恭列传》记载，王莽末年，岁饥兵起，淳于恭的哥哥"崇将为盗所烹，恭请代，得俱免"。又如《后汉书·姜肱列传》所载，姜肱"尝与季江谒郡，夜于道遇盗，欲杀之。肱兄弟更相争死，贼遂两释焉"。兄弟遭遇，与上例相似。《后汉书·赵孝列传》记载赵孝事迹："弟礼为饿贼所得，孝闻之，即自缚诣贼，曰：'礼久饿羸瘦，不如孝肥饱。'贼大惊，并放之。"《后汉书·赵孝列传》记载，汝南王琳"弟季，出遇赤眉，将为所哺，琳自缚，请先季死，贼矜而放遣，由是显名乡邑"。《后汉书·赵孝列传》记载，又齐国儿萌、梁郡车成，"兄弟并见执于赤眉，将食之，萌、成叩头，乞以身代，贼亦哀而两释焉"。上述各例内容相似，即在面临生死之时，弟弟（或哥哥）不惜用生命换取哥哥（或弟弟）的生命，这种义举感动饥民，将兄弟两个都释放了。这种行为当属于真正的大义之举，一般人很难做到。

《后汉书·孔融列传》记载了孔融一家,母子兄弟在面临生死之时主动把责任揽给自己的故事。山阳张俭在逃亡途中投奔朋友,即孔融的哥哥孔褒,褒不在家,年仅十六的孔融做主收留了张俭,"后事泄……俭得脱走,遂并收褒、融送狱"。孔融主动承担责任,哥哥和母亲也纷纷把责任揽到自己头上,"一门争死,郡县疑不能决,乃上谳之",兄弟、母子争死,令世人感动,孔融从此威名大振。孔融一家面对的虽然不是饥民,但来自于政府的压力,那种生死随时降临的感觉应该不亚于面对饥民欲烹之的危险。

有时手足情深,在兄弟横死之后为其复仇。如《后汉书·安成孝侯赐列传》载,刘赐的哥哥被吏捕杀,"赐与显子信卖田宅,同抛财产,结客报吏,皆亡命逃伏,遭赦归"。刘赐与侄子"同抛财产,结客报吏",可见其报仇之心的坚决,为报仇而杀人者可以被法律赦免。《后汉书·张禹列传》亦载,张禹的父亲张歆"初以报仇逃亡,后仕为淮阳相,终于汲令",不但不因杀人而偿命,反而得以成为政府官员,可见法律对其原宥之深。《后汉书·王常列传》载,王常"王莽末,为弟报仇,亡命江夏",后参与绿林起义,还被光武帝封为邓王、赐国姓。《后汉书·魏朗列传》载,魏朗"兄为乡人所杀,朗白日操刃报仇于县中,遂亡命到陈国",被时人称赞为东汉"八俊"之一,官至河内太守。《后汉书·崔骃子瑗列传》载,崔瑗"兄章为州人所杀,瑗手刃报仇,因亡命。会赦,归家",后来官至济北相。《后汉书·杜诗列传》记载,杜诗"建武十四年,坐遣客为弟报仇,被征,会病卒"。《后汉书·赵憙列传》载,赵憙"从兄为人所杀,无子,憙年十五,常思报之"。"血亲复仇"兴于王莽末年,延续于东汉。即自绿林赤眉起义后,法禁废弛，复仇之风进入高峰期。①"血亲复仇"往往出于儒家的道义，一般会得到皇帝或执政官员的赞许和原宥，有时甚至凌驾于法律之上，即使受到了一定的制裁也会被很快释放，其后不会影响他们的仕途。

总体来说，所谓儿女在家庭事务中的责任一般是侧重于对家中的长子而言。无论是对父母"孝"的体现，还是承担抚养或教育弟妹的责任，一般都由长子来承担，虽然有些弟弟成年或成家之后开始回报兄长，但相比哥哥的贡献，弟弟们回报兄长的记载并不多。

前四史关于"长养兄嫂"或"奉养兄姊"的记录仅有三次，如《汉书·东方朔列传》记载，"臣朔少失父母，长养兄嫂"。《后汉书·第五访列传》记载，第五访"少孤贫，常备佣耕以养兄嫂"。《后汉书·绍子谭列传》注解引《先贤行状》记载，韩珩"少丧父母，奉养兄姊，宗族称悌"。其他形式的弟弟表达手足之情，偶尔会有些如前所述的让财、让爵，再有就是代替哥哥抚养、教育孤儿。

兄弟之间的友悌应该受《孝经》等儒家伦理思想的影响所致，至于"兄弟争死"或"血亲复仇"，虽然体现兄弟之间的感情之深，但也存在消极的东西，这也是进入三国时期之后曹魏统治者坚决制止私下复仇的原因。②

---

① 李文玲：《汉代孝伦理的法律化》，《江淮论坛》2003年第6期。
② 《三国志》卷二《魏书·文帝纪》，黄初四年诏曰："丧乱以来，兵革未戢，天下之人，互相残杀。今海内初定，敢有私复仇者，皆族之。"（第82页）

二、国家政策,促进兄弟和睦

兄弟和睦,如果双方自觉维护,则皆大欢喜;可若有人因为利益纷争而斤斤计较,那就成了令家长头痛的大问题。"家富则疏族聚,家贫则兄弟离,非不相爱,利不足相容也。"①这里不准备探讨兄弟之间关于财产继承与分割的问题,只想讨论兄弟之间爵位的分配问题。"汉代家庭中家长的爵位、户主的身份则由后子继承,其它儿子在成年后往往出分,自立门户。"②后子们有爵位有发展空间,那其他人怎么办?

其实面对巨大的利益诱惑,要解决家庭内部纷争,全靠兄弟们的自觉,父母们基本是无力的。这重重的分裂,是不利于家庭建设和社会稳定的。所以,两汉三国时期的政府部门出台了"推恩令""任子"等政策,有效调节了兄弟关系。

这些政策为兄弟们的各自发展提供了充足的空间。那些无权继嗣父亲爵位的兄弟,可以凭借才能在官府或社会上得到适合自己的空间,既创造了国家利益,又发展了家庭财富,还减少了兄弟之间发生利益纷争的概率,有利于兄弟之间的友爱互助,也有利于家族内部的团结。

(一)推恩福泽兄弟

"推恩令"实行伊始,其目的是化整为零,以达到削弱封王势

---

① 刘宝楠:《诸子集成》第五册《慎子·慎子逸文》,第10页。
② 徐歆毅:《汉代家庭继承制度研究》,中国社会科学院研究生院硕士学位论文,2005年,第24页。

力的目的。如《汉书·贾谊列传》所载:"文帝思贾生之言,乃分齐为六国,尽立悼惠王子六人为王;又迁淮南王喜于城阳,而分淮南为三,国尽立厉王三子以王之。"这是最早实行"推恩令"的记载,汉文帝把齐国一举分为六个封国,六位兄弟同时封王;又把淮南国分为三个封国,把刘长的三个儿子同时封王。统治者"推恩令"的执行,一般会考虑授爵者自身的功劳,更会考虑其父的功劳、名望、身份等因素,来决定授予其家庭或家族中父子兄弟等多人以爵位。

"推恩令"实行的客观效果是统治者没预想到的,政策原则是利益均沾,不论兄弟是二人,还是四人、六人,甚至更多,在这一政策的影响下,对于父亲开创的基业享有同等的继承机会。它使原来无权分得父亲爵位与土地的兄弟获得了恩惠,催生出许多政策的称颂者。这一政策既显示了皇帝对于外戚或忠臣的无上恩宠,又调节了兄弟之间可能存在的利益纠葛,这实在是利国利家的好事。所以,东汉、三国时期的统治者们坚决彻底地贯彻执行这一条统治之策。

一般而言,被推恩者获得福泽,往往因为父亲或兄长的身份高贵,或其功勋卓著,偶尔儿子和妹妹也可以获得推恩拜爵。《汉书·景十三王列传》记载,武帝时期,胶东康王刘寄死,"上怜之,乃以贤为胶东王,奉康王嗣,而封庆于故衡山地,为六安王"。刘寄的两个儿子同时被封为王。《史记·三王世家》记载,汉宣帝"裂汉地,尽以封广陵王胥四子:一子为朝阳侯;一子为平曲侯;一子为南利侯;最爱少子弘,立以为高密王"。因为广陵王刘胥是汉武帝唯一在世的儿子,其身份高贵,汉宣帝为了显示恩义和特殊礼遇,同时封其四个儿子为王为侯。当然,身份高贵的女性也享有爵位和封土,一般爵位是公主,如孝安帝"封女弟侍男为涅阳长公主,别得为舞阴长公主,久长为濮阳长公主,直得为平氏长公主。余七主并早卒,故不及进爵"①。《史记·外戚世家》记载,卫青"三子在襁褓中,皆封为列侯",这种恩宠既是源于父亲卫青的功劳,也是因姑母卫子夫深得皇帝宠爱的缘故,可以说人人称羡,天下歌之曰:"生男无喜,生女无怒,独不见卫子夫霸天下。"

推恩也存在特殊情况。在有爵位的家族内,在面临爵位的继承问题上,有时鉴于本该继承父亲爵位的兄长早已经在朝廷另外得到显要爵位,一般就把父亲的爵位让给尚无显要爵位的弟弟继承,这是基于谦让的推恩。如据《后汉书·泗水王歙列传》所载,"建武二年,立歙为泗水王,终(歙之子)为淄川王"。刘歙是光武帝族父,他与其长子刘终同时封王,这个长子拥有显赫爵位,没有必要继承父亲的爵位,所以,"十年,歙薨,封小子燀为堂溪侯,奉歙后"。父亲死后,就由小子刘燀来继承父亲的爵位。这种情况有助于培养家族荣耀,有利于促进兄弟友爱,避免兄弟之间的纷争。

另如《后汉书·邓禹列传》载:"褒尚安帝妹舞阴长公主,桓帝时为少府。褒卒,长子某嗣。少子昌袭母爵为舞阴侯,拜黄门侍郎。"在这个家庭中,丈夫邓褒"桓帝时为少府",其爵位由长子继承;妻子是公主,有显赫爵位,公主的爵位由少子昌承袭,兄弟二人均有显要爵位继承。

受到政府"推恩"而获得利益的兄弟,关系一般是平等的,既不必有政治上的隶属关系,财富与爵位上也不会相差太多,一般不担心他们起利益纷争。"推恩令"为兄弟们准备了合适的舞

---

① 《后汉书》卷五五《章帝八王列传·清河孝王庆》,第1084页。

台,这就把兄弟的眼界从家庭转移到朝廷,这在协调家庭关系上起到重要作用,有助于发展兄弟之间的友爱。

(二)任子福泽兄弟

秦汉时期的"任子"政策相当于"推恩"之策。所谓"任子",就是外戚、功臣或高官的子弟,可以通过父兄或姐妹的功劳、恩泽以及身份而得到在朝廷任职的机会。获"任子"福泽的一般是儿子,有时包括兄弟。

两汉时期,任子机会多、人数也多。如汲黯的弟弟和儿子,"上以黯故,官其弟汲仁至九卿,子汲偃至诸侯相"。汲黯姑姊子司马安,"昆弟以安故,同时至二千石者十人"①。郑庄"兄弟子孙以庄故,至二千石六七人焉"②。汉武帝对于上述三人或尊敬或重用,"以……故"的句式表达,就是说明皇帝是因某种缘故而特意启用其子弟,这是典型的任子政策。

被"任用"的子弟,一般起始之位是"郎"。如果只涉及传主本人,一般句式为"以父任为郎",这样的记录在前四史中有17次;不过,"任子"的范围随着社会的发展而日益扩大,超出"子弟"范畴。如周阳由"以宗家任为郎"③,太守张显"以家二人为郎"④,"(赵)孝无子,拜礼(赵孝弟弟)两子为郎"⑤。有的以兄长任子,如"忠弟(杨)恽,字子幼,以忠任为郎"⑥。还有一特例,义

---

① 《史记》卷一二〇《汲郑列传》,第3111页。
② 《史记》卷一二〇《汲郑列传》,第3113页。
③ 《汉书》卷九〇《酷吏列传》,第3650页。
④ 《后汉书》卷九〇《鲜卑列传》,第2896页。
⑤ 《后汉书》卷三九《赵孝列传》,第1299页。
⑥ 《汉书》卷六六《杨敞子恽列传》,第2889页。

纵以姐姐任子,"上拜义姁弟纵为中郎"①。上举事例中的"任子"包括以伯父为郎、以兄长为郎和以姐妹为郎的情况。

在前四史中,如果为了彰显传主的功劳以及皇帝对于传主的恩遇,往往会用"子为郎"这样的句式,这种情况达20次之多,任子人数也很多,一般为三人,有时更多。

这类"任子"情况的记载,一般发生于传主升为大官或被皇帝重用之时。如《后汉书·赵憙列传》记载,赵憙于"肃宗即位,进为太傅、录尚书事。擢诸子为郎吏者七人"。《后汉书·桓荣列传》记载,桓荣于显宗即位之初,"尊以师礼,甚见亲重,拜二子为郎"。《后汉书·马援兄子严列传》记载,明德皇后堂兄马严,在显宗时享受荣宠,他的儿子们先后被朝廷任用,肃宗时"征拜(严)侍御史中丞,除子鱄为郎,令劝学省中";建初元年,"迁(严)五官中郎将,除三子为郎",马严的儿子被提拔为郎者分先后两批,一共四人。

有时,"任子"发生于传主立下重大的军功之时。据《后汉书·梁统列传》记载,梁统与窦融一起,帮助刘秀消灭隗嚣和公孙述的势力,对于东汉的建立,其功甚伟,因此,在建武十二年入京之后,"更封高山侯,拜太中大夫,除四子为郎"。《后汉书·耿弇国子秉列传》记载,耿秉军功卓著,甚见亲用,"建初元年,拜度辽将军。视事七年,匈奴怀其恩信。征为执金吾,甚见亲重。帝每巡郡国及幸宫观,秉常领禁兵宿卫左右。除三子为郎"。

当然,"任子"还存在特殊情况,有时发生于传主死后,皇帝为了表达怜悯或者表彰忠义而任用其子。《后汉书·冯绲列传》载,冯绲父焕,"安帝时为幽州刺史,疾忌奸恶,数致其罪",遭人

---

① 《汉书》卷九〇《酷吏列传》,第3652页。

怀恨,有"怨者乃诈作玺书谴责焕……以欧刀",又被陷害下狱,"焕欲自杀",绲怀疑诏文有诈,可能是奸人所为,建议父亲上书自讼,结果真是诈者所为,但"会焕病死狱中,帝愍之,赐焕、光钱各十万,以子为郎中",冯焕冤死狱中。皇帝觉得他可怜,就赐钱,任子,进行表彰。《后汉书·杨震列传》记载,杨震被樊丰、周广等人构陷而自杀,顺帝即位之后,杨震门生为其上诉,"朝廷咸称其忠,乃下诏除二子为郎,赠钱百万",汉顺帝也顺应舆论,赠钱,任子,有怜悯嘉奖之意。

通过对两汉时期有关"任子"的史料分析发现,任子使得兄弟或儿子们都可以获得参政机会,兄弟同朝为官,获得各显其才能的机会,能干者不但得官而且有爵,各凭其本事为家庭取得社会地位,创造财富。他们通过政治地位的改变而获得经济地位的改变,这样可以调节兄弟之间在家庭内部因为继嗣机会不均而产生的利益纠葛。

总之,推恩任子的政策,用外力干预兄弟关系,极大程度地稳定了家庭建设和社会稳定,拉拢并取信了大部分士大夫阶层。它的客观效果是帮助子女完成了之于父母的义务,维护了父母安享的天伦之乐。

第四章　秦汉时期的收养、过继问题

收养、过继是秦汉时期的一种拟亲子制度,主要渊源于古代的宗祧继承和慈善救助。所谓养子,就是"将非亲生子拟制其有亲生子关系之制",或者说,"将无自然亲子关系之人,作为自己之子"①,一般收养对象与收养人之间存在血缘关系,这种收养在整个秦汉时期都是收养行为的主流;但收养毫无血缘的异姓人员的收养现象也不在少数,比如朋友、官与吏之间收养遗孤的行为,这主要是滥觞和盛行于门生故吏紧密依附的东汉三国时期。养子可以为养父、养母养老送终,也可能分得一部分财产,但不一定有权继嗣其香火,祭祀祖先。

能分得养父母的大宗或全部的财产并有权继嗣其香火祭祀祖先者,称为嗣子。收养嗣子的行为,叫过继。宗祧继承的理念在中国根深蒂固,人们担心因无后(无男性继承人)而被社会所讥讽甚至抛弃,他们自身的感受是恐惧或屈辱。因此,无后者的弥补措施便是到了一定年龄纳妾或过继他人的子弟以为己子。

---

① 冯尔康:《拟制血亲与宗族》,《"中央研究院"历史语言研究所集刊》1997年,第68本第4分,第944页。

对于后嗣香火的要求,使得纳妾制度在理论上似乎非常合理,得到社会中大部分男女的认同。但并不是所有的无后者都有条件纳妾,这就使得收养、过继成为另一个选择。

学术界一直关注收养、过继问题。两宋问题研究专家邢铁指出:在宋代,家中没有子嗣的时候,为了门户的延续,经常采用立他人之子为嗣子的方式,俗称"过继"①。其实,人们习惯于以今推古的"拿来主义",因为两宋时期的这种"过继"行为更接近于现代,所以,一般人认为秦汉时期的收养、过继也就大致如此。客观来说,秦汉时期的确存在过类似的"过继",但将这种以"家中没有子嗣"为前提的收养行为拿来概括秦汉时期所有的收养行为,则不足以说明全貌。原因有二:第一,这种"过继"的前提,不适合秦汉时期以慈善救助为目的的收养,因为这种收养不太关注家中有无子嗣,而重视被收养对象有无自己生存的能力,因此,养子不一定是嗣子,它强调收养者"养"的义务和责任,收养者多是因可怜、同情幼弱孤儿而出于善心来代替父母完成对孤儿的养育过程。第二,对于以宗祧继承为目的的收养行为,单纯以"家中没有子嗣"来界定则显得以偏概全,因为,秦汉时期还同时存在家中有子嗣(比如庶子、孙子)却依然立他人子弟为后的情况,而且嗣子不一定是儿子一辈,也可能是其他辈分的。因此,本书将养育和继嗣这两种责任义务不同的情况分开称呼,一称收养,一称过继,以便于行文。

一般说来,秦汉时期的养子多为同姓,也可以是异姓。邢铁认为,两宋时人在选择被立嗣人时,一般只能按照"亲属推广法"

---

① 邢铁、高崇:《宋元明清时期的妇女继产权问题》,《河北师范学院学报(社会科学版)》1996年第1期。

在两个方向上选择:一是本家族昭穆相当之人,即辈分合适的本家侄儿;二是外甥外孙,即亲姊妹或女儿的儿子。外甥外孙是仅次于侄儿的立嗣候选人(甚至在实际立嗣过程中并不一定排在侄儿之后)。① 其实,类似情况在秦汉时期已经是收养行为的主流,无论收养对象是否被收养人立为后嗣,基于血缘的内亲或基于婚姻的外亲成员都是被收养的主要对象。同时,还存在非血缘关系的收养行为,如出于慈善义务的收养。根据收养行为发生的先后或形式不同,可将其划分为三种类型。

第一节 收养:慈善救助下的拟亲子关系

基于慈善救助目的的收养行为,一般发生在收养人生前,而多数并非属于无子情况下的收养,收养人与被收养对象之间有事实上的抚育和赡养关系,被收养人多是"少孤"之人,即少儿失去父亲变成孤儿。孤儿因无劳动能力往往需要他人提供抚养和保护。家长是家庭的供养者,承担赡养家属这个不可推卸的义务,不论妻子儿女能否参加生产劳作,他都要负责供养。② 正如《淮南子·主术训》所云:"民之为生也,一人(指家长)跖耒(脚踏农具)而耕不过十亩,中田之获,卒岁之收,不过亩四石,妻子老

---

① 邢铁、高崇:《宋元明清时期的妇女继产权问题》,《河北师范学院学报(社会科学版)》1996年第1期。
② 王玉波:《中国古代的家》,第43页。

弱仰之而食。"孤儿在失去父亲或母亲的同时,失去保证身心成长的物质供养者和精神抚慰者,收养者的出现就弥补了孤儿失去父爱或母爱的缺憾,收养人给予其物质和精神的供养,令其顺利成长,这是利家利国的好事,更是保证人种延续的有力手段。

正如瞿同祖所称"家庭或者宗族还有为其成员提供慈善救助的职能"①,收养人多来自亲属集团,即按照"亲属推广法",两汉时期开始向两个方向发展——内家亲属、外家亲属。由于这一时期新的宗族处于形成和上升时期,还没有能力产生类似于宗法制宗族时期的公产,但宗族内部残存的经济上富家对贫家的救济以及要求富家进行救济的舆论观念得到人们的认同。宗族救助大致可分为两种形式,一是对生活困难的家庭以经济上的资助,二是抚养自己孤贫的同族亲戚。②

一、内家亲属的收养

一般来说,对于孤儿的供养和保护多由内家亲属出面。收养孤儿的内亲以叔父、伯父为主,随着家族的兴盛和发展,也有血缘较远的其他人员加入。

西汉时期,史书中关于"少孤"记录有 9 次,另相关类似记录 5 次。其中,孤儿的生存状态分三种。一是,孤儿由叔父或伯父抚养,如秦汉之际的项羽叔侄。西汉中期以后者,如尹翁归,"少

---

① 瞿同祖:《汉代社会结构》,上海:上海人民出版社,2007 年,第 35 页。

② 刘仕慧:《浅议汉末三国两晋南北朝时期宗族与家庭的关系》,《电子科技大学学报(社会科学版)》2003 年第 1 期。

孤,与季父居"①;王尊,"少孤,归诸父,使牧羊泽中"②。西汉末年,王莽关注和教育哥哥的遗孤,送其入太学,并为其娶妻,"莽以事母、养嫂、抚兄子为名"③。王莽与王光叔侄应该是联合家庭,一起生活。上述三例是叔父履行父亲的养育之责。再如西汉中期的夏侯胜,"少孤,好学,从始昌受《尚书》及《洪范五行传》,说灾异"④。这个例子似乎没有明确说明孤儿被谁抚养的问题,而只提及被谁关注和帮助的问题,这与实在的抚育有本质的区别。二是,外家亲属帮助抚养孤儿,这一点在下文论述。三是,未得到任何外力的帮助,只是母子同居或兄弟同居,母子或兄弟相依为命,更有甚者,父母双亡又没有兄弟,只剩下孤儿形单影只。兄弟同居的如陈平兄弟、卜式兄弟、张释之兄弟、东方朔兄弟等。未得任何人帮助的孤儿家庭,生活困苦,如任安,"少孤贫困,为人将车之长安,留,求事为小吏,未有因缘也,因占著名数"⑤。西汉前期,上述几种孤儿的生存状态说明孤儿们得到内亲或外亲的帮助并不很多,似乎这些现象与当时的小家庭普遍存在有密切关系。

西汉中期以降,兄弟同居家庭逐渐增多,幼弟多由其长兄抚养长大。如《后汉书·刘般列传》记载,西汉末年,刘般的父亲刘纡"早失母,同产弟原乡侯平尚幼,纡亲自鞠养,常与共卧起饮食。及成人,未尝离左右。平病卒,纡哭泣欧血,数月亦殁"。刘纡亲自抚养弟弟刘平长大,其付出不亚于父母,所以感情深笃,

---

① 《汉书》卷七六《尹翁归列传》,第 3206 页。
② 《汉书》卷七六《王尊列传》,第 3226 页。
③ 《汉书》卷九九上《王莽列传》,第 4093 页。
④ 《汉书》卷七五《夏侯胜列传》,第 3155 页。
⑤ 《史记》卷一〇四《田叔列传·褚先生曰》,第 2784 页。

弟弟病死不久,他也因哭泣呕血而死,可见兄弟之间感情至深。又如魏霸,"少失父母,兄弟同居数十年,妻子数执勤苦,动则推让"①;再如韩棱,"幼失父母,与孤弟居"②;还有孙贲,"早失二亲,弟辅婴孩,贲自赡育,友爱甚笃"③。此例还有甚多。

王玉波认为,在家族主义价值观和大家族家庭制度下,家庭的兴旺发达,主要依靠以父子兄弟为核心的家族力量的凝聚和壮大,兄弟团结极为重要。这样,家庭伦理规范上,就要求为兄的要友爱其弟。④ 这种观念在西汉中期以后逐渐形成,催生大家族制度。中期以前,父子兄弟的家族力量尚未形成核心,而形如散沙,因为,父子兄弟同在朝堂之上的局面是在中期以降逐渐出现的,牵一发而动全身的事例,如大范围的株连,也是在西汉中期以降才形成的。

两汉时期,孤儿与母亲相依为命的记载不多,这可能与妇女的普遍再婚有关。现在可见的汉代文献资料中,孤儿与母亲共同生活的事例中,侧重于强调母亲如何辛苦,如何奉献,如《汉书·王莽列传下》记载,王莽末年,琅琊女子吕母,"(其子)为宰所冤杀。母散家财,以酤酒买兵弩,阴厚贫穷少年,得百余人,遂攻海曲县,杀其宰以祭子墓",母亲招兵买马,为冤死的儿子报仇,可谓母亲当中的英雄。《后汉书·郭丹列传》记载,东汉初年,郭丹"七岁而孤,小心孝顺,后母哀怜之,为鬻衣装,买产业",

---

① (东晋)袁宏撰,张烈点校:《后汉纪》下卷第十四《孝和皇帝·十六年》,第287页。
② (东晋)袁宏撰,张烈点校:《后汉纪》下卷第十四《孝和皇帝·十四年》,第285页。
③ 《三国志》卷五一《吴书·宗室传·孙贲》,第1209页。
④ 王玉波:《中国古代的家》,第125页。

此例是说后母慈祥,为继子提供衣食供养。《汉书·杨敞子恽列传》记载,杨恽"后母无子,财亦数百万,死皆予恽",此处是说后母对于继子的财产贡献。《汉书·翟方进列传》记载,翟方进"辞其后母,欲西至京师受经。母怜其幼,随之长安,织屦以给方进读,经博士受《春秋》"。翟方进的后母善良慈爱,愿意挺身而出来保护与支持年幼的孤儿,与之相依为命。《后汉书·列女传》载,"汉中程文矩妻者,同郡李法之姊也,字穆姜。有二男,而前妻四子。穆姜慈爱温仁,抚字益隆,衣食资供皆兼倍所生……及前妻长子兴遇疾困笃,母恻隐自然,亲调药膳,恩情笃密"。后母亲自供养照顾继子,主动调节家庭关系。天下的父母多辛苦,但史书当中如此述说者不多。

提及母子关系,两汉史料多强调孤儿对于母亲的孝道和赡养,尤其是对于后母的孝道和赡养,因为儿子难做,所以史学家对这种行为倍加珍视。如《汉书·公孙弘列传》记载,公孙弘"养后母孝谨,后母卒,服丧三年"。《汉书·丙吉列传》记载,太仆陈万年"事后母孝,惇厚备于行止"。《后汉书·胡广列传》记载,东汉中期,胡广"少孤贫,亲执家苦",该条记录注解引《襄阳耆旧记》所载,"广父名宠,宠妻生广,早卒",胡广的亲生母亲早卒,他"亲执家苦"之时应该是与继母一起生活,即使自己年已八十,仍然因为继母在堂而"朝夕瞻省,傍无几杖,言不称老"。《后汉书·徐稚列传》记载,李昙"少孤,继母严酷,昙事之愈谨,为乡里所称法。养亲行道,终身不仕"。虽然继母对待李昙堪称严酷,但李昙"事之愈谨","为乡里所称法"。《后汉书·姜肱列传》注解引《谢承书》记载,"肱性笃孝,事继母恪勤"。《三国志·魏书·吕虔传》注解引孙盛《杂语》里"王祥卧冰"的故事时说:王祥"性至孝,后母苛虐,每欲危害祥,祥色养无怠"。《三国志·吴书·诸葛瑾传》注解引《吴书》记载,"瑾遭母忧,居丧至孝,事继母恭谨,甚得人子之道"。以上例子中的主角们不论在孝养母亲,还是在承顺后母的刁难等方面,均努力用真情和行动感化母亲,成为孝道的榜样,这与两汉治国策略提倡孝道有密切的关系。

西汉时期开始强调孝道,而自东汉以降,有关母子关系的社会思潮似乎已经开始约束儿子,要求他们对母亲恭谨和极尽所能地侍奉,这种孝道已经是社会大义,被全社会所尊崇,所以史学家们把极尽子道的儿子们树为典型,希望"为乡里所称法",被全社会所模仿和学习。

上述母子共居的情况不属于本书论述的收养内容,但为了将孤儿们的生存状态陈述清楚,有必要说明。

东汉以降,由叔父抚养孤儿的记录相对西汉增多。如《后汉书·赵孝王良列传》记载,光武兄弟"少孤,良抚循甚笃",刘良是光武帝的叔父。又如《后汉书·齐武王縯列传》记载,"章少孤,光武感伯升功业不就,抚育恩爱甚笃",章是光武帝大哥刘伯升的儿子,所以,光武与刘章是叔侄关系。如《后汉书·郑均列传》注解引《东观记》曰:"均失兄,养孤兄子甚笃,已冠娶,出令别居,并门,尽推财与之,使得一尊其母,然后随护视振给之。"郑均养孤兄子,不单单是供养他长大而已,还像父亲一样为其娶妻、分财,随时关心爱护,他所做的绝对不亚于亲生父亲。再如《三国志·魏书·王基传》记载,王基"少孤,与叔父翁居。翁抚养甚笃,基亦以孝称"。还有《三国志·魏书·高柔传》注解引《陈留耆旧传》记载,"固子慎……抚育孤兄子五人,恩义甚笃"。这些记载,基本都在强调收养人的辛苦与用心,如"良抚循甚笃""抚育恩爱甚笃""翁抚养甚笃""恩义甚笃",似乎东汉以降的社会在鼓励和宣扬这种对于家庭和家族甘于奉献的典型,"笃"字用在不同的人身上,传达相同的感情,都强调付出和恩义,这就是东汉以降许多家庭和家族得以长期兴旺不衰的根本所在。

随着家族的兴盛和发展,血缘关系较远的其他人员也加入收养群体,出现从兄收养从弟、从妹的情况。西汉中期以降,家族意识的增强,使得人们自然关心家族成员的饥寒冷暖,收养孤儿,只要有心,不计较辈分。《后汉书·虞延列传》记载,王莽末年,虞延"从女弟年在孩乳,其母不能活之,弃于沟中,延闻其号声,哀而收之,养至成人",从兄虞延收养从妹虞年,这个女孩被母亲抛弃,这与失去双亲的孤儿无二。《后汉书·马援列传》记载,马棱"少孤,依从兄毅共居业,恩犹同产",从兄收养从弟,"共居业,恩犹同产"。《三国志·吴书·陆瑁传》记载,陆瑁"从父绩,早亡,二男一女,皆数岁以还。瑁迎摄养,至长乃别",陆瑁收养了从父陆绩的三个儿女,他与这三人的关系,要比从兄弟关系远了一层,但是"至长乃别",陆瑁尽到了一个父亲才会尽到的义务和责任,把他们抚养长大。

有时由族父、宗人出面抚养孤儿,内亲收养人群有扩大的趋势。如《后汉书·顺阳怀侯嘉列传》记载,顺阳怀侯嘉"少孤,性仁厚,南顿君养视如子,后与伯升俱学长安",南顿君是刘嘉的族父,二人是族叔侄关系。《后汉书·文苑列传下侯瑾》记载,侯瑾"少孤贫,依宗人居",再如《后汉书·逸民列传》记载,周党"家产千金。少孤,为宗人所养",族父、宗人相比侄儿与叔父、伯父的血缘关系已经很远,但这些人愿意出面抚养孤儿,而不乏真诚,如"南顿君养视如子"。内家亲属的加入和收养人群的扩大,应该跟当时家族意识的加强有关,这对于弱势孤儿的成长无疑是有利的。

在有些特殊情况下,有的收养行为不仅仅是"友悌"的表现,甚至是舍己为人、令人扼腕叹息的"义烈"之举。如《东观汉记》卷十五记载，魏谭有一孤兄子，年一二岁，自己又生有一女。忽遭饥馑，"念无谷食，终不能两全，弃其女，养活兄子"。在饥荒年月，魏谭放弃自己的女儿，留下哥哥的遗孤，这等于用自己女儿的死换取侄儿的活命。又如《后汉书·刘平列传》记载，刘平"更始时，天下乱，平弟仲为贼所杀。其后贼复忽然而至，平扶侍其母，奔走逃难。仲遗腹女始一岁，平抱仲女而弃其子。母欲还取之，平不听，曰：'力不能两活，仲不可以绝类'"。天下大乱，刘平在奔走逃难的过程中，仓促之时"抱仲女而弃其子"，留下弟弟的女儿，放弃自己的儿子。再如《三国志·魏书·夏侯渊传》注解引《魏略》记载，"时兖、豫大乱，渊以饥乏，弃其幼子，而活亡弟孤女"。天下大乱，饥饿不能活人之际，夏侯渊选择丢弃自己的儿子，留下亡弟的孤女。上述收养人含泪舍弃自己的亲生骨肉，舍私取义。大义之举，我们能看出他们动机的单纯与真诚，看到他们对于家人、对于家庭、对于家族的热爱与无私奉献，在东汉以降，这种行为已经远远胜于如西汉时期对于一己私利的计较。

总之，上述这些收养行为，尤其是东汉以降的收养，显然是出于抚育亲族遗孤的目的，收养人代替遗孤的父亲来完成对于遗孤的抚养和教育职责，弥补了遗孤们因父亲去世而缺失的父爱亲情，这种做法，不论在什么时代，都应该予以肯定。

二、外家亲属的收养

外家亲属一般指外公外婆、舅舅舅母以及姨母。外家亲属是执行收养行为的另一群体，他们在数量上可能比内亲收养要小一些，但实际的帮助上不亚于内家亲属。薄太后早失父母，其子称帝之后,为了感谢以前的恩人,对"其奉薄太后诸魏有力者……赏赐各以亲疏受之"①,在孤儿们的成长过程之中能有抚育之功的,只有舅舅家的嫡系成员,如外祖父母、舅父母。

(1)孤儿与外祖母一起生活的情况。如《汉书·淮阳宪王刘钦列传》记载,淮阳宪王刘钦,父亲是孝宣皇帝,母亲张婕妤死后,只有外家亲属能给刘钦家庭的温暖,"宪王有外祖母,舅张博兄弟三人岁至淮阳见亲"。宪王与外祖母应该是一起住,但宪王的身份高贵,不与舅舅们一起生活,不然不用舅舅们一年来"见亲"一次,而且每次见面都要赏赐舅舅们。清河孝王刘庆就曾经为了外家的命运而上奏陈情,"上言外祖母王年老,遭忧病,下土无医药,愿乞诣洛阳疗疾。于是诏宋氏悉归京师,除庆舅衍、俊、盖、暹等皆为郎"②,以"外祖母王年老多病"为由,把舅舅们从流放之地救回来。皇室成员因为或潜在或明显的政治利益,虽有血缘,但没有民间那种父子之间、兄弟之间的天伦真情,想要家庭的温暖与信任,除了自己的母亲,就要向外家亲属寻觅了。

(2)孤儿与外家,即舅父母一起生活的情况。如《后汉书·朱祐列传》记载,朱祐"少孤,归外家复阳刘氏,往来舂陵,世祖与伯升皆亲爱之"。朱祐是南阳宛人,与舂陵相近,舅舅家在复阳,据《后汉书·光武帝纪上》记载,世祖是南阳蔡阳人,其后注解说"舂陵,乡名,本属零陵冷道县,在今永州唐兴县北。元帝时徙南阳,仍号舂陵",南阳即舂陵。朱祐往来舂陵,就是在复阳刘氏舅舅家与自己的本家之间来回走动。应该看出,朱祐本人非常在意自己与内家亲属、外家亲属的联系,所以会"往来舂陵"。另如

---

① 《史记》卷四九《外戚世家》,第1979页。
② 《后汉书》卷五五《章帝八王列传》,第180页。

《后汉书·范升列传》记载,范升"少孤,依外家居。九岁通《论语》《孝经》,及长习《梁丘易》《老子》,教授后生"。舅舅对于范升的成长尽职尽责,他们给孤儿读书上学的机会,这是在尽父亲的职责。如《三国志·蜀书·董允传》记载,陈祗乃"许靖兄之外孙也。少孤,长于靖家",孤儿陈祗被外祖父的弟弟许靖抚养长大,此例应该属于外家亲属的自觉扩展。

又如《三国志·魏书·杨阜传》记载,杨阜"外兄姜叙屯历城。阜少长叙家,见叙母及叙",此处未说杨阜是孤儿,但他从小在舅舅家长大,其家对于杨阜的抚育应该能佐证孤儿在外家的际遇。可以看出,舅母(叙母)对于杨阜的成长付出不少的心血,感情如此深厚,对他有对儿子般的期待。

他们母子三人针对对马超用兵的对话,可探求他们之间的关系和情感。

叙曰:"何为乃尔?"外兄姜叙说你为什么要起事反对马超?这个男人在面对外弟的提议之时似乎尚在犹豫自己如何选择。

杨阜慷慨陈词:"守城不能完,君亡不能死,亦何面目以视息于天下!"我作为臣子,上不能尽忠,下不能尽职,是为人臣子的耻辱,此仇不报,誓不独活。"马超背父叛君,虐杀州将,岂独阜之忧责",马超如此暴虐,乃不仁不义之徒,杀他乃是出师有名的正义之事。"君拥兵专制而无讨贼心,此赵盾所以书杀君也。"哥哥你手握重兵,又能说了算,却不起兵讨贼,这不是与那被人骂的赵盾类似了吗?"超强而无义,多衅易图耳。"我们不要担心,马超虽强,但从各方面看他都是众叛亲离的无义之徒,我们起兵是很容易得手的。

"叙母慨然,敕叙从阜计。"舅母深以外甥的慷慨陈词为然,马上命令自己的儿子来配合外甥杨阜起兵讨伐马超,而且,她直到被马超杀死都不曾怀疑外甥的决定,而是大骂马超,舅母的坚决支持鼓舞了所有人的斗志,杨阜"与超战,身被五创,宗族昆弟死者七人。超遂南奔张鲁"。最终,杨阜在舅母等人的坚决支持下,取得了这场战役的胜利。

舅母与外甥的感情,应该很有代表性,因为两汉时期,男性为官为吏者基本上不在家生活,他们只有每五天休息一次的"休沐"时间与家人团聚一次,幼儿的抚养以及家务基本上就由女主人来完成,不出意外,"外家"照顾孤儿的主要执行者应该是舅母而不是舅舅,史料上记录的外家之所以一般指舅舅而言,乃指舅舅在名分上负责而已。

对于孤儿的收养,还有无奈之下的特殊情况,比如"无所归""无宗亲",相关人员会按照"亲属推广法"找到血缘关系最近的亲属成员,这些人也责无旁贷地担负起抚育孤儿的责任。如《汉书·宣帝纪》记载,西汉中期,孝宣皇帝在民间之时,号皇曾孙,其父是戾太子的儿子史皇孙,其母是出身低微的王夫人。据此看来,史家乃汉宣帝祖母的娘家,是其父亲史皇孙的外家。另据《汉书·外戚列传上》载,武帝末,因皇曾孙的祖父卫太子造反,其祖父母、父母都被处死,孤儿皇曾孙的母亲王氏一家出身微末,根本不知人在何方,作为皇室的内家成员,那些所谓的内家亲属因为潜在的政治斗争根本不能托付,所以幼弱孤儿"无所归"。当时的廷尉监邴吉可怜他无辜,多方照管,后来想到小孩父亲的外家,即史皇孙的舅舅家,"载以付史恭。恭母贞君年老,见孙孤,甚哀之,自养视焉",史皇孙的外祖母贞君虽然年老,但可怜这个孩子孤单,非常同情,所以尽心尽力地亲自抚育。此例应该是客观情况下的外家亲属参与孤儿的抚养,而非如上述内家亲属的主动自觉式地加入收养人群。再如《华阳国志校注·

汉中士女》记载,东汉末年,女子敬杨"始生失母,八岁,父为□盛所杀。无宗亲,依外祖郑"①。敬杨这个女孩很可怜,先后没了双亲,又没有内家亲属,所以依靠外祖父生活。其中,"无宗亲,依外祖郑",似乎说明孤儿的第一选择乃是宗亲(内家亲属),而其没有宗亲,无可奈何才投奔外祖父郑。这时外家的亲近程度似乎排到内家亲属的后面,即使是有直系血缘关系的外祖父,也要排在内家亲属的后面。这个外祖父对于孤儿的抚育就多了几分无奈的客观压力,而非如上述内家亲属的主动自觉式加入收养人群。

当然,也有一些外家亲属主动自觉收养和抚育孤儿,比如未出嫁的姨母负责照顾抚育外甥女。如《太平御览·皇亲部三》引《续汉书》记载东汉和帝邓皇后未出嫁时抚育姐姐邓燕的遗孤:"燕蚤卒,有子女娥甫在襁褓。时后年十二,伤娥早孤,养视抚育,慈恩深至。"我们推测,邓后只是参与抚育孤儿的主要执行者,而非提供居住和衣食的物质保障者。因为,她参与此事时年仅十二,尚无力保障他人。据同条记载,邓皇后是"太傅高密侯禹之孙,平寿敬侯训之女也","训有五男三女,长鹭,次京、悝、弘、阊;女燕,次绥,绥即后也,次容"。邓绥兄弟姐妹共八人,父亲早卒,但母亲健在,已经出嫁的邓燕排除在外,此时邓家应该有五兄弟、二姐妹和一个老母亲,都可能参与抚育孤儿,至少有一个兄弟和一个老母亲来为孤儿提供物质保障,时年十二的邓绥和更小的邓容不可能是物质提供者,只在孤儿的抚育工作上尽心、出力。总的来说,两汉时期,姨母参与孤儿抚育的记载不多,因为在男权社会,名分上是男人主事,姨母一旦出嫁成为另一

---

① (东晋)常璩撰,刘琳校注:《华阳国志校注》卷十下《先贤士女总赞下》,第827页。

个家庭的主妇之后,既无名分上的主事之权,又有诸多家事、外事牵绊精力,往往自顾不暇;姨母所嫁给的那个男人,同孤儿之间没有血缘关系,无直接的婚姻关系,姨母的夫家同孤儿家的空间距离也很远,因此,结婚后的姨母、姨夫一家,一般很少参与孤儿的抚育工作,社会舆论和道义似乎也不会谴责其袖手旁观,所以,姨母出面抚育孤儿实在是大善之举,属于外亲收养人群的扩张。

主动自觉收养和抚育孤儿的群体的还有,姐夫参与照顾小舅子,如《三国志·吴书·吕蒙传》记载,吕蒙"少南渡,依姊夫邓当。当为孙策将,数讨山越。蒙年十五六,窃随当击贼。当顾见大惊,呵叱,不能禁止。归以告蒙母,母恚欲罚之"。此例没有提及姐夫抚育幼年小舅子,虽"依姊夫邓当",但不排斥母亲对儿子的抚养与教育,他们大概属于同居共财的情况,姐夫应该是提供物质保障的人。

从以上诸例发现,外家亲属的收养人以舅舅居多,较少提及外祖父母;最少见的收养人就是未出嫁的姨母,还有姊夫。外家亲属的女性成员,如外祖母、舅母和未出嫁的姨母,属于抚育孤儿的主要执行人群,但她们与舅舅一般属于同一家庭,所以,多数情况下,说到这些人群时,只用"外家"这个名分就可以一言以蔽之。

总体上来说,两汉时期血缘较远的外家亲属参与收养的不是很多,旁系血缘的外家亲属则更少,如陈祗被外祖父的弟弟许靖抚养长大,"祗,许靖兄之外孙也。少孤,长于靖家"①,这属于特例。秦汉时期外家亲属的收养人群比较固定,从舅、族舅基本不会自觉抚育孤儿,出嫁的姨母或者从姨、族姨等,与路人无二。这种情况可能与传统的女子出嫁后从夫而居的情况密切相关,

---

① 《三国志》卷三九《蜀书·陈祗传》,第987页。

在人们看来,内亲是同姓、同祖的骨肉之亲,外亲则非同姓、同祖,在亲情上远不能与内亲相比,这在秦汉时期可能早已形成固有观念;反映在孤儿的收养问题上,就表现为血缘较远的外家亲属很少参与。

三、无血缘关系者的收养

秦汉时期,没有血缘关系的收养行为中的收养人,一般包括孤儿父亲生前的官长、乡亲以及朋友。

(1)收养人是孤儿父亲的官长的情况。如《三国志·吴书·凌统传》记载,凌统病死之后,"二子烈、封,年各数岁,权内养于宫,爱待与诸子同",孙权是凌统效忠的主公,最高的上司,孙权爱才,怜惜凌统死得太早,将他两个未成年的儿子,即凌烈、凌封,收到宫廷抚养,"爱待与诸子同","及八九岁,令葛光教之读书,十日一令乘马。追录统功,封烈亭侯,还其故兵",把部下的儿子放到身边,爱待之,教育之,封爵之,这是一个最高上司的最大爱心。又如《三国志·吴书·周鲂传》记载,周鲂是吴国大臣,他在给魏国曹休的诈降书里,说:"所遣董岑、邵南,少长家门,亲之信之,有如儿子。"我所派遣的董岑、邵南从小在我家里长大,我对他们非常亲信,像对待儿子一样。众所周知,同时收养两个异姓孤儿在家,对一个收入低微的普通人或下级官吏来说,是很难的,只有高级官员才具备收养多名孤儿的物质条件,据此推断,孤儿的出身就可能是高级官员的下属之子。

(2)收养人是孤儿父亲的乡亲的情况。如《太平御览·器物部·瓮》中引《世说》记载,东汉人胡广,"本姓黄,五月五日生,父母恶之,置瓮中投于江,胡翁闻瓮中有儿啼,往取之,养为子,遂七登三司"。这个胡翁与胡广的亲生父母都沿江而居,应为乡里或本郡之人。胡翁拾取弃子而养为儿子。弃子虽非孤儿,但其被亲生父母抛弃,与孤儿一样是失掉父母的养育,面临自生自灭的危险,收养人的出现,弥补了父母的缺失,养育之功功德无量。又如《三国志·魏书·杨俊传》载,王象"少孤特,为人仆隶,年十七八,使牧羊而私读书,因被棰楚。俊(本郡)嘉其才质,即赎象著家,聘娶立屋,然后与别"。此例之中,孤儿王象与恩人杨俊乃是同郡之人。孤儿王象已经年十七八,但因为喜欢读书屡次被主人棰楚,自立过程很是艰难,杨俊出面为其赎身,为之"聘娶立屋",帮助孤儿娶妻成家,这些事情按照常理来讲,都是父亲的任务,但杨俊代替孤儿王象的父亲完成这样的工作。再如据《三国志·吴书·全琮传》载:"是时,中州士人避乱而南,依琮居者以百数。琮倾家给济,与共有无,遂显名远近。"全琮是吴郡钱唐人,依琮居者是中州士人,他们连同乡都算不上的,但全琮早已有"振赡"之名,所以,这些人选择投奔他,全琮也义无反顾地接受这些人的投奔,他们成了同土而居的乡亲。这些依琮居者中,不少是孤儿及老弱病残,乱世之中,这些情况不可避免,全琮"倾家给济,与共有无",向这些人提供物质保障。在一定意义上来说,这些人是为孤儿代尽父亲的职责。把对于幼弱孤贫者的资助也归入基于慈善救助目的的收养范畴,其精神实质是一样的。

(3)收养人是父亲的朋友的情况。如《三国志·蜀书·张裔传》记载,张裔字君嗣,蜀郡成都人,"少与犍为杨恭友善,恭早死,遗孤未数岁,裔迎留,与分屋而居,事恭母如母。恭之子息长大,为之娶妇,买田宅产业,使立门户",朋友杨恭死后,张裔把其家人(包括儿子、母亲)从犍为接到成都,替朋友向其母尽孝,抚育其子长大,并"为之娶妇,买田宅产业,使立门户",一个为人子、为人父该做的,他这个朋友都做到了。再如《三国志·蜀书·二主妃子传·穆皇后》载,先主穆皇后,陈留人,"兄吴壹,少孤,壹父素与刘焉有旧,是以举家随焉入蜀"。刘备穆皇后的哥哥吴壹从小就是孤儿,因为父亲吴素与刘焉是朋友,所以他一家人(应该包括其母)跟随刘焉来到蜀地。此例未提及刘焉是否抚养孤儿吴壹,但乱世之中保全其身,又一起迁入蜀地,可以推测,刘焉对于孤儿一家应该是尽力而为的。

(4)收养人是父亲的政敌的情况。比如曹操与陈宫就是政敌,可曹操在陈宫死后收养其儿女,为其嫁娶。

总之,无血缘关系的收养人员,包括父亲的朋友、乡亲、上司等,对于孤儿的抚养与帮助,多发生于东汉末年及三国鼎立时期,这种现象似乎与家族主义的泛化密切相关,即父亲的朋友、乡亲、上司等人都可以因为与父亲的紧密关联而彼此产生家人一样的感情,将对方的责任义务视为自己的责任义务,在对方缺位的时候,代替他完成一系列未能完成的任务,包括对于孤儿的抚养、对于老母的孝敬。这样的人际关系模式形成于三国时期,有其积极的社会意义,对后世的中国社会发展产生长久且深远的积极影响。

四、收养特例

当然,在收养过程中,有时会出现收养人发生变更的特殊情况。比如《东观汉记》中有关马严兄弟少孤之时被收养的记载:"余(严父)卒时,严七岁,依姊婿父九江连率平阿侯王述。明年,母复终,会述失郡,居沛郡。建武三年,余外孙(马严的外甥)右扶风曹贡为梧安侯相,迎严归,养视之。至四年,叔父援从车驾东征,过梧安,乃将严兄弟西。严年十三至雒阳,留寄郎朱仲孙舍,大奴步护视之也。"

马严七岁而孤,长至十三岁期间,收养人屡次变更,这些收养人构成一个群体,包括有婚姻关系人员——姊婿父,有血缘外亲人员——余外孙(是马严的外甥,年龄应该远远大于马严),也有血缘内亲人员——叔父,同时还有父辈的下级官吏——郎朱仲孙,还有奴仆——大奴步。这些收养人与被收养者马严之间,既有血缘关系成员,也有婚姻关系成员,还有非血缘关系人员,他们在马严成长的不同时段,像接力赛跑中传递接力棒一样,参与完成对马严兄弟的收养与抚育。这种情况说明,东汉时期收养人群体构成的多样性,无论是有血缘关系还是有婚姻关系的人们,均是完成收养行为的主流群体。

反过来,这个例子也证明被收养对象来源的多样性。

总体看来,收养对象可以是兄弟之子,可以是外孙,可以是血缘关系稍远的六亲人员,也可以是没有血缘或婚姻关系人员,即上下级的隶属人员——吏士的子弟。有时一家收养的对象可以是数种,如第五伦"时米石万钱,人相食,伦独收养孤兄子、外孙,分粮共食,死生相守,乡里以此贤之"①,他一家同时收养孤兄子和外孙,对象不同,但其功相同。

异姓之家合力通财,共同完成抚养任务。如《三国志·魏书·赵俨传》记载,赵俨,颍川阳翟人,"避乱荆州,与杜袭、繁钦通财同计,合为一家",三个异姓之家能"合为一家",应该源于这三个男人之间的友谊,"通财同计",对于各自小孩的成长,应该

---

① (东汉)刘珍等撰,吴树平校注:《东观汉记校注》卷十六《第五伦传》,北京:中华书局,2008年,第683页。

也是一起承担物质保障。此例虽然未提及孤儿的问题,但为认识当时朋友之间的感情提供了一个比较好的佐证。

　　基于慈善救助目的的收养有积极意义,被收养人在被收养时一般处于童稚之年,没有收养人的养育之功,孤儿很可能在童稚之年就会因饥饿或其他自然或人为的灾害而夭折。孤儿们不能长大,这既是对于家庭延续的毁灭性打击,又对于社会与国家的延续造成不可挽回的创伤,在两汉长久的动荡和自然灾害频发的情况下,孤儿们能得到收养乃是幸事。

第二节　过继:宗法意义的拟亲子关系

　　基于继嗣宗祧义务的收养有两种,一种是自己无亲生儿子而以养子为嗣子,有养、嗣合一的倾向,有事实上的抚育和赡养关系,一般发生在收养人生前,被收养对象不一定是孤儿,人数一般限定为一人;另一种是纯粹的嗣子,没有事实上的抚育和赡养关系,这种情况一般是收养人殁后由官府参与完成。收养和过继过程中,养子未必被立为后嗣,嗣子也不一定真正被收养,二者存在微妙的差别。嗣子强调的是继嗣者"嗣"的义务和责任,嗣子不一定有被收养者养育的过程。

　　养、嗣合一的收养,在前文"慈善义务的收养"一节有所论述,此不赘述。这种情况对家族的传承和社会的稳定起到积极的作用,受到历代统治者和社会上有识之士的推崇;嗣子的过继则多在青少之年,收养人对于收养对象基本不存在养育之功,这是不得已而为之的家族传承办法。

一、嗣而不养的过继

所谓嗣子,有人在研究宋代家庭时认为,家中没有子嗣的时候,为了门户的延续,经常采用立他人之子为嗣子的方式,俗称"过继"。① 这虽然是针对宋代情况而言,但两汉时期已经存在类似情况,可以适用。学者丁凌华说:"宗祧继承即是以祭祀祖先为目的的男系宗统的继承……宗祧继承的关键所在,始终是无子立嗣问题。"② 上述观点的共性前提就是"无子"。单纯以"家中没有子嗣"来界定秦汉时期的过继显得以偏概全,秦汉时期的"过继"一般发生在无子家庭,但也有家中有子嗣(比如庶子、孙子)依然立他人为后的情况,而且嗣子不一定是子弟辈,也可能是其他辈分的人。

(一)以血缘关系较近的子侄辈为嗣

这种情况下,收养对象一般为弟弟之子,或兄长之子。至于此子未被收养前在诸兄弟之间的排行,没有一定之规,但入继大统者一般是被收养之家的长子。《仪礼·丧服·子夏传》记载:"故族人以支子后大宗也。嫡子不得后大宗。"上述现象与此条记载相比较,说明秦汉时期立后嗣的情况已经与周代的情况大不一样,嫡子可以后大宗,即被收养之家的长子可以入继大统。

如汉宣帝为独苗,汉平帝只有三个妹妹,汉质帝是刘鸿的独子,在质帝入继大统之后,刘鸿无子,"太后立桓帝弟蠡吾侯悝为

---

① 邢铁、高崇:《宋元明清时期的妇女继产权问题》,《河北师范学院学报(社会科学版)》1996年第1期。
② 丁凌华:《宗祧继承浅说》,《史学集刊》1992年第4期。

勃海王,奉鸿嗣"①。以上情况都是独苗入继大统。清河孝王刘庆有两个儿子,大儿子孝安帝十三岁即皇帝位,有个弟弟名为刘常保,"为广川王"②。此为长子入继大统的例子。

在人员的选择上,多数是以子侄辈为嗣。就收养原则而言,同宗收养须取昭穆相当者,辈分低于己者具有优先权,一般按照由近及远的原则,先取近支,再取疏宗。

有时哥哥收立弟弟的儿子为后嗣,以满足大宗的立嗣要求。如《法律答问》记载,"士伍甲无子,其弟子以为后"③。《汉书·张汤列传》记载,张贺"有一子蚤死,无子(但有孙),子安世小男彭祖"。如《汉书·外戚列传上》记载,元帝即位,"复封延寿(许广汉幼弟)中子嘉为平恩侯,奉戴侯(许广汉)后,亦为大司马车骑将军"。《汉书·外戚列传下》记载,"幼君(太后父同产弟)子商封汝昌侯,为太后父崇祖侯后,更号崇祖曰汝昌哀侯"。《三国志·魏书·后妃传·文德郭皇后》记载,"后蚤丧兄弟,以从兄表继永后,拜奉车都尉"。郭皇后的从兄表是其父郭永的兄弟之子,皇后出面为父亲立后嗣。《三国志·魏书·刘廙传》记载,刘廙赐爵关内侯,注解引《廙别传》云:"时年四十二,无子,帝以弟子阜嗣。"《三国志·魏书·司马朗传》记载,"朗弟孚,又以子望继朗后"。注解引《晋诸公赞》解释说:"望字子初,孚之长子。"司马望是长子为伯父后嗣。此例为自己有儿子,不过儿子的爵位已经与父亲一样,不需要再去继承父亲的爵位,所以弟弟把自己的儿子过继给他以利于继承相关利益。其中立嗣行为主要由皇

---

① 《后汉书》卷五五《章帝八王列传·千乘贞王伉》,第1798页。
② 《后汉书》卷五《孝安帝纪》,第206页。
③ 彭浩主编:《睡虎地秦墓竹简》,长沙:湖北美术出版社,2002年,第110页。

帝出面,几乎看不出父亲在儿子被要求继嗣兄弟过程中有何动作,这或许说明在两汉时期,以兄弟之子继嗣的行为并未得到全社会的认可,此时的继嗣人选尚需要官府出面确定。

也有弟弟收立哥哥的儿子为后嗣,以满足小宗的立嗣要求的情况。如《后汉书·孝明八王列传》记载,"侧(常山王)无子,其月立兄防子侯章为常山王。和帝怜章早孤,数加赏赐"。《后汉书·儒林列传下》记载:"伏恭字叔齐,琅邪东武人,司徒湛之兄子也。湛弟黯……无子,以恭为后。"又如《三国志·蜀书·诸葛亮传》记载:"乔字伯松,亮兄瑾之第二子也,本字仲慎……初,亮未有子,求乔为嗣,瑾启孙权遣乔来西,亮以乔为己嫡子,故易其字焉。"此为弟弟收立哥哥的儿子,满足小宗的立嗣要求。

三国时期,曹姓子弟几乎每个无子的王公都被立嗣,完全没有所谓的大宗小宗之分,其他立嗣行为的前提是,那些被立嗣之人生前均已经享有较高的爵位或官位。他们都是以兄弟之子为后嗣的,基本不关注谁是哥哥谁是弟弟的问题。如《三国志·魏书·武文世王公传》记载:"济阳怀王玹,建安十六年封西乡侯。早薨,无子。二十年,以沛王林子赞袭玹爵邑,早薨,无子。"沛王林与玹为同父异母兄弟,则其子赞是玹的兄弟之子。同传的其他王公有范阳闵王矩、丰愍王昂、相殇王铄、邓哀王冲、郿戴公子整等,都由皇帝出面为其立兄弟之子为后嗣。

(二)血缘关系较远的过继情况

秦汉时期,血缘关系较远的过继情况也时常发生,具体包括:立从兄之子为嗣、立从兄之孙为嗣或者立血缘关系较远的族子为嗣的情况。为了更直观地分析过继的情况,根据《后汉书》相关文献列出皇室宗亲过继情况表,请见表5。

表 5 《后汉书》所见皇室宗亲过继情况表①

先祖	2代	3代	4代	5代	6代	7代	8代
光武帝刘秀	汉明帝	乐成王刘党	汉和帝	怀王刘胜			
			千乘贞王刘伉	刘宠	刘鸿	汉质帝刘缵	
					刘得		
					刘延平		
		孝章皇帝	河间王刘开	刘德			
				刘恭	刘博		
				刘政	刘建	河间安王刘利	刘陔
							刘康
				解渎亭侯刘淑	刘苌孝仁皇	汉灵帝刘宏	
				蠡吾侯刘翼	帝兄都乡侯硕		
					汉桓帝刘志	（无子）	
					刘悝		
			清河孝王刘庆	汉安帝刘祐	孝顺帝刘保	孝冲帝刘炳	
				刘虎威			
	刘苍	刘忠					
		任城王刘尚	刘安	刘崇			
			刘福				
			刘亢				

① 上表中同一种符号代表被符号圈定的对象之间存在过继关系。

可以发现,立血缘关系较远的人员为嗣的情况比较复杂,包括以下三个方面。

1.以同姓晚辈为后嗣

东汉时期存在以从兄之子为嗣的现象。如《后汉书·章帝八王列传》记载:"平原怀王胜,和帝长子也……无子,邓太后立乐安夷王宠(千乘贞王伉子)子得为平原王,奉胜后,是为哀王。"其中,和帝与刘伉为亲兄弟,有"和帝即位,以伉长兄,甚见尊礼"为证,那么,刘胜与刘宠则为从兄弟,而宠子刘得奉刘胜后,即是以从兄之子为嗣。又如同一文献记载,清河孝王庆,其子"虎威立三年薨,亦无子。邓太后复立乐安王宠子延平为清河王,是为恭王"。据文献知道,清河孝王庆与千乘贞王伉都是汉章帝的儿子,是亲兄弟,其中,刘宠与刘虎威从兄弟,那么,刘宠的儿子刘延平继嗣刘虎威,就是以从兄之子为后嗣。

还有以从兄之孙为嗣的情况。如《后汉书·章帝八王列传》载:"解渎亭侯淑(河间孝王子),熹平三年,使使拜河间安王利子康为济南王,奉孝仁皇祀。"根据表5看出:其一,孝仁皇是孝灵帝的父亲刘苌,其祖父是河间孝王刘开。其二,刘利的父亲是刘建,其祖父也是河间孝王刘开。所以知道刘苌和刘建是从兄弟关系。其三,刘康是刘利的儿子,刘建的孙子。即刘康是刘苌从兄刘建的孙子。所以,"河间安王利子康奉孝仁皇祀"就是以从兄之孙为嗣。又如同一文献记载,河间孝王开的另一个儿子"德为安平王,奉乐成王党祀"。该文献注解里说"党,明帝子也",参考表5知道,刘德的祖父是汉章帝,刘党和汉章帝是亲兄弟,那么"德为安平王,奉乐成王党祀",也是以兄弟之孙为后嗣。

以血缘较远的族子为后嗣的情况。如《后汉书·光武十王列传》记载,"延熹四年,桓帝立河间孝王(章帝八王之一)恭子参户亭侯博为任城王,以奉其(刘崇)祀"。参照表5:其一,刘崇与刘博的血缘较远,他们共同的祖先要追溯到光武帝刘秀那里。其二,以刘秀为始祖,刘崇为第五代,刘博为第六代。其三,刘崇是族父,刘博是族子。刘博继嗣刘崇,就是族子继嗣族父。这种情况当属于血缘关系很远的继承。汉桓帝这样做不合常理,因为,以第六代族子为嗣合乎情理的话,前提应该没有比其血缘关系更近的继嗣人选。史书没交代刘崇有无亲兄弟,他的亲叔叔们即刘福、刘亢等人有无子嗣的问题也一概没交代,这应该是为尊者讳,刘崇死后可能还有从兄弟及其子嗣在世,但史书却不交代,可能是故意隐去。

另如《汉书·曹参列传》记载:"窋嗣侯,高后时至御史大夫。传国至曾孙襄,武帝时为将军,击匈奴,薨。子宗(玄孙)嗣,有罪,完为城旦。至哀帝时,乃封参玄孙之孙本始为平阳侯。"①曹宗有罪,其继承的爵位已被取消,故后人所承继之爵当然不是从曹宗而来,但其父曹襄则到死时仍享有侯爵,所以曹本始乃承继曹襄之爵,襄为曹参玄孙,本始为玄孙之孙,故此例为以族孙为嗣。

2.以从兄弟为后嗣

如《后汉书·章帝八王列传》记载,"永宁元年,邓太后封开子翼为平原王,奉怀王胜祀"。胜,和帝长子。刘开与汉和帝为亲兄弟,则刘翼与刘胜为从兄弟。此处与前例"刘得为平原王,奉胜后",所奉为同一人,且主张者又同为邓太后,但一个是奉祀,一个奉后。

又有"太后立桓帝弟蠡吾侯悝为勃海王,奉鸿嗣",从表5可

---

① 《汉书》卷三九《曹参列传》,第2021页。

知，刘鸿是千乘贞王刘伉的孙子，刘悝是河间王刘开的孙子，千乘贞王伉与河间王开又是亲兄弟，二者又都是汉章帝的儿子，那么，刘悝与刘鸿是以汉章帝为始祖的第四代兄弟，则刘悝继嗣刘鸿就是以族兄弟为嗣，即以出自同一祖先的第四代兄弟为后嗣。另如前述故朝阳侯刘护的从兄刘瑰，先与安帝乳母王圣的女儿伯荣私通，后又娶她为妻子，最后因裙带关系而得到本来不属于他的爵位，文献中的"得袭护爵，位至侍中"①说的就是这种情况，也就是从兄继从弟的爵位。

以上事例说明，两汉三国时期同姓过继立嗣，基本是以晚辈为后嗣，当然也存在以兄弟或父辈为嗣的特例，这说明作为晚辈的过继人选，享有较同辈或父辈为优的权利。

3.立异姓人员为嗣

两汉时期，除了上述立嗣情况外，有时，还会选择异姓人员为后，但一般也有血缘关系。秦汉以后，由于血食观念淡化、宗族约束力减弱，无子者立异姓为嗣，特别是以姊妹之子为嗣的情况较为普遍。如东汉末年的朱治请求孙策允许其以姊子施然为嗣，据《三国志·吴书·朱治传》记载，"朱然，字义封，治姊子也。本姓施氏。初，治未有子，然年十三，乃启策乞以为嗣"。又如马忠，"少养外家，姓狐，名笃，后乃复姓，改名忠"②。"王平字子均，巴西宕渠人也。本养外家何氏，后复姓王。"③《吴书》曰："河，坚族子也。出后姑俞氏，后复姓为孙。"④《三国志·蜀书·刘封传》记载，刘备养寇氏之子为后嗣，改名刘封，"刘封者，本罗

---

① 《后汉书》卷五四《杨震列传》，第1761页。
② 《三国志》卷四三《蜀书·马忠传》，第1048页。
③ 《三国志》卷四三《蜀书·王平传》，第1049页。
④ 《三国志》卷五一《吴书·宗室传·孙韶》，第1214页。

侯寇氏之子，长沙之氏之甥也。先主至荆州，以未有继嗣，养封为子。"上述事例的共性，就是各位养子都要改姓，这也是认为那些年少之人是嗣子而非寄养的依据。有血缘关系的异姓人员过继一般都涉及改姓，回归本宗要恢复姓氏。

当然，也有立毫无血缘关系的异姓为嗣的情况。如《三国志·蜀书·杨戏传》注解引《益部耆旧杂记》记载，卫继"父为县功曹。继为儿时，与兄弟随父游戏庭寺中，县长蜀郡成都张君无子，数命功曹呼其子省弄，甚怜爱之。张因言宴之间，语功曹欲乞继，功曹即许之，遂养为子"。卫继生父是县功曹，养父是父亲的上司，即县长蜀郡成都张君。卫继之父有五个儿子，当上司提出以卫继为子的要求时，他很痛快答应了。此例是典型的以异姓为后，但三国时期法律已经开始禁止立异姓为后嗣，"时法禁以异姓为后，故复为卫氏"。

秦汉以后，随着社会经济的发展，人员的迁徙、别居现象十分普遍，特别是汉代政府强制实行的迁徙政策，对缩小汉代家庭规模，削弱宗族内部联系，打击宗族势力都起到一定的作用。在这种情形下，当远离族亲的人绝嗣时，便出现选择异姓人员为后的社会现象。丁凌华对此解释说："秦汉以后，大宗无力收族，衬祭制度名存实亡，小宗无子也各自立后，按照传统，一般是立本宗兄弟之子为嗣子。但遇到本宗人丁不旺，无昭穆相当者可立时，一般采用立异姓养子为嗣，这是民间较多采用的方法。"[①]

但魏晋以后，对异性养子则予以限制，甚至是反对，如《晋书·殷仲堪列传》载，"以异姓相养，礼律所不许"。《唐律·户婚律》云："养异姓男者，徒一年；与者，笞五十。"这说明，唐代及其以后

---

① 丁凌华：《宗祧继承浅说》，《史学集刊》1992年第4期。

将收养异姓定性为非法行为。当然,这种规定主要是针对以继嗣承祧为目的的收养,如果不以此为目的,则不受这种限制。就现有的材料来看,并没有禁止异姓相养的法律条文,故在后世的社会生活中异姓养子仍然大量存在。

有人说,过继行为本身往往以养父为本位,以"为宗""为家"为主要目的。所谓"为宗",就是祭祀祖先,使祖先有所血食而不为厉鬼作祟。所谓"不孝有三,无后为大"。"为家"则是以保持家产,使家永存为目的。① 尤其以曹魏诸多王子的继嗣为例。这只是表面现象,实际上,秦汉时期的嗣子情况多出于功利目的,因为被嗣者拥有较高的社会地位和大量的金钱、封地,所以才有他人愿意将自己的子孙过继给他人,以获得被嗣者的封地和爵位。

二、养嗣合一的过继

一般来说,那些基于慈善义务的收养行为,不存在什么收养原则,如果说有什么原则,就是对于孤弱的救助。叔伯子侄同居的家庭也只是长辈承担起抚育孤幼的责任,子侄成年后还是另立门户。② 比如,郑均叔侄即是其例。郑均"失兄,养孤兄子甚笃,已冠娶,出令别居,并门,尽推财与之,使得一尊其母"③。至

---

① 冯尔康:《拟制血亲与宗族》,《"中央研究院"历史语言研究所集刊》1997年,第68本第4分,第944页。
② 徐歆毅:《汉代家庭继承制度研究》,中国社会科学院研究生院硕士学位论文,2005年,第25页。
③ (东汉)刘珍等撰,吴树平校注:《东观汉记校注》卷十四《郑均传》,第544页。

于长大之后的养子是否尽孝,或者养老,虽然未做特殊要求,但现实中应该是比照亲生儿女,力有厚薄,尽心就好,这方面的材料较少,很难求证具体的做法。

1.慈善收养,养、嗣合一的收养和纯粹嗣子之收养的区别

基于慈善义务的收养行为,收养对象没有人数方面的限制,同时被收养对象也不分男女,收养人的财力、能力越强,善心与家族意识越强,他们所收养的人员可能就越多。当然,上述被收养对象大多数是被收养于家庭之中的,被视为理所当然的家庭成员。二者存在事实上的抚育和赡养关系,收养对象既受收养人的扶养和教育,又要在精神上孝敬后者,物质上对后者生养死葬,恪尽为人子嗣之责。

秦汉时期,纯粹的嗣子和养子不同,前者是宗祧继承人,不一定受到收养人的养育之恩,当然养、嗣合一的情况除外,嗣子主要负责继嗣享受被嗣人员的爵位和供奉其死后血食;后者一定受过收养人的养育之恩,养子不一定分得收养人的大宗财产,而且养、嗣合一的情况除外的养子,一定不能继嗣收养人的爵位,他们成年之后,只承担养老义务。①

嗣子就是纯粹以宗祧继承为目的的过继之子,与养嗣合一的养子有所区别,嗣子与收养人之间并没有事实上的抚育和赡养关系,一般是收养人殁后由官府参与完成。这种情况跟家族意识、家庭意识的逐渐加强是密切相关的。

2.养、嗣合一的情况

从养子之于养父母的权利义务关系来说,出于继嗣宗祧义务的收养行为和慈善义务的收养行为有点相似,收养行为一般

---

① 丁凌华:《宗祧继承浅说》,《史学集刊》1992年第4期。

发生在其童稚之年,收养人对被收养人虽然没有生育之功,但是养育之功在收养对象的成长过程中显得格外重要,收养对象在收养人生前入于其家,收养人与其存在事实上的抚育和赡养关系。

从嗣子的责任和义务看,要承担对继父母(收养人)死后丧服等的义务,实际上同于亲生嫡长子。这是因为:异姓养子已经脱离与生身之家的关系,成为养家的正式家庭成员,其与生身之家的权利义务关系也随之发生转移,养子和嗣子均有继承财产的权利,因而就应该承担相应的责任和义务。从法律上的连带责任来看,如果养家亲属有人犯法,养子要连坐受刑,而本生之家发生类似情况,相关义务则被免除。

当然,还存在另外一种情况:即养子同生身之家的联系未完全割断。与同姓养子一样,这种联系首先表现在服制上,即他要为本生之家的父母降等行服。其次,也涉及法律上的连带责任问题。在他作为养子期间,对于本生之家的亲属,仍有赈赡的义务。但对于本生之家财产的权利不能享受,只有他恢复与本生之家的亲子关系以后,原来的财产继承和分配的权利才得以恢复。

养老、祭祀,以续香火,这些是对养嗣合一者的基本要求。一般来说,小民之家对于嗣子的养老要求大大高于祭祀香火的要求,因为,在人们年老体衰、几乎丧失劳动能力之后,必然要有人出面来维持其最起码的生存需要,养子就弥补和承担了对于老年人的养老送终的责任义务。正是基于这个原因,两汉统治者提倡以孝治天下,尤其是东汉以后大力表彰那些对养老尽力的孝子。

但嗣子在养父母有了亲生子且养父母均去世后,其后嗣之权会自动地或被动地解除,因此,身份尴尬的嗣子一般都会要求归回本宗,如果是异姓的养子同时还要复归本来的姓氏。但这种嗣子要求归宗的行为一般都不会被允许,有时甚至会遭遇官府的谴责与制裁。

总之,汉代的收养行为是非常活跃的,可能是因两汉时期的家族家庭意识的增强所致。但客观上来说,收养行为使一些失去亲人的幼小儿童或弱势群体得到关爱,对社会的发展具有积极的意义。反过来,养子也是家庭的重要成员,对家庭规模的扩大也起到推动作用。东汉末年,"那种世家大族式家族组织已经非常活跃"①,其中肯定包括养子在内。所以,有学者认为,传统中国的亲缘组织极其发达。②

三、寡妻有立嗣之权

根据史料发现,两汉时期,女性参与立后嗣的记载不多。最早的记载见于西汉文帝时,文帝被立时就有家族中的女性长辈参加。《史记·孝文本纪》记载,吕后死后,群臣迎立代王为帝,丞相陈平、太尉周勃等上书曰:"臣谨请阴安侯、顷王后、琅邪王、列侯、吏二千石议,大王高皇帝子,宜为嗣。愿大王即天子位。"苏林注"阴安侯"等说:"高帝兄伯妻,羹颉侯母,丘嫂也。"阴安侯高帝嫂也(《文帝纪》注如淳引祠令)。③ 这是西汉初年,刘姓皇

---

① 徐扬杰:《宋明家族制度史论》,第8页。
② 刘志琴、岳庆平:《家庭变迁》,北京:民主与建设出版社,1997年,第7页。
③ 程树德:《九朝律考·汉律考三》,北京:中华书局,2003年,第90页。

室宗亲的女性参与汉文帝的即位大统之事。

东汉时期,女性参与立后的情况也时有发现。如《后汉书·铫期列传》注解引《东观记》:"期疾病,其母问期当封何子。"这是母亲参与儿子的立后问题。如《后汉书·邓禹孙骘列传》载:"阊妻耿氏有节操,痛邓氏诛废,子忠早卒,乃养河南尹豹子嗣为阊后。耿氏教之书学,遂以通博称。"这是妻子决定为丈夫立后的情况。《全后汉文·列女·徐淑·为誓书与兄弟》注解引《通典》说:"汉代秦嘉早亡,其妻徐淑乞子而养之。淑亡后,子还所生。朝廷通儒移其乡邑,录淑所养子,还继秦氏之祀。"这也是妻子决定为丈夫立后的问题。

又如公乘会妻:"广都张氏女也。夫早亡,无子。姑及兄弟欲改嫁之。张誓不许,而言之不止,乃断发割耳。养会族子,事姑终身。"①元常,"广都令常良女,适广汉便敬宾,早亡。元常无子,养宾族子"②。贞玦,"字琼玉,牛鞞程氏女,张惟妻也。十九适惟。未期,惟亡。无子,养兄子悦"③。以上诸例说明,朝廷承认寡妇的立嗣之权。东汉安帝之后的每一个皇帝都是嗣子身份,他们身后都是一个身居皇后之位的寡妇。这些身居高位的女性决定了新君的人选。

三国时期,也有妇女参与立后嗣之事。如《三国志·吴书·三嗣主传孙皓》记载,孙吴丞相濮阳兴和左将军张布劝说太后迎

---

① (东晋)常璩撰,刘琳校注:《华阳国志校注》卷十上《先贤士女总赞上》,第734页。

② (东晋)常璩撰,刘琳校注:《华阳国志校注》卷十上《先贤士女总赞上》,第735页。

③ (东晋)常璩撰,刘琳校注:《华阳国志校注》卷十上《先贤士女总赞上》,第786页。

立孙晧为嗣,太后朱回答说:"我寡妇人,安知社稷之虑?苟吴国无陨,宗庙有赖,可矣。"于是遂迎立晧,时年二十三。又如《三国志·魏书·三少帝纪高贵乡公髦》记载,在废黜高贵乡公髦之时,曹魏太后下诏说:"夫五刑之罪,莫大于不孝。夫人有子不孝,尚告治之,此儿岂复成人主邪?吾妇人不达大义,以谓济不得便为大逆也。然大将军志意恳切,发言恻怆,故听如所奏。当班下远近,使知本末也。"通过有关史料发现,在三国时期的立后活动中,开始出现女性自我贬低的现象,即使身份高贵如一国之太后,她们在诏书当中也极力宣传"我寡妇人,安知社稷之虑""吾妇人不达大义",虽然如此,君主的废黜,没有太后的最后同意,大臣们也是不能拍板定夺的。

有人认为,并非所有无子寡妇都有立嗣权,因为,它也是按伦理差序格局由夫族共享的。首先需"合从祖父母、父母之命";"夫亡妻在,则从其妻",必须以"无祖父母"及"寡妇守节"为前提。即便她应得此权并受到国家法律的保护,但假如少妻新寡,无主家之力而有改嫁之虞,也得"从房族尊长之命",并结合官府的户绝法令,来决定她有无立嗣权。① 经权之变,全由夫家的男性们说了算。

---

① 汪兵:《生存、协理与代管:中国古代女性的权力》,《思想战线》2007年第3期。

第三节　继子女：婚姻关系下的拟亲子关系

妇女再婚一般发生在青壮年时期。由于父亲早逝，母亲为了生存往往选择再嫁，此时若儿女相对幼小，则可能进入继父的家庭，在重组的家庭中形成继父与继子的关系，同时兄弟姐妹之间也会有"同产"和不同产之分。对经济水平处于社会中下层并且生活在核心和简单直系家庭的丧偶妇女来说，再婚具有一定普遍性。①

从今天见到的史料看，汉代有关继母与继子的记录相对较多。而且无论法律地位还是社会现实，继母和亲生母亲一样，享有被亲生子女、继子女们同等的尊重，有权得到他们的孝养，所以"继母如母"。前文已经述及，此不赘述。

但对于父家长而言，继子非子，如果继子始终不曾进入继父的家庭，他们之间的关系如同路人；只有那些在幼儿阶段即进入其家庭的继子，继父才有养育之功，也才享有被继子尊敬孝养的权利。本书论述的主要指后者。关于继子孝养继父的历史记载非常少，只能了解继子的信息。

继子在新家庭中的地位变迁有一个逐渐发展变化的过程。
父母的再婚对家庭成员最大的影响就是出现继子，继子在

---

① 王跃生：《清代中期妇女再婚的个案分析》，《中国社会经济史研究》1999 年第 1 期。

新的家庭中占据的地位和身份,经历逐步发展变化的过程。秦汉时期,兄弟姐妹之间一般同父同母的称为"同产",而因为嫡庶有别,"同母"的称呼很盛行;相对而言,关于继父与继子的关系的记载比较少,如《三国志·魏书·曹真传》注解引《魏略》记载:"太祖为司空时,纳晏母并收养晏。其时,秦宜禄儿阿苏亦随母在公家,并见宠如公子。"何晏与秦阿苏都是随母亲入住了继父曹操的家里,是继子,都得到了继父的疼爱。

两汉时期,人们在同父的情况下强调同母的亲贵性、先决性。此为先秦时期的历史遗存,如周王的母弟血统高贵,周王一般由嫡长子继承,嫡长子死了,由其他的嫡子,即嫡长子的同母弟弟,继承王位。如"康王息民,并建母弟"①,"先王之道,庸勋亲亲,并建母弟,开国承家"②,"太子死,有母弟可立"③,"十年,幽王卒,同母弟犹代立,是为哀王"④。如《二年律令·置后律》所载,两汉时期,"同产相为后……其或异母,虽长,先以同母者"。

兄弟封侯也自同母的血统伊始,如"王氏之兴……封太后同母弟崇为安成侯,食邑万户。凤庶弟谭等皆赐爵关内侯,食邑"⑤,太后的同母弟弟王崇先被封侯,其他的同产兄弟就要排在其后,爵位也要次之。

两汉时期,女性再婚现象的普遍存在,使得异父兄弟姐妹因跟随母亲而成为新的家庭成员的现象比较多,这其实从侧面反

---

① 杨伯峻编著:《春秋左传注·昭公传二十六年》,第1840页。
② 《三国志》卷一九《魏书·任城威王彰传》,载文帝诏书,第556页。
③ 《史记》卷三三《鲁周公世家·襄公三十一年》,第1539页。
④ 《史记》卷四〇《楚世家》,第1738页。
⑤ 《汉书》卷九八《元后列传》,第4017页。

映秦汉时期继父与继子的抚育与赡养关系的普遍存在。所以，秦汉时期的家庭之中出现大量的"同产"和非"同产"的兄弟姐妹，具体可见表6。

表6 "同产"称谓出处及篇数记录表

史记	汉书	后汉书	三国志	晋书	宋书	南齐书	梁书	陈书	魏书	北齐书	周书
3	3	22	5	5	5	1	1	1	4	1	0

隋唐以前的史书中，共有81次提到"同产"称谓，其中两汉至三国时期的文献记录，除重复的之外，共计60次，占全部记载的四分之三强。

首先，弄清楚"同产"的含义，笼统地说，西汉初年，"同产"就是出自同一对父母的兄弟姐妹。张家山汉简《二年律令·置后律》有"男同产""女同产"的说法。① 此时既强调同父，也强调同母的血缘关系。而西汉中期以降，则指所有的同一父亲的兄弟姐妹。如《汉书·元后传》中称，"太后同产惟曼早卒，余毕侯矣"，王政君的五位兄弟中只有王凤、王崇与之同母，王曼、王商、王立三位与之是同父异母。这里的"同产"似乎开始只强调同一个父亲，是否同母不特别强调。这也许是因为此时的父系家庭越来越重视父亲的血缘，母亲的身份地位开始下降。

其次，还可以发现，表6中，东汉时期的"同产"称谓最多。因为，这一时期似乎处在排斥不"同产"的关键时期，此前的西汉时期，兄弟姐妹之间同产、不同产，待遇基本相同，不必区分；三国时期以降，"同产"记录呈现出越来越少的趋势，说明不同产的情况在家庭当中越来越少，已失去区别对待的必要。

---

① 张淑一：《张家山汉简所见汉代婚姻禁令》，《史学集刊》2008年第3期。

把梳前四史,得到关于兄弟姐妹"同母"的记录有76次。其中,异父者10次,同父者31次,重复者35次。

上述情况反映,在皇室和贵族家庭之中,兄弟姐妹一般是在同父的前提下强调同母的血缘关系。在其他阶层的家庭之中,兄弟姐妹在异父的前提下强调同母的记录仅出现10次,如西汉(季)布母弟丁公①;皇太后同母弟田蚡②;皇太后同母弟苟参③;"郑礼,即傅太后同母弟也";④祁大伯同母弟王游公⑤;等等,这仅有的10次记录大部分出现于西汉中期以前,至少在西汉末年或东汉初年,东汉中期以后再也找不到这样的情况。

这似乎说明,西汉时期的人们还愿意把权力与荣耀跟异父的兄弟姐妹一起分享。如《汉书·田蚡列传》载,汉武帝母亲对其同母弟田蚡的宠信,就远远大于对于同父兄弟王信,不但同样封侯拜爵,而且田蚡在面对王信之时可以骄傲自大起来,"召客饮,坐其兄盖侯(王信)北乡,自坐东乡,以为汉相尊,不可以兄故私桡"。师古曰:"自处尊位也。乡,读皆曰向。"又如《汉书·杜邺列传》载,汉哀帝"封傅太后同母弟子郑业为阳信侯"。此时异父兄弟姐妹和同产兄弟姐妹的权利几乎相等,甚至因为个人能力突出,异姓兄弟的地位可以高于同姓兄弟。但汉成帝对异父同母之人的封侯之举持排斥态度,如《汉书·元后列传》载,元后可怜同母弟苟参,就拿西汉前期的田蚡为例,没想到儿子汉成帝对此非常反感,说:"封田氏,非正也。"姓田的乃是王皇后的异父

---

① 《汉书》卷三七《季布列传》,1979页。
② 《汉书》卷六《武帝纪》,第155页。
③ 《汉书》卷七〇《陈汤列传》,第3025页。
④ 《汉书》卷九七下《外戚列传》,第4002页。
⑤ 《汉书》卷九二《游侠列传·原涉》,第3718页。

弟弟,他们被封侯拜爵不合名分,最后"以参为侍中水衡都尉",结果荀参只得到相对较高的官职,荀参开了异父兄弟不得封侯的先例。

东汉中期以降,人们对异父的兄弟姐妹相当淡漠,人们的权力与荣耀只跟同父的兄弟姐妹分享。东汉以降对于异父兄弟姐妹的封赏之举非常罕见,仅有三国时期的一例,"吴主权王夫人……王氏无后,封同母弟文雍为亭侯"①。

异父兄弟姐妹的关系变化,其个中原因似乎与当时的婚姻变化有关。如前所述,两汉时期的女子二嫁或三嫁者相当普遍,这就在家庭生活中带来非常多的兄弟姊妹,诸如同父同母、同父异母、同母异父、不同父不同母的兄弟姐妹都可能生活在一个家庭之中,因此关系复杂,由此带来利益纷争在所难免,诸如财产的分割、异父兄弟相互排斥。家内的争吵与纠纷频发,对社会的稳定就将起到消极的影响,所以西汉后期的父家长们考虑剥夺继子们的财产继承与分割的权利,进而形成对于同母异父兄弟的排斥倾向。这种情况的存在使大批母亲在考虑是否改嫁、再嫁的问题上心存顾虑,换句话说,为母者考虑到自己儿女在自己再婚后的生活恐多有磨难,若非迫不得已,是不会考虑再嫁的。因此,在这个因素影响下,东汉妇女的再嫁、改嫁的概率跟西汉前期比较已经有相当程度的下降。

在现实当中,为了区分异父兄弟的权利义务,必须用"同产"来强调父亲的同一性,所以,"同产"成为用以与异父的兄弟姐妹区别的专有称谓。而汉代以降,随着妇女贞节观念的加强,社会上妇女二嫁三嫁者逐渐减少,同母异父的兄弟姐妹也大量减少,

---

① 《三国志》卷五〇《吴书·妃嫔传》,第1199页。

异父兄弟的权利义务已经不会扰乱有序的家庭生活,"同产"这一称谓也就失去存在的必要,记录的大量减少也就成为必然。

综上所述,得出这样的结论:自西汉中后期以降,整个社会上自皇室而下至平民,逐渐剥夺异父兄弟姐妹等同于"同产"兄弟姐妹的权利,西汉中期之后,同母异父的兄弟姐妹,其地位在继父的家庭中逐渐下降,不能像西汉初期那样与同产兄弟享有同等的待遇。禁止以异姓为养子和剥夺继子在继父家中的权利,这些做法有深化血缘观念、促进家庭稳固的客观作用。

参考文献

古籍和专著

B

(东汉)班固撰,颜师古注:《汉书》,北京:中华书局,2006年。
(东汉)班固:《白虎通义》,上海:上海古籍出版社,1992年。

C

曹大为:《中国古代女子教育》,北京:北京师范大学出版社,1996年。
(东晋)常璩撰,刘琳校注:《华阳国志校注》,成都:巴蜀书社,1984年。
(三国)陈寿撰,陈乃乾点校:《三国志》,北京:中华书局,1999年。
陈奇猷:《韩非子新校注》,上海:上海古籍出版社,2000年。
(清)陈立撰,吴则虞点校:《白虎通疏证》,北京:中华书局,1997年。
陈筱芳:《春秋婚姻礼俗与社会伦理》,成都:巴蜀书社,2000年。
陈东原:《中国妇女生活史》,北京:商务印书馆,1998年。
陈鹏:《中国婚姻史稿》,北京:中华书局,1994年。
陈顾远:《中国婚姻史》,上海:商务印书馆,1925年。

陈顾远:《中国法制史》,上海:商务印书馆,1934年。
陈长琦:《中国古代国家与政治》,北京:文物出版社,2002年。
陈戍国:《中国礼制史·秦汉卷》,长沙:湖南教育出版社,2002年。
程树德:《九朝律考·汉律考三》,北京:中华书局,2003年。
承载:《春秋谷梁传译注》,上海:上海古籍出版社,2004年。
储敖生:《华夏婚书婚俗》,天津:百花文艺出版社,2002年。

D

(汉)戴德:《大戴礼记》,北京:中华书局,1985年。
逯钦立:《先秦汉魏南北朝诗》,北京:中华书局,1983年。
邓伟志:《唐前婚姻》,上海:上海文艺出版社,1988年。
邓云生编校:《曾国藩全集·家书》,长沙:岳麓书社,1985年。
丁凌华:《中国丧服制度史》,上海:上海人民出版社,2000年。
杜学元:《中国女子教育通史》,贵阳:贵州教育出版社,1995年。
杜芳琴:《发现妇女的历史》,天津:天津社会科学出版社,1996年。
杜芳琴:《女性观念的衍变》,郑州:河南人民出版社,1988年。
杜芳琴:《中国社会性别的历史文化寻踪》,天津:天津社会科学院出版社,1998年。
杜正胜:《吾土与吾民》,台北:台湾联经出版公司,1983年。

E

恩格斯:《家庭、私有制和国家的起源》,北京:人民出版社,1972年。

F

(南朝)范晔撰,司马彪、李贤、刘昭注:《后汉书》,北京:中华书局,1991年。
(唐)房玄龄:《晋书》,北京:中华书局,1974年。

费孝通:《生育制度》,上海:商务印书馆,1947年。

G

甘肃文物考古研究所等:《居延新简》,北京:文物出版社,1990年。

顾鉴塘、顾鸣塘:《中国历代婚姻与家庭》,北京:中国国际广播出版社,2011年。

郭宝均:《中国青铜器时代》,北京:三联书店,1963年。

H

(汉)韩婴:《韩诗外传》,长春:吉林大学出版社,1992年。

韩国河:《秦汉魏晋丧葬制度研究》,西安:陕西人民出版社,1999年。

韩养民、张来斌:《秦汉风俗》,西安:陕西人民出版社,1987年。

(西班牙)何·奥·加塞尔:《什么是哲学》,北京:商务印书馆,1996年。

胡平生:《孝经译注》,北京:中华书局,1996年。

黄晖:《论衡校释》,北京:中华书局,1990年。

黄汝成:《日知录集释(外七种)》,上海:上海古籍出版社,1985年。

J

(西汉)贾谊撰,阎振益、钟夏校注:《新书校注》,北京:中华书局,2000年。

焦国成:《中国伦理学通论》,太原:山西人民出版社,1997年。

(美)J.罗斯·埃什尔曼著,潘允康等译:《家庭导论》,北京:中国社会科学出版社,1991年。

金景芳:《周易全解》,长春:吉林大学出版社,1987年。

荆门市博物馆:《郭店楚墓竹简》,北京:文物出版社,1998年。

L

(明)李东阳:《明会典》,北京:商务印书馆,1986年。

(宋)李昉:《太平御览》,北京:中华书局,1998年。

(宋)李昉:《太平广记》,北京:中华书局,1961年。

李卿:《秦汉魏晋南北朝时期家族、宗族关系研究》,上海:上海人民出版社,2005年。

李学勤:《十三经注疏·礼记正义》,北京:北京大学出版社,1999年。

李仲祥、王增永:《婚丧礼俗面面观》,济南:齐鲁书社,2001年。

李晓菲、邵宝龙:《中国历代家训大观》,大连:大连出版社,1997年。

李循:《性与法》,郑州:河南人民出版社,1993年。

李小江:《夏娃的探索》,郑州:河南人民出版社,1988年。

梁治平:《寻求自然秩序中的和谐——中国传统法律文化研究》,上海:上海人民出版社,1991年。

缪启愉:《四民月令辑释》,北京:农业出版社,1981年。

林剑鸣:《秦汉史》,上海:上海人民出版社,1989年。

林忠军:《易纬导读》,济南:齐鲁书社,2003年。

刘增贵:《汉代婚姻制度》,台北:华世出版社,1980年。

刘志琴、岳庆平:《家庭变迁》,北京:民主与建设出版社,1997年。

刘厚琴:《儒学与汉代社会》,济南:齐鲁书社,2002年。

(东汉)刘珍等撰,吴树平校注:《东观汉记校注》,北京:中华书局,2008年。

(西汉)刘向:《列女传》,北京:中国文史出版社,1999年。

(西汉)刘向辑录:《战国策》,上海:上海古籍出版社,1995年。

(西汉)刘向撰,石光瑛校释:《新序校释》,北京:中华书局,1994年。

(西汉)刘向撰,向宗鲁校正:《说苑校正》,北京:中华书局,1987年。

(后晋)刘昫等:《旧唐书》,北京:中华书局,1975年。

刘宝楠:《诸子集成(影印本)》,上海:上海书店出版社,1986年。

刘尚慈:《春秋公羊传译注》,北京:中华书局,2010年。
(西汉)陆贾:《新语》,上海:上海古籍出版社,1990年。
吕思勉:《中国婚姻制度小史》,上海:中山书局,1929年。
吕思勉:《中国制度史》,上海:上海教育出版社,1985年。
吕思勉:《吕思勉读史札记》,上海:上海古籍出版社,1988年。
吕思勉:《秦汉史》,上海:上海古籍出版社,1983年。

M

麻国庆:《家与中国社会结构》,北京:文物出版社,1999年。
马新:《两汉乡村社会史》,济南:齐鲁书社,1997年。
马镛:《中国家庭教育史》,长沙:湖南教育出版社,1997年。
马克思、恩格斯:《马克思恩格斯选集(第4卷)》,北京:人民出版社,1972年。
马克思:《1844年经济学—哲学手稿》,北京:人民出版社,1985年。
毛汉光:《中国中古社会史论》,上海:上海书店出版社,2002年。

O

(宋)欧阳修等:《新唐书》,北京:中华书局,1975年。

P

潘光旦:《寻求中国人位育之道》,北京:国际文化出版公司,1997年。
潘光旦:《中国之家庭问题》,上海:商务印书馆,1928年。
潘允康:《家庭社会学》,重庆:重庆出版社,1986年。
庞尚鹏:《庞氏家训》,上海:商务印书馆,1960年。
彭卫、杨振红:《中国风俗通史》,上海:上海文艺出版社,2002年。
彭卫:《汉代婚姻形态》,西安:三秦出版社,1988年。
彭浩:《睡虎地秦墓竹简》,武汉:湖北美术出版社,2002年。

Q

齐涛:《中国民俗史论》,开封:河南大学出版社,1992年。

钱穆:《中国历史研究法》,北京:三联书店,2002年。

钱穆:《国史大纲》,北京:商务印书馆,1996年。

瞿同祖:《瞿同祖法学论著集·中国法律与中国社会》,北京:中国政法大学出版社,1998年。

瞿同祖:《汉代社会结构》,上海:上海人民出版社,2007年。

S

(西汉)司马迁:《史记》,北京:中华书局,1996年。

沙吉才:《当代中国妇女家庭地位研究》,天津:天津人民出版社,1995年。

施伟青:《中国古代史论丛》,长沙:岳麓书社,2004年。

史凤仪:《中国古代婚姻与家庭》,武汉:湖北人民出版社,1987年。

史凤仪:《中国古代的家族与身份》,北京:社会科学文献出版社,1999年。

(清)苏舆撰,钟哲点校:《春秋繁露义证》,北京:中华书局,1992年。

(明)宋濂等撰:《元史》,北京:中华书局,1995年。

宋大川、王建军:《中国教育制度通史》,济南:山东教育出版社,2000年。

(清)孙诒让:《周礼正义》,北京:中华书局,1987年。

(清)孙希旦:《礼记集解》,北京:中华书局,1989年。

T

(清)唐甄著,吴泽民编校:《潜书》,北京:中华书局,2009年。

陶希圣:《婚姻与家族》,上海:商务印书馆,1934年。

陶毅、明欣:《中国婚姻家庭制度史》,北京:东方出版社,1994年。

(元)脱脱等:《宋史》,北京:中华书局,2004年。

W

(清)王聘珍:《大戴礼记解诂》,北京:中华书局,1983年。

王利器:《新语校注》,北京:中华书局,1986年。

王利器:《颜氏家训集解》,北京:中华书局,2010年。

王利器:《风俗通义校注》,北京:中华书局,1985年。

王明:《太平经合校》,北京:中华书局,1960年。

(东汉)王符著,(清)汪继培笺,彭铎校注:《潜夫论笺校注》,北京:中华书局,1997年。

王玉波:《中国家庭的起源与演变》,石家庄:河北科学技术出版社,1992年。

王玉波:《中国古代的家》,北京:商务印书馆,1995年。

王玉波:《历史上的家长制》,北京:人民出版社,1984年。

王计生:《事死如事生:殡葬伦理与中国文化》,上海:百家出版社,2002年。

吴成国:《中国人的礼仪生活》,武汉:湖北教育出版社,1999年。

(日)尾形勇:《中国古代的"家"与国家》,长春:吉林文史出版社,1993年。

(北齐)魏收撰:《魏书》,北京:中华书局,2000年。

(唐)魏征:《隋书》,北京:中华书局,1973年。

(清)魏象枢:《寒松堂集》,北京:中华书局,1985年。

X

谢维扬:《周代家庭形态》,北京:中国社会科学出版社,1990年。

熊铁基:《汉唐文化史》,长沙:湖南人民出版社,1992年。

萧兵、叶舒宪:《老子的文化解读——性与神话学之研究》,武汉:湖北人民出版社,1993年。

徐少锦:《中国历代家训大全(上)》,北京:中国广播电视出版社,1993年。

徐扬杰:《中国家族制度史》,北京:人民出版社,1992年。

徐扬杰:《宋明家族制度史论》,北京:中华书局,1995年。

徐天麟:《西汉会要》,北京:中华书局,1998年。

徐天麟:《东汉会要》,北京:中华书局,1998年。

许维通:《韩诗外传集释》,北京:中华书局,1980年。

许倬云:《求古编》,台北:联经出版事业公司,1982年。

Y

(清)严可均辑,马志伟审定:《全上古三代秦汉三国六朝文》,北京:商务印书馆,1999年。

(北齐)颜之推撰,王利器集解:《颜氏家训集解》,上海:上海古籍出版社,1980年。

杨伯峻:《论语译注》,北京:中华书局,1980年。

杨朝明:《孔子家语注说》,开封:河南大学出版社,2008年。

杨伯峻:《春秋左传注》,北京:中华书局,1983年。

杨际平、郭锋、张和平:《五一十世纪敦煌的家庭与家族关系》,长沙:岳麓书社,1997年。

杨树达:《汉代婚丧礼俗考》,上海:商务印书馆,1933年。

杨志刚:《中国礼仪制度研究》,上海:华东师范大学出版社,2001年。

姚舜牧:《药言》,上海:商务印书馆,1960年。

(东汉)应劭撰,孙星衍校集,周天游点校:《汉官六种》,北京:中华书局,1990年。

(东汉)应劭:《汉官仪》,北京:中华书局,1985年。

于琨奇:《秦汉小农与小农经济》,合肥:黄山书社,1991年。

(东晋)袁宏撰,张烈点校:《后汉纪》,北京:中华书局,2005年。

(东晋)袁宏撰,周天游校注:《后汉纪校注》,天津:天津古籍出版社,1987年。

岳庆平:《汉代家庭与家族》,郑州:大象出版社,1997年。

岳庆平:《中国秦汉习俗史》,北京:人民出版社,1994年。

岳庆平:《反思中国的家与国》,长春:吉林文史出版社,1990年。

Z

臧知非:《周秦社会结构研究》,西安:西北大学出版社,1996年。

(清)曾国藩:《曾国藩全集》,沈阳:辽宁民族出版社,1997年。

张烈点校:《两汉纪》,北京:中华书局,2002年。

张传玺:《中国历代契约会编考释》,北京:北京大学出版社,2009年。

张仁玺:《秦汉家庭研究》,北京:中国社会出版社,2002年。

张怀承:《中国的家庭与伦理》,北京:中国人民大学出版社,1993年。

张采亮:《中国风俗史》,上海:上海文艺出版社,1988年。

张邦炜:《宋代婚姻家族史论》,北京:人民出版社,2003年。

张少康、卢永璘:《先秦两汉文论选》,北京:人民文学出版社,1996年。

张锡勤:《中国传统道德举要》,哈尔滨:黑龙江教育出版社,1996年。

张家山汉墓竹简二四七号墓整理小组:《张家山汉墓竹简:二四七号墓》,北京:文物出版社,2001年。

(唐)长孙无忌撰,刘俊文点校:《唐律疏议》,北京:中华书局,1983年。

赵沛:《两汉宗族研究》,济南:山东大学出版社,2002年。

赵浴沛:《两汉家庭内部关系及相关问题研究》,武汉:湖北人民出版社,2006年。

(清)赵翼著,王树民校证:《廿二史札记校证》,北京:中华书局,1984年。

钟兆鹏:《春秋繁露校释》,石家庄:河北人民出版社,2004年。

周天游:《八家后汉书辑注》,上海:上海古籍出版社,1986年。

朱贻庭:《中国传统伦理思想史》,上海:华东师范大学出版社,1989年。

邹昌林:《中国礼文化》,北京:社会科学文献出版社,2000年。

论 文

C

陈丛兰:《〈礼记〉婚姻伦理思想研究》,西北师范大学硕士学位论文,2005年。

陈凤阳:《关于家庭教育之基本问题的重新认识》,《湖北大学学报(哲学社会科学版)》1989年第4期。

陈筱芳:《中国古代婚姻研究与〈家庭、私有制和国家的起源〉》,《西南民族学院学报(哲学社会科学版)》2002年第11期。

陈厚忠:《中国古代的"孝""忠"观念及其矛盾》,《贵州教育学院学报(社会科学版)》1998年第1期。

陈延斌:《传统父子之道与当代新型家庭代际伦理建构》,《齐鲁学刊》2005年第1期。

蔡一平:《汉宋女主的比较》,《中国典籍与文化》1994年第3期。

蔡锋:《古代女性家庭文化教育的形式》,《中华女子学院学报》2002年第4期。

蔡德贵:《儒家的秩序的和平论》,《孔子研究》2003年第4期。

曹大为:《中国历史上贞节观念的变迁》,《中国史研究》1991年第2期。

曹建平:《魏晋南北朝家庭教育钩稽》,《湘潭师范学院学报》1998年第2期。

曹爱群:《论孔子的妇女观》,《苏州铁道师范学院学报》2002年第4期。

崔锐:《秦汉时期女子教育概述》,《陕西教育学院学报》2004年第2期。

崔瑞:《浅论中国汉代妇女在婚姻中的地位》,《西北大学学报(哲学社会科学版)》1999年第2期。

D

戴景民:《中国封建史上妇人专政之原因与评价》,《丹东师专学报》1994年第4期。

党江舟:《从〈秦简〉看秦律对两性关系的调整及其现实意义》,《河南省政法管理干部学院学报》2001年第1期。

董晓瑞、李淑梅:《从〈列女传〉到〈烈女传〉看妇女地位的变迁》,《邯郸师专学报(综合版)》1994年第1期。

邓小楠:《"内外"之际与"秩序"格局:兼谈宋代士大夫对于〈周易·家人〉的阐发》,邓小楠主编:《唐宋女性与社会》,上海:上海辞书出版社,2003年。

丁凌华:《宗祧继承浅说》,《史学集刊》1992年第4期。

杜正胜:《传统家族试论》,《大陆杂志》第65卷第2～3期,1982年8月。

杜芳琴:《妇女研究的历史语境:父权制、现代性与性别关系》,《浙江学刊》2001年第1期。

杜芳琴:《中国妇女史研究的本土化探索》,《陕西师范大学学报(哲学社会科学版)》1999年第2期。

杜芳琴:《妇女社会性别史对史学的挑战与贡献》,《史学理论研究》2004年第3期。

杜芳琴:《元代理学初渐对妇女的影响》,《山西师大学报(社会科学版)》1996年第4期。

杜玉奎、李文玲:《论汉代法律的儒家化》,《管子学刊》2006年第2期。

多洛肯、胡淑冰:《从汉代诗歌看汉代婚姻》,《昌吉学院学报》2004年第1期。

段塔丽:《从夫妻关系看唐代妇女家庭地位的变化》,《兰州大学学报

(社会科学版)》2001年第6期。

F

范志军:《汉代丧礼研究》,郑州大学博士学位论文,2006年。

范喜茹:《两汉家庭教育研究》,河北大学硕士学位论文,2006年。

房占红:《也谈两汉时期贞节观念的世俗化趋向》,《中国社会经济史研究》2010年第2期。

冯尔康:《拟制血亲与宗族》,《"中央研究院"历史语言研究所集刊》1997年,第68本第4分。

G

高臻、韩树峰:《汉晋时期妇女的守节与再嫁》,《中华女子学院学报》2002年第4期。

高兵:《从〈睡虎地秦简〉看秦国的婚姻伦理观念》,《烟台师范学院学报(哲学社会科学版)》2005年第4期。

高世瑜:《中国古代妇女家庭地位刍议——从考察"三从"之道切入》,《妇女研究论丛》1996年第3期。

高世瑜:《妇女史研究三议》,《妇女研究论丛》1997年第3期。

耿元骊:《唐代家庭中的夫妻关系》,《济南大学学报》2006年第6期。

郭玉峰:《略论汉代士大夫阶层的母子关系》,《聊城师范学院学报(哲社版)》2001年第1期。

郭玉峰:《两汉时期贞节观念的世俗化趋向》,《天津师范大学学报(哲学社会科学版)》2005年第2期。

郭玉峰、王贞:《中国古代的贞节:并非仅对女性的规范》,《天津师范大学学报(社会科学版)》2002年第5期。

郭松义:《清代妇女的守节和再嫁》,《浙江社会科学》2001年第1期。

郭松义:《清代人口问题与婚姻状况的考察》,《中国史研究》1987年第3期。

郭沂:《中国社会形态的四个层面及其历史分期》,《文史哲》2003年第6期。

H

郝虹:《东汉儒家忠君观念的强化》,《孔子研究》2000年第3期。

郝虹:《汉魏之际忠君观念的演变及其影响》,《山东大学学报(哲学社会科学版)》1999年第3期。

韩国河:《试论汉晋时期合葬礼俗的渊源及发展》,《考古》1999年第10期。

何静之:《儒学礼教的发展与中国妇女相夫教子的作用》,《中国典籍与文化》1994年第3期。

何兹全:《中国社会形态演变——从三权鼎立走向专制》,《中国文化研究》1999年第4期。

侯旭东:《中国古代人"名"的使用及其意义——尊卑、统属与责任》,《历史研究》2005年第5期。

胡青山:《试论汉代的家庭家族教育》,《秦汉史研究论丛》1995年第6期。

黄金山:《汉代家庭成员的地位和义务》,《历史研究》1988年第2期。

黄金山:《论汉代家庭的自然构成与等级构成》,《中国史研究》1987年第4期。

J

季乃礼:《论汉初的"孝治"》,《学术月刊》2000年第9期。

贾丽英:《论汉代妇女的家庭地位》,《四川大学学报(哲学社会科学版)》2001年第6期。

贾丽英:《从居延汉简看汉代随军下层妇女生活》,《石家庄师范专科学校学报》2004年第1期。

焦杰:《〈列女传〉与周秦汉唐妇德标准》,《陕西师范大学学报(哲学社会科学版)》2003年第6期。

姜志信、杨贺敏:《孝观念的产生及其内涵》,《河北大学学报(哲学社会科学版)》1997年第2期。

蒋华:《扬州甘泉山出土东汉刘元台买地砖券》,《文物》1980年第6期。

晋文:《论〈春秋〉〈诗〉〈孝经〉〈礼〉在汉代政治地位的转移》,《山东师大学报》1992年第3期。

晋文:《论"以经治国"对我国汉代社会生活的整合功能》,《社会学研究》1992年第6期。

孔毅:《汉晋名士价值观念的演变》,《齐鲁学刊》1995年第2期。

L

李学勤:《郭店楚简〈六德〉的文献学意义》,《国际简帛研究通讯》2002年第2期。

李卿:《秦汉魏晋南北朝时期家族、宗族关系研究》,厦门大学博士学位论文,2002年。

李均明:《张家山汉简〈收律〉与家族连坐》,《文物》2002年第9期。

李均明:《张家山汉简所见规范继承关系的法律》,《中国历史文物》2002年第2期。

李志生:《试析经济政策对中国古代妇女贞节的影响》,邓小南主编:《唐宋女性与社会》(下),上海:上海辞书出版社,2003年。

李志生:《秦汉隋唐间妇女社会性成人身份的变化》,房德邻、彭小瑜主编:《北大史学》第10期,北京:北京大学出版社,2004年。

李辉:《从汉代婚姻关系看当时的妇女地位》,《长春师范学院学报》2002年第2期。

李桂梅:《中国传统家庭伦理文化的特点》,《湖湘论坛》2002年第2期。

李文玲:《汉代孝伦理的法律化》,《江淮论坛》2003年第6期。

李伯重:《问题与希望——有感于中国妇女史研究现状》,《历史研究》

2002年第6期。

李晓燕:《从婚姻、家庭看汉代妇女的地位》,东北师范大学硕士学位论文,2004年。

廖红:《汉乐府民歌之弃妇诗看封建社会定型期的妇女问题》,《西南民族学院学报(哲学社会科学版)》2002年第8期。

廖群:《〈先令券书〉与〈孔雀东南飞〉悲剧释疑——兼论中国古代妇女的"夫死从子"问题》,《中国文化研究》2006年夏之卷。

梁锡锋:《汉代的〈诗经〉学与政治关系研究》,郑州大学硕士学位论文,2001年。

刘厚琴:《论儒学与汉代父子关系》,《齐鲁学刊》1992年第4期。

刘厚琴:《儒学汉代社会风气的嬗变》,《天府新论》2004年第1期。

刘厚琴:《略论西汉妇女的个性解放》,《黄淮学刊(哲学社会科学版)》2005年第2期。

刘厚琴:《论汉代妇女的地位》,《聊城师范学院学报(哲学社会科学版)》1994年第3期。

刘厚琴:《汉代封建父权制思想研究》,《史学月刊》1995年第4期。

刘志琴:《当代妇女研究的理论误区》,《妇女研究论丛》1997年第3期。

刘淑丽:《汉代儒家正统妇女观的演变》,《社会科学辑刊》2003年第6期。

刘利利:《对班昭贞节观的再认识及对〈女诫·专心〉误读的疏正》,《兰州学刊》2006年第8期。

刘仕慧:《浅议汉末三国两晋南北朝时期宗族与家庭的关系》,《电子科技大学学报(社会科学版)》2003年第1期。

刘巨才:《中国古代的社会性别制度及传统妇德》,《山西师大学报(社会科学版)》1998年第4期。

陆静卿:《汉晋之际妇女精神风貌的转变及其与士风的关系》,《甘肃社会科学》2004年第2期。

陆静卿:《论东汉妇女对儒家精神文化的深切体现》,《求索》2004年第3期。

吕洪彪、吕红梅:《两汉忠君观念之比较》,《渤海大学学报(哲学社会科学版)》2005年第3期。

M

马新:《秦汉时代家内人际关系的变迁》,《山东大学学报》1993年第3期。

马新:《汉代小农家庭结构与社会经济结构》,《平准学刊》第5辑(上册),北京:光明日报出版社,1989年。

毛颖:《孝道与六朝丧葬文化》,《东南文化》2000年第7期。

梅良勇、张方玉:《〈孝经〉的家庭伦理思想研究》,《学海》2000年第5期。

梅良勇、张方玉:《荀子的家庭伦理思想研究》,《道德与文明》2000年第4期。

秦进才、张玉:《〈孝经〉与两汉的孝行》,《河北师范大学学报(哲学社会科学版)》2005年第5期。

R

任文利:《"儒学与家庭伦理"研究会综述》,《孔子研究》2002年第2期。

S

施伟青:《汉代居延随军戍卒家庭人口的若干问题》,《中国社会经济史研究》1998年第3期。

施伟青:《论秦自商鞅变法后的商品经济》,《中国社会经济史研究》2002年第1期。

宋仁桃:《秦汉家庭关系研究》,苏州大学硕士学位论文,2003年。

申茂盛、许卫红:《浅论秦人贞节观的强化与秦文化内容的发展》,《西北史地》1999年第4期。

孙普阳:《汉代妇女的法律地位探究》,郑州大学硕士学位论文,2004年。

T

汤洁娟:《先秦两汉家庭伦理及其现代价值》,陕西师范大学硕士论文,2005年。

汤其领:《白虎观会议与东汉政权的苟延》,《徐州师范大学学报(哲学社会科学版)》1996年第2期。

唐凯麟:《家庭伦理三题散论》,《道德与文明》2002年第6期。

田文红:《论司马迁〈史记〉对女性人物的记载》,《华北电力大学学报(社会科学版)》2000年第1期。

W

王歌雅:《中国婚姻伦理嬗变研究》,黑龙江大学博士学位论文,2006年。

王玉波:《中国家庭史研究刍议》,《历史研究》2000年第3期。

王彦辉:《论汉代的分户析产》,《中国史研究》2006年第4期。

王利华:《中国家庭史国际学术讨论会述评》,《历史研究》2006年第3期。

王子今:《张家山汉简所见"妻悍""妻殴夫"等事论说》,《南都学坛》2002年第4期。

王洲明:《汉代散文风格与汉代经学的关系》,《泰安师专学报》1999年第5期。

王跃生:《清代中期婚姻行为分析——立足于1781—1791年的考察》,《历史研究》2000年第6期。

王跃生:《清代中期妇女再婚的个案分析》,《中国社会经济史研究》1999年第1期。

王苏:《两性关系的变迁及其伦理审视》,《黑龙江教育学院学报》2008年第4期。

王保顶:《汉代士人阶层的演变》,《江苏行政学院学报》2001年第2期。

王继训:《两汉之际士人与士风》,《齐鲁学刊》2000年第5期。

汪兵:《阴阳和合——论中国妇女社会性别角色及其社会地位的特殊性》,《中共宁波市委党校学报》2001年第6期。

汪兵:《生存、协理与代管:中国古代女性的权力》,《思想战线》2007年第3期。

吴晓红:《中国古代女性意识——从原始走向封建礼教》,苏州大学博士学位论文,2004年。

魏道明:《从简牍资料看秦的家庭结构》,《青海师范大学学报(哲学社会科学版)》2003年第1期。

魏良弢:《忠节的历史考察:秦汉至五代时期》,《南京大学学报(哲学·人文·社会科学)》1995年第2期。

卫广来:《论西汉纳妃制度》,《山西大学学报(哲学社会科学版)》1990年第3期。

X

邢铁:《二十世纪国内中国家庭史研究述评》,《中国史研究动态》2003年第4期。

邢铁:《我国古代的诸子平均析产问题》,《中国史研究》1995年第4期。

邢铁、高崇:《宋元明清时期的妇女继产权问题》,《河北师院学报(社会科学版)》1996年第1期。

邢培顺:《刘向〈新序〉、〈说苑〉、〈列女传〉材料来源及加工取舍方式探索》,《滨州师专学报》2004年第1期。

徐华:《东汉庄园的兴起及其文化意蕴》,《南都学坛》2002年第3期。

徐歆毅:《汉代家庭继承制度研究》,中国社会科学院研究生院硕士学位论文,2005年。

许倬云:《西汉政权与社会势力的交互作用》,《"中央研究院"历史语言研究所集刊》第三十五本上册,北京:中华书局,1987年。

薛瑞泽:《论汉代的夫妻关系》,《中华女子学院学报》2002年第10期。

Y

阎爱民:《〈汉书·韦贤传〉中"宗家"与"室家"之辩——兼论西汉时期贵族的立嗣与妻室的紧密关系》,《中国史研究》2007年第3期。

阎明恕:《礼教与中国古代妇女的地位评述》,《贵州师范大学学报(社会科学版)》1998年第2期。

杨小英:《睡虎地秦简与秦楚婚俗研究》,武汉大学硕士学位论文,2005年。

杨振红:《出土简牍与秦汉社会》,中国社会科学院博士学位论文,2005年。

姚瑞萍:《从和谐社会角度看婚姻和谐的伦理维度》,首都师范大学硕士学位论文,2006年。

叶文振、林擎国:《我国家庭关系模式演变及其现代化的研究》,《厦门大学学报(哲学社会科学版)》1995年第3期。

(韩)尹在硕:《睡虎地秦简〈日书〉所见"室"的结构与战国末期秦的家族类型》,《中国史研究》1995年第3期。

喻长咏:《西汉家庭结构和规模初探》,《社会学研究》1992年第1期。

(日)越智重明:《汉六朝的家产分配和二重家产》,《东洋学报》第61卷第1~2期,1979年。

Z

臧知非:《张家山汉简所见西汉继承制度初论》,《文史哲》2003年第6期。

张翼:《认定初级本质是家庭关系》,《辽宁大学学报》1995年第4期。

张淑一:《张家山汉简所见汉代婚姻禁令》,《史学集刊》2008年第3期。

张鹤泉:《东汉故吏问题试探》,《吉林大学社会科学学报》1995年第5期。

张全民:《"妇人无刑"质疑》,《吉林大学社会科学学报》1999年第2期。

张德玉:《中国妇女在性文化中的地位》,《成都大学学报(社会科学版)》1995年第1期。

张仁玺:《秦汉时期的"五口之家"述略》,《齐鲁学刊》1998年第6期。

张亲霞:《从父慈子孝到父为子纲》,《晋阳学刊》2003年第2期。

赵会英:《班昭与〈女诫〉》,南京师范大学硕士学位论文,2006年。

赵浴沛:《两汉家庭内部关系及相关问题研究》,厦门大学博士学位论文,2005年。

赵浴沛:《试论两汉家庭暴力》,《河南师范大学学报(哲学社会科学版)》2007年第1期。

赵沛:《汉代的社会结构与宗族聚居形态》,《山东社会科学》2005年第7期。

赵志坚:《两汉妇女的贞节问题》,《历史教学》1998年第4期。

赵东玉:《周代"男女有别"和"夫妇有别"的方方面面》,《孔子研究》2002年第2期。

郑永福、吕美颐:《社会性别制度与史学研究》,《史学理论研究》2004年第3期。

郑必俊:《关于中国古代妇女立世精神的几点思考》,《中国典籍与文化》1994年第3期。

周泓:《妇女人类学的社会性别与女性地位、权力研究》,《新疆师范大学学报(哲学社会科学版)》1999年第1期。

周天游、葛承雍:《中国社会史研究的新趋向——"地域社会与传统中国"国际学术会议综述》,《历史研究》1995年第1期。

周永军:《千年风采 艺术佳品——记〈金雀山汉墓帛画〉》,《山东档案》1999年第6期。

后　记

　　秦汉时期是中国诸多制度和观念开始形成和发展的重要阶段。从家庭的组成到家庭内部的关系：夫妻关系、父子关系以及兄弟关系等，均承接先秦，开启唐宋。可以说，秦汉时期在中国社会发展的漫长历程中起着承上启下的作用。也许正是这个原因，多年以来，对秦汉史的研究一直是学术界关注的热点。本人不揣浅陋，也参与到秦汉时期有关问题的研究中来。本书主要就几个与秦汉时期家庭有关的问题进行了探讨。

　　本书研究的难点是：一是通过亲子关系和夫妻关系考察从男女平等到男尊女卑的历史演变，考察秦汉时期是否男尊女卑的历史实际，其中对于学术界用"贞节"一词涵盖所有历史时段的表达提出异议，不过笔者学力有限，论证上不够严密，期待以后加强。二是考察兄弟关系，学界多围绕着爵位与财产的分割、丧服的区别等问题的探析而展开，而其中关于兄弟们作为臣子在社会上的地位相对衰落的论述是最难的，需要筚路蓝缕，从头开始，无可借鉴。所以文中对兄弟之间如何联合而形成利益一致的紧密家族，我们尚无能力进行深入探讨，只是蜻蜓点水，一笔带过。再有关于后子、余子的嫡庶之别，在秦汉史书和考古材料中记载不多,仅有礼书当中有为数不多的记载,对其进行系统的论述和研究,难度较大。另外,养子在新的家庭中的拟制亲子关系以及跟原来家庭成员的关系,也是研究的难点。在本书中,我们根据所能见到的材料,对上述难点尽可能地进行探究,以期有所突破。

且有些学术难点尚未解决,如:有些文字的考证、语句的释读等尚未定论,我们不敢大量使用尚未形成定论的出土文献资料。所以,出土文献资料在行文中只是发挥它的补充或佐证功能。

另外,我申请的教育部人文社科课题 14YJA770001"两汉时期家庭教育问题研究"已经顺利结题。